Sammlung Vandenhoeck

V&R

Heiko Augustinus Oberman
zum 65. Geburtstag

Berndt Hamm

Bürgertum und Glaube

Konturen der städtischen Reformation

Vandenhoeck & Ruprecht
in Göttingen

Mit 11 Abbildungen

Zum Bildausschnitt auf dem Umschlag s. unten Abb. 1.

Die Deutsche Bibliothek – CIP-Einheitsaufnahme

Hamm, Berndt:
Bürgertum und Glaube: Konturen der
städtischen Reformation / Berndt Hamm. –
Göttingen: Vandenhoeck und Ruprecht, 1996
(Sammlung Vandenhoeck)
ISBN 3-525-01614-X

Satz: Satzspiegel, Bovenden
Druck und Bindearbeiten: Hubert & Co., Göttingen

Vorwort

Die Geschichte der Reformation des 16. Jahrhunderts ist ebenso wie die ihrer Entstehungsbedingungen im Spätmittelalter eng mit den sozialen, politischen, wirtschaftlichen, kulturellen und religiösen Lebensformen der Städte verflochten. Während im späten 19. und frühen 20. Jahrhundert das Verhältnis von Kirchlichkeit und Stadt, Christentum und urbaner Kultur stereotyp als Krise, Dissonanz, Entfremdung und »Verlust der Seele« erfahren und qualifiziert wurde, zeigt sich vor und nach 1500 das genaue Gegenteil: Frömmigkeit und Theologie, Kirchenreform und Reformation üben eine besondere Anziehungskraft auf Bürger und Bürgerinnen aus, geraten in eine intensive Symbiose mit Stadtkultur, Stadtpolitik und städtischer Wirtschaft und entwerfen Idealbilder bürgerlichen Zusammenlebens, einer geheiligten Stadtgemeinschaft auf dem Wege zum himmlischen Jerusalem. Unter dem Eindruck der Interdependenz von Reformation und Stadt konnte in den siebziger Jahren unseres Jahrhunderts sogar die vereinseitigende These Verbreitung finden, *die* Reformation sei ein städtisches Ereignis gewesen.

Die bisherige historische Forschung hat freilich diesem in der Geschichte des Christentums einzigartigen Verflechtungszusammenhang von städtischer Gesellschaft und Religion nur selten Rechnung getragen. Insbesondere hat die hochdifferenzierte und -diffizile Beschäftigung mit der Theologiegeschichte des 15. und 16. Jahrhunderts meist den Austausch mit der Sozial-, Wirtschafts-, Politik-, Rechts- und Mentalitätsgeschichte vernachlässigt, ebenso wie sie umgekehrt auch selten von diesen Disziplinen sachgerecht berücksichtigt wird. Diesem Defizit will das vorliegende Büchlein begegnen, indem es sich um die Verbindung der unterschiedlichen Zugangswege zum Phänomen städtischer Reformationen und eines reformatorisch agierenden Bürgertums bemüht. Ist dieser Ansatz integrativ, so geht es mir zugleich um stärkere Differenzierung, indem ich z. B. einen eindimensionalen städtischen Religionsbegriff auflöse und von verschiedenen Aspekten einer bürgerlichen, mit den Werten und Normen städtischen Zusammenlebens konform gehenden Religion solche Impulse des Glaubens und der Theologie unterscheide, die über den städtischen Kontext hinausweisen und in Spannung zu einer »civic religion« treten. Die Vielfalt der in der städtischen Reformation zusammen, nebeneinander und gegeneinander wirkenden Kräfte soll so zur Sprache kommen.

Dieser Versuch einer Zusammenschau hat im ersten Kapitel die Gestalt eines orientierenden und exemplarisch vertiefenden Überblicks. Die Anregung dazu erhielt ich durch die Aufforderung, für das amerikanische »Handbook of European History 1400–1600« (Bd. 2, 1995) den Artikel über »The Urban Reformation in the Holy Roman Empire« zu schreiben. Was in dem Handbuchartikel nur in knappen Zügen angedeutet werden konnte, findet nun seine Ausführung und eine stärkere Verankerung im Spätmittelalter. Das zweite Kapitel über Lazarus Spengler und das dritte über Hans Sachs führen am Beispiel zweier prominenter Stadtbürger die Sachproblematik ›Städtische Gesellschaft und Reformation, bürgerliche Religion und christlicher Glaube‹ weiter, indem sie zugleich die Spannung zwischen der obrigkeitlichen Rolle des Ratsschreibers und der Stellung des Schuhmachers auf seiten des ›Gemeinen Manns‹ vor Augen führen. Spengler und Sachs veranschaulichen das Problemfeld von Einheit und Vielfalt der Reformation in einer Stadt.

Das lokale Schwergewicht des Büchleins liegt auf der Reichsstadt Nürnberg, weil der fränkischen Metropole eine Führungsrolle in der städtischen Reformation auf Reichsebene zukam und weil mir die Quellen Nürnbergs aus eigener Arbeit besonders vertraut sind. Auch im ersten Kapitel werden daher die Beispiele oft aus Nürnberg genommen. Das bringt in meine Darstellung eine gewisse Einseitigkeit, wenn man bedenkt, daß fast 95 Prozent der deutschen Städte um 1500 weniger als 2000 Einwohner hatten und Nürnbergs Einwohnerzahl von etwa 40000 zusammen mit Köln einen Sonderfall darstellt. Doch das Besondere einer Stadt kann auch in vielem eine Zuspitzung des Typischen sein und Auskunft über Allgemeineres geben, wenn man sich die Unterschiede zum Durchschnittlichen vor Augen hält und auch das Besondere in den unterschiedlichsten Klein- und Mittelstädten beachtet. In diesem Sinne habe ich das Beispiel Nürnbergs herangezogen und es zugleich dank der reichen Literatur über alle möglichen Städte, Stadttypen und Städtelandschaften Deutschlands und der Schweiz in ein Netz des Vergleichens, Relativierens und behutsamen Verallgemeinerns einbezogen.

Wertvolle Anregungen während der Entstehung des Manuskripts gaben mir mein Assistent Wolfgang Huber und meine Assistentin Dr. Petra Seegets. Bei der Beschaffung der Literatur und den Korrekturen waren mir die studentischen Hilfskräfte Martin Gölkel, Andreas von Kietzell und Jonas Wunderer behilflich. Ihnen wie auch meiner Sekretärin Angelika Wiedemann, die alle Arbeiten am Computer übernahm, danke ich herzlich für die freundliche, sachkundige und sorgfältige Unterstützung.

Das Buch widme ich meinem Lehrer und Freund Heiko Augustinus Oberman. Zusammen mit seiner Frau hat er mich in Tübingen als Studenten, Doktoranden und Habilitanden begleitet und mir nicht nur die Quellen des Spätmittelalters und der Reformation erschlossen, sondern auch gut niederländisch das Tor zur internationalen wissenschaftlichen Welt geöffnet. Dafür und für die jetzige Freundschaft über den Atlantik hinweg danke ich ihm mit allen guten Wünschen zum 65. Geburtstag.

Erlangen, 30. September 1995 — Berndt Hamm

Inhalt

Abbildungen mit Erläuterungen

1. Kapitel

Spätmittelalterliche Stadt und städtische Reformation – eine Orientierung

1.1 *Zur Themenstellung*

An den Beginn meiner Ortsbestimmung städtischer Reformation möchte ich den Versuch einer definitorischen Klärung stellen. Sie spricht überscharf zuspitzend nur von Umbruch, doch kommen dann im weiteren Verlauf des Buches auch die Gesichtspunkte der Kontinuität zu ihrem Recht.

Unter ›Reformation‹ verstehe ich jenen Vorgang in der ersten Hälfte des 16. Jahrhunderts, der bei aller Vielfalt unterschiedlichster Strömungen darin seine Eigenart und Kohärenz hat, daß er einen Bruch mit dem mittelalterlichen System von Kirche, Theologie und Frömmigkeit bedeutet. Dieser Systembruch ist zugleich Destruktion und Neugestaltung. Durch die Reformation entstehen – wurzelnd in der theologischen Neuorientierung Luthers – eine neue Theologie, eine neue Glaubens- und Bekenntnisweise, ein neues Gottesdienst- und Kirchenwesen und Ansätze zu neuen Frömmigkeitsformen. Die Reformation ist Umbruch und Neubeginn in der Rückbesinnung auf die Norm und das Legitimationsprinzip der Hl. Schrift. Im Unterschied dazu ist ›Konfessionalisierung‹ und ›Konfessionsbildung‹ der langfristige Prozeß, in dem sich die durch ihre unterschiedlichen Bekenntnisse definierten Kirchentümer dogmatisch, verfassungsrechtlich und institutionell verfestigen und eigene Profile von Lebensformung, Mentalität und alltäglicher wie außeralltäglicher Kultur ausbilden[1]. Während die Reformation (als Zerbrechen von Altem und Grundlegung von Neuem[2]) nur wenige Jahrzehnte, mancherorts nur einige

1 Vgl. H.R. Schmidt 1992.

2 Die zugleich wahrzunehmende intensive Kontinuität zwischen Reformation und spätmittelalterlicher Reform von Kirche, Theologie und Frömmigkeit wird eingehend analysiert von Oberman 1977 (engl. 1981) und 1986; vgl. auch Hamm 1993c.

Jahre umfaßt, ist die Konfessionalisierung, die in der Reformation beginnt, eine Sache von Jahrhunderten[3].

Die städtische Reformation[4] zeigt uns einen lokalen und personalen Ausschnitt des Reformationsprozesses – im Unterschied etwa zu den Reformationen der Fürsten, Adeligen, Reichsritter oder Bauern. Sie ist die Reformation der Bürger und derer, die mit ihnen als Nichtbürger und -bürgerinnen in einer Stadt zusammenleben. Welche Bedeutung den vielen städtischen Reformationen im Gesamtgeschehen von Reformation zukommt, wird zu fragen sein. Gibt es typisch Städtisches an der Reformation und eine besondere Affinität von Reformation und Stadt, die sich gegenüber der allgemeinen Offenheit von Menschen für die Reformation quer durch alle sozialen Lebensgemeinschaften heraushebt? Welchen Einfluß übten die Städte auf Verlauf und Charakter der Reformation aus? Inwiefern hat die zugespitzte These von der Reformation als »urban event«[5] möglicherweise ein gewisses Recht? Und welches Profil zeigen die städtischen Reformationen in Verlauf und Ergebnis – welche Vielfalt unterschiedlicher Profile und welche Gemeinsamkeiten, die sich dem Betrachter ungezwungen aufdrängen und in denen vielleicht Typisches erkennbar ist?

Gegen allgemeine Aussagen über *die* Stadtreformation ist, wie ich meine, pragmatische Zurückhaltung angebracht, vor allem wenn das Städtische (oder Reichsstädtische) gegenüber dem nicht-städtischen Bereich zu scharf abgegrenzt und zu stark gewichtet wird. Der ›nominalistische‹

3 Zur Langzeitwirkung von Konfessionsbildung vgl. exemplarisch Francois 1991.

4 Die wichtigste Literatur zum Thema ›städtische Reformation‹ findet sich in folgenden forschungsgeschichtlichen Darstellungen (die meinen Beitrag bibliographisch entlasten, so daß ich mich in den Anmerkungen auf notwendige Belege und Hinweise beschränken kann): Rublack 1978; v.Greyerz 1985; Rüth 1991 (S. 198 Anm. 3 auch Erwähnung anderer forschungsgeschichtlicher Überblicke); H. Schilling 1993.

5 Dickens 1974, S. 182: »... the German Reformation was an urban event at once literary, technological and oratorical.«

Zugang von den Einzelphänomenen her schließt freilich den Blick für Gemeinsamkeiten und auffallend dominante, stereotyp wiederkehrende Faktoren in den Stadtreformationen nicht aus. In einer Überblicksdarstellung wie dieser muß das Gewicht notwendigerweise nicht auf der Liebe zum Detail, sondern auf der Zusammenschau dominanter und kohärenter Phänomene städtischer Reformationen liegen. Daß dabei ein gewisses Schwergewicht auf die süddeutsche Städtelandschaft fällt, ist nicht nur das Resultat der geographischen Verankerung meiner eigenen bisherigen Forschungen, sondern entspricht auch der Schrittmacherfunktion dieser Städte bei der Ausbreitung der Reformation und ihrer Führungsrolle innerhalb der städtischen Reformationspolitik auf Reichsebene[6]. Zugleich aber teile ich die neuere Kritik an einer Stadtreformationsforschung, die die mittel- und norddeutschen Städte vernachlässigte und von einer einseitig süddeutschen Sicht her zu Fehlurteilen über die städtische Reformation kam[7]. Nicht berücksichtigen kann ich freilich in meinem Überblick die außerdeutschen Städte Europas[8] – und ich denke hier besonders an die Städtelandschaften der Niederlande (einschließlich des heutigen Belgiens), Nord-Italiens und Frankreichs, zu denen die Städte des Heiligen Römischen Reiches intensive Kontakte pflegten.

6 Vgl. Isenmann 1988, S. 30: »Der Nördlinger Rat ließ im Jahre 1485 – mit reichspolitischer Blickverengung auf Oberdeutschland – dem Kaiser vortragen, die Stadt sei für eine der ›Hauptstädte‹ in deutschen Landen zu erachten und gehöre zur Gruppe der zehn bedeutendsten und mächtigsten Städte, der er Straßburg, Köln, Regensburg, Augsburg, Frankfurt, Nürnberg, Konstanz, Basel, Ulm und eben Nördlingen zurechnete. Zumindest gebe es im Reich keine weiteren zehn Städte von der Bedeutung Nördlingens.«

7 Zur Korrektur dieser Vernachlässigung vgl. bereits Lau 1959, S. 109–134; neuerdings besonders die Arbeiten von Wilfried Ehbrecht, Rainer Postel, Heinz Schilling und Olaf Mörke, z. B. Schilling 1987.

8 Vgl. die Überblickswerke: Mumford 1961, Hohenberg/Lees 1985, Benevolo 1993.

Meine Fragerichtung wendet sich im folgenden immer wieder dem Verhältnis von ›Religion und Gesellschaft‹ zu[9]. In Anknüpfung an die Arbeiten von Bernd Moeller, Hans-Christoph Rublack, Volker Press, Robert W. Scribner, Thomas A. Brady, Peter Blickle, Heinz Schilling u. a. halte ich es für sachgemäß, die städtischen Reformationen als Paradigma des Verhältnisses von Religion und Gesellschaft zu sehen und zu befragen. ›Religion‹ steht dabei für den gesamten Komplex von Glaube, Frömmigkeit, Theologie, Kirchlichkeit und Religiosität[10], also für die Transzendenzbindung des Menschen, Gesellschaft dagegen für die horizontal-weltliche Einbindung der Menschen in die Interessensphären von Politik, Staatlichkeit, sozialer Stellung, Wirtschaft, Recht usw. Die Reformation insgesamt bringt eine krisenhaft intensivierte Begegnung des Wahrheitsanspruchs von Glaube, Theologie, Bekenntnis, Gottesdienst, Kirchenordnung und Frömmigkeitsnormen mit den nichtreligiösen, an innerweltlichen Zwecken orientierten Einflußfaktoren des gesellschaftlichen Lebens. Diese Begegnung verdichtet sich und kulminiert in der Stadt, wo viele Menschen auf engstem Raum zusammenleben und gleichzeitig einem Höchstmaß religiöser Beeinflussung durch viele kirchliche Institutionen[11] und einer Steigerung des staat-

9 Vgl. die Sammelbände: Stadtbürgertum und Adel in der Reformation, 1979; Städtische Gesellschaft und Reformation, 1980; Kirche und gesellschaftlicher Wandel, 1980; Religion and Society in Early Modern Europe, 1984; Religion, Politics and Social Protest, 1984; Politics and Society in Reformation Europe, 1987; The Reformation in Germany and Europe, 1993. Vgl. auch unten Anm. 106 und H. Schilling 1981, S. 15–40 (mit Literatur).

10 Von Religiosität, die oft unbewußt und diffus ist, unterscheidet sich Glaube und Glaubensbekenntnis durch Bewußtheit und Bestimmtheit; für Frömmigkeit ist die Intention der Lebensgestaltung und -formung charakteristisch, für Theologie das reflektierende Theoriemoment, für Kirchlichkeit der Bezug zur Institutionsbildung der Religion. Vgl. Hamm 1992 a.

11 Man spricht in der Forschung von der »Stadtsässigkeit« der

lichen Zugriffs, der sozialen Spannungen, der Warenproduktion, des Warenumschlags, des Konsums und der Finanzmächte ausgesetzt sind. Ein Wesensmerkmal der städtischen Situation ist die Multiplizierung, massive Bündelung und lokale Komprimierung solch heterogener Impulse. Höchstgrade von Sakralisierung der Gemeinschaft und neue Formen von desakralisierender Weltlichkeit prallen nirgendwo so kraß aufeinander wie in den Städten.

Mein Umgang mit dem Problemfeld von Religion und Gesellschaft zielt - am Paradigma der städtischen Reformation - auf eine integrative Sicht von Reformation. Die politisch-soziale und psychisch-mentale Einbindung von religiös-theologischen Impulsen soll ebenso ernst genommen werden wie die religiös-theologische Einbettung politischer, wirtschaftlicher und mentaler Faktoren. Dabei knüpfe ich an einem schon früher entwickelten Erklärungsmodell an, das sowohl von der Gleich-Ursprünglichkeit und Nicht-Herleitbarkeit religiöser und gesellschaftlicher Impulse oder Primärinteressen als auch von ihrer wechselseitigen Verflechtung spricht[12]. Diese Interdependenz zeigt sich in der Stadt so, daß das Einflußgefälle von der reformatorischen Theologie auf die politische Orientierung und soziale Problematik ebenso zuläuft wie von den politisch-sozialen Bedingungen auf die Entfaltungsmöglichkeiten des neuen Glaubens. Als vorausgreifende Hypothese möchte ich daher für die Gesellschaften der Reformationszeit die doppelte Regel formulieren:

(1.) Die Weise, wie Menschen sich existentiell bedroht und elementar verunsichert fühlen und ins Recht gesetzt und gesichert werden wollen (in ihrem Gewissen, in ihrer sozialen Rolle, in ihrem Wirtschaften, in ihrer leiblichen Gesundheit usw.), prägt unmittelbar die Weise ihres Glaubens, ihre Aneignung von Theologie und damit auch den

mittelalterlichen Kirche. Am deutlichsten tritt sie in Erscheinung in der Zentralität der Bischofsstädte - vgl. Sammelband: Bischofs- und Kathedralstädte, 1976 - und in den städtischen Orden - dazu unten S. 79-81.

12 Hamm 1992a, S. 179-181.

Charakter der kirchlichen Reformation – auch wenn die reformatorische Bestimmung des Glaubens und der kirchlichen Veränderungen nicht kurzschlüssig aus den jeweiligen Lebenssituationen herleitbar ist.

(2.) Umgekehrt gilt: Der neue Glaube und der reformatorische Umbruch in der Kirche beeinflussen (sehr unterschiedlich) die Erlebnis- und Wahrnehmungsweisen grundlegender Bedrohungen, Verunsicherungen und Delegitimierungen, die Ausprägung der Bedürfnisse nach Sicherung und Legitimierung und ihrer Artikulationsweisen – auch wenn solche Bedrohungserfahrungen und Bedürfnisse in ihrer Wurzel nicht kurzschlüssig aus dem Neuansatz reformatorischer Theologie und Kirchlichkeit herleitbar sind.

Was diese doppelseitige Sicht der Verflechtung von Religion und Gesellschaft für die Städte in der Reformation und die Reformation in den Städten bedeutet, soll im folgenden deutlich werden.

1.2 *Zahl und Größe der Städte*[13]

Die Bedeutung der Städte für die Reformation ist weit größer, als der Bevölkerungsanteil der Bürger vermuten läßt. Obwohl das spätmittelalterliche deutsche Reich mit etwa 4000 Städten ein ausgesprochen städtereiches Land war, lebten doch gut vier Fünftel der Menschen auf dem Lande (in Dörfern, Weilern oder Einzelgehöften). Um 1500 war Deutschland noch überwiegend ein Agrarland, und die zahlreichen kleinen »Ackerbürgerstädte« waren von größeren Dörfern kaum zu unterscheiden. Die Verteilung der Städte war sehr ungleich. Einer großen Städtedichte im Süden, in der Mittelzone zwischen Nord und Süd und im Westen des Reichs standen städtearme Gebiete im Norden und Osten gegenüber. Dort lagen Orte mit Stadtrecht etwa 7 bis 8 Wegstunden voneinander entfernt, während gegen

13 Zum folgenden vgl. die literaturreichen Zusammenstellungen bei Isenmann 1988, S. 26–32.66–69 und Schilling 1993, S. 2–17.119–124.

Süden und Westen der Wanderer durchschnittlich nach 4 bis 5 Stunden auf die nächste Stadt traf[14]. Besonders dicht lagen die Städte in Schwaben, entlang des Rheins, im östlichen Thüringen und im erzgebirgischen Sachsen.

Bevor die Frage nach dem typisch Städtischen gestellt werden soll, muß der Blick auf die Vielfalt dessen fallen, was im Spätmittelalter den Namen ›Stadt‹ trägt. Die Erscheinungsvielfalt der Städte und der Variationsreichtum der Stadttypen zeigen sofort die Problematik eines Oberbegriffs wie ›Stadtreformation‹ – sofern er etwas Gemeinsames und Charakteristisches der Reformationen, die sich hinter Stadtmauern abspielten, bezeichnen soll im Unterschied zu Reformationsvorgängen außerhalb der Stadtmauern. Es kann nicht *die* städtische Reformation gegeben haben, weil es nicht *die* Stadt des Spätmittelalters und Reformationszeitalters gab.

Die Bandbreite der Stadtgröße reicht von einigen Hundert Einwohnern bis in die Zehntausende. Man kann die deutschen Städte um 1500 in drei Größenkategorien[15] einteilen:

1. Kleinstädte bis 2000 Einwohnern, in der Regel Akkerbürgerstädte, in deren Ökonomie die landwirtschaftliche Betätigung einen hohen Anteil hat, darunter auch Zwergstädte mit unter 200 Einwohnern (ansehnliche Kleinstädte an der oberen Einwohnergrenze waren z. B. die Residenzstädte Meißen und Wittenberg);

2. Mittelstädte mit 2000 bis 10000 Einwohnern (größere unter ihnen z. B. Nördlingen, Eßlingen, Freiburg i. Br., Schaffhausen, Konstanz, Basel, Trier, Göttingen, Mühlhausen i.Th., Görlitz);

14 Die Angabe der Wegstunden bei Isenmann 1988, S. 19.

15 Bei den folgenden Zahlenangaben ist zu berücksichtigen, daß die Quellen des 15./16. Jahrhunderts in der Regel nur sehr ungenaue Schätzungen zulassen. Ich orientiere mich an den Zahlenangaben der von Isenmann 1988 und Schilling 1993 ausgewerteten Literatur, die ich gelegentlich durch Angaben lokalgeschichtlicher Arbeiten korrigiere.

3. Großstädte mit über 10000 Einwohnern (insgesamt etwa 25). Knapp über der Schwelle zur Großstadt lagen beispielsweise Goslar, Münster, Elbing und Königsberg, der Größe von 15000 näherten sich Frankfurt a.M., Aachen, Soest[16], Thorn und Kulm, um oder über 15000 lagen Hamburg, Ulm und Breslau, ca. 20000 erreichten Braunschweig, Lüneburg, Bremen und Erfurt[17]. Auch Residenzstädte wie Wien, München und Würzburg gehörten zu den Großstädten. Die ganz großen Städte des deutschen Sprachbereichs mit deutlich über 20000 Einwohnern waren Straßburg, Metz, Augsburg, Prag, Lübeck, Magdeburg und Danzig. Nur Köln und wohl auch Nürnberg[18] konnten eine Einwohnerzahl von über 40000 vorweisen (und waren damit etwa gleich groß wie Rom). Aber keine deutsche Stadt erreichte die Dimension der großen europäischen Kapitalen mit über 50000 Einwohnern wie London, Paris, Antwerpen, Gent, Brügge, Mailand, Venedig oder Florenz. Und völlig fern lag der deutschen Städtelandschaft die Größenordnung antiker Städte – wenn man bedenkt, daß der Apostel Paulus in einer Großstadt von etwa einer halben Million Einwohnern, im syrischen Antiochia am Orontes, missionierte[19].

In der zweiten Hälfte des 13. Jahrhunderts hatten die deutschen Städte mit über 200 Neugründungen pro Jahrzehnt ihre große Entstehungswelle, die dann bis 1450 abebbte, erlebt. Doch ihre Entwicklung bewegte sich in kleinen Dimensionen. Die große Masse der Städte, ca. 94,5 Prozent, waren Kleinstädte[20]. Nur gut 5 Prozent hatten zu

16 Ditt 1981, S. 48–50.

17 Weiß 1988, S. 11 f.

18 Endres 1970, S. 251: »zur Dürerzeit zwischen 40000 und 50000 Personen«.

19 Damit war Antiochia, die Hauptstadt Syriens, nach Rom und Alexandria die drittgrößte Stadt des Römischen Imperiums; vgl. Bornkamm 1969, S. 51. Zur bedeutenden Rolle der Stadtkultur der Spätantike als Nährboden für das Urchristentum und als prägende Kraft für die Entwicklung kirchlicher Lebensformen vgl. Meeks 1983.

20 Vgl. Isenmann 1988, S. 2 und Schilling 1993, S. 27.

Beginn der Reformation mehr als 2000 Einwohner, nur ein halbes Prozent gehörte zur Kategorie der Großstädte. Entsprechend unterschiedlich war das ökonomische, politische und kulturell-geistige Gewicht und Selbstbewußtsein der deutschen Städte. Dies hing freilich nicht nur von der Größe der Einwohnerzahl ab, ja konnte zu ihr sogar in einem gewissen Mißverhältnis stehen. Auch relativ kleine Städte im Zahlenbereich einer durchschnittlichen Mittelstadt konnten eine erstaunliche Ausstrahlungskraft und einflußreiche Zentralität gewinnen. Ihre auffallende Mittelpunktstellung bei der Verbreitung der Reformation ist nur eine Variante und Steigerung ihres bereits vorher gewonnenen Führungsrangs[21]. Und ihn wiederum kann man nur verstehen, wenn man der Frage nach dem Besonderen und Typischen der Städte gegenüber der ländlichen Feudalwelt der Dörfer, Adelsherrschaften und Fürstentümer nachgeht. Ich wende mich also in den folgenden Punkten (3–13) dem Gemeinsamen der Städte und ihrer Eigenart zu. Die Phänomene der städtischen Vielfalt und der unterschiedlichen Stadttypen sind dabei stets mitzubedenken.

1.3 *Zum Stadtbegriff*

Es bedarf verschiedener Perspektiven, verschiedener Standorte des Betrachters, um eine einigermaßen befriedigende Vorstellung davon zu gewinnen, was eine kleine Stadt von einem großen Dorf unterschied und beispielsweise das Akkerbürgerstädtchen Seßlach bei Coburg[22] mit der kleinen

21 Man denke besonders an die südwestdeutschen Reichsstädte, z. B. an die reformationspolitische Ausstrahlung relativ kleiner Städte wie Konstanz, Reutlingen, Esslingen, Memmingen oder Nördlingen bzw. an den Widerstand gegen die Reformation, der in altgläubigen Städten wie Überlingen und Rottweil seine Organisationszentren fand. Die Mehrzahl der Großstädte blieb hinter der reichspolitischen Bedeutung dieser Mittelstädte und ihrem Gewicht für die Reformationsgeschichte zurück.

22 Selten hat sich der geschlossene Stadtkern samt Stadtmauer

Residenzstadt Kulmbach und diese wiederum mit der großen Reichsstadt Nürnberg verband. Was berechtigt dazu, in all diesen Fällen von einer ›Stadt‹ zu sprechen, und welche Gemeinsamkeit hebt die so unterschiedlichen Städte aus ihrer nicht-städtischen Umwelt hervor und verknüpft sie zu einem Netz von Inseln in einem Meer des Ländlichen, Agrarischen und Feudalen? Mehrere Ingredienzien fließen im Stadtbegriff zusammen und geben dem Spezifischen der Stadt seine Konturen[23]. Dabei ist freilich zu bedenken, daß manche dieser Merkmale auch über den städtischen Bereich hinausweisen oder – für sich genommen – das Besondere der Stadt nicht hinreichend charakterisieren oder auch in manchen, besonders kleineren Städten fehlen bzw. nur gering ausgebildet sind[24]. Ich orientiere mich daher an den größeren Städten im Reifestadium des ausgehenden Mittelalters, die in der vollen Ausbildung ihres städtischen Charakters den Unterschied zur Umwelt besonders klar zur Anschauung bringen; und ich lege Wert darauf, daß die folgenden Charaktermerkmale der Städte nicht isoliert zu sehen sind, sondern nur als Ensemble und in ihrem Zusammenspiel eine sinnvolle Definition und Wesensbestimmung der Stadt ergeben.

Was alle Einzelmerkmale miteinander verbindet, ist, wie sich zeigen wird, die jede Stadt mehr oder weniger heraushebende Bedeutung als zentraler Ort[25], eine Zentralität, die sie zumindest für ihr unmittelbares Um- und Hinterland besitzt[26]. Kennzeichnend für eine Stadt ist so die Verdich-

einer mittelalterlichen Kleinstadt so gut erhalten wie im Falle Seßlachs, das auch heute kaum über seinen alten Grundriß hinausgewachsen ist. Vgl. Bayerisches Städtebuch, Teil 1, 1971, S. 531–533.

23 Zum Spezifischen der Städte vgl. wieder besonders Isenmann 1988 (mit Literatur) und die pointierte Charakterisierung bei Moeller 1983, S. 10–16; vgl. auch Gerteis 1986, Roeck 1991 und E. Schubert, 1992, S. 97–153.

24 So gibt es Kleinstädte ohne Stadtmauer und Ratsverfassung.

25 Vgl. Christaller 1933.

26 Vgl. Kießling 1979 und Sammelband: Bevölkerung, Wirtschaft und Gesellschaft, 1983.

tung gewisser zentraler Funktionen, durch die sowohl die Landbevölkerung als auch die Bewohner anderer Städte angezogen werden. Auch ein Städtchen von nur 400 Einwohnern kann z.B. darin eine zentralörtliche Funktion besitzen, daß in ihm mehrere Mühlen und Müller für den Bedarf des Umlandes zur Verfügung stehen[27]. Vergleichbares gilt für die Städte als zentrale Orte von Märkten, Handelskontoren, Werkstätten (darunter z.B. auch Kunstwerkstätten und Druckereien), Ämtern, Gerichten, Residenzen, Schulen, Universitäten, Kirchen, Predigerstellen, Klöstern, Spitälern (vgl. Abbildung 3), Gefängnissen usw.[28] Auch die Verbreitung der Reformation wird dann mit der zentralörtlichen Stellung der Städte und ihrem jeweiligen Zentralitätsrang verbunden sein, allerdings auf eine – wie das Beispiel Wittenbergs zeigt – oft höchst kontingente Weise.

1.4 *Stadtbild*[29]

Unter architektonisch-topographischem Aspekt ist zu bemerken: Mag es auch Städte gegeben haben, die sich in Siedlungsgröße und -form von Dörfern nicht unterschieden, so pflegten doch Städte in der Regel größer zu sein als Landgemeinden und einen höheren Grad von Geschlos-

27 Vgl. Tode 1994, S. 46.

28 Isenmann (1988, S. 232) teilt die zentralörtlichen Funktionen der Stadt ein »in (1) einen politisch-administrativen, gerichtlichen, militär-strategischen und herrschaftlichen, (2) einen wirtschaftlichen, (3) einen demographisch-sozialen, (4) einen kultisch-kirchlichen und (5) einen kulturellen Bereich« (bei Isenmann S. 232–236 auch weitere Literatur zur städtischen Zentralität).

29 Zur Gestalt (Grundriß, Aufriß, Umriß) und Topographie der spätmittelalterlichen Stadt vgl. Isenmann 1988, S. 42–65.69–73 (mit Literatur) und Boockmann 1986, S. 11–47 (mit Bildmaterial); ältere Bilder und Stadtpläne besonders bei E. Hamm 1935, instruktive Skizzen einer idealtypischen Stadt im Laufe der Jahrhunderte bei Gruber 1914.

Abbildung 1

Nürnberg in den Reichswäldern, 1516; Deckfarbenmalerei auf Pergament, 59,7 × 69,8 cm; Entwurf wohl von dem Nürnberger Kartographen Erhard Etzlaub; Germanisches Nationalmuseum Nürnberg, Sign.: SP. 10419; verkleinerter Ausschnitt. Vgl. Katalog: Hans Sachs (1981), S. 54, zu Farbtafel 5: »Die im Reichsbesitz befindlichen Wälder der Umgebung Nürnbergs standen der Stadt als lebensnotwendige Rohstoff- und Energiequelle zur Verfügung. Man bezog aus ihnen, seit dem 14. Jahrhundert sorgfältig darauf achtend, daß der Abbau niemals den Nachwuchs überstieg, Bauholz, Holz für die Handwerker (z. B. Drechsler, Schreiner und Wagner), Brennholz, Holzkohle für die Essen der metallverarbeitenden Werkstätten, Kienholz zur Beleuchtung, Pech zum Abdichten von Fässern und Verpackungen und als Klebematerial, Honig als kostbaren Süßstoff, Wachs für Kirchenkerzen und Siegel, sowie Beeren und Kräuter.«

Abbildung 2 (auf S. 28/29)

Ansicht Nürnbergs; Holzschnitt aus der ›Weltchronik‹ des Hartmann Schedel, die zunächst in lateinischer, dann in deutscher Ausgabe 1493 bei dem Nürnberger Drucker Anton Koberger erschien und mit ihren 1809 Holzschnitten aus der Werkstatt Michael Wolgemuts neben den großen Bibelausgaben das aufwendigste und kostspieligste Druckwerk dieser Zeit darstellt; verkleinerter Ausschnitt aus Blatt 100a der deutschen Ausgabe, Exemplar: Germanisches Nationalmuseum Nürnberg, Sign.: Inc. 2° 5539. Auf dem (im Unterschied zu zahlreichen Phantasie-Darstellungen anderer Städte relativ wirklichkeitsnahen) Holzschnitt treten geradezu idealtypisch die Besonderheiten des spätmittelalterlichen Stadtbilds, wie sie in Kapitel 1.4 skizziert werden, hervor, wobei besonders die Dominanz der Türme und die Dichte der Bebauung ins Auge fällt.

NVREMBERGA

Nurmberg

senheit und Dichte des Zusammenwohnens zu erreichen. Die Stadt ist eine verdichtete siedlungstopographische Erscheinung, wobei die Verdichtung sowohl am Grundriß (Nähe der Gebäude zueinander) als auch am Aufriß (Mehrgeschossigkeit der spitzgiebeligen Häuser) zu erkennen ist. Die Geschlossenheit der Stadt wird gesteigert durch die Befestigungsform der Stadtmauer, hinter der sich die Stadtbevölkerung zusammendrängt – gemäß dem Sprichwort: »Bürger und Bauer scheidet nichts als die Mauer.«[30] Die Wehrhaftigkeit in Gestalt der Ringmauer und meist auch einer Burg signalisiert zugleich einen wesentlichen personalrechtlichen Unterschied zum ländlichen Umfeld: »Als Angehörige des städtischen Wehrverbandes ist der Bürger Angehöriger eines Standes, des Bürgerstandes, der sich von den auf dem Lande lebenden Gruppen abhebt.«[31] Auch durch andere auffallende Baulichkeiten und topographische Besonderheiten wird der Blick des Betrachters auf die Eigenart bürgerlichen Zusammenlebens und spezifisch städtischer Funktionen gelenkt, z. B. durch Rathaus und Marktplatz, durch Kaufhaus und Kornspeicher[32], Pfarr- und Bettelordenskirchen. In den monumentalen Stadtkirchen, z. B. den Backsteinriesen der Ostseestädte Lübeck, Wismar, Stralsund und Rostock, bekunden sich Wohlstand, Macht und Bürgerstolz ebenso wie ernste Gläubigkeit und Kirchendevotion. Von ferne betrachtet, wird die Silhouette der gotischen Stadt bestimmt durch ihre Türme, durch Kirch-, Tor-, Mauer- und Burgtürme mit ihrer Signal- und Wahrnehmungsfunktion (vgl. Abbildung 1 u. 2).

Die Entwicklung der Stadtarchitektur geht insgesamt gegen Ende des Mittelalters und in der frühen Neuzeit weg vom Komplizierten, Verwinkelten und vielfältig Zusammengestückelten hin zu klaren und einfachen Baukörpern

30 Wander Bd. 1, S. 514 s. v. ›Bürger‹ Nr. 2.

31 Isenmann 1988, S. 25.

32 Vergleichbare Großbauten, die der städtischen Vorratshaltung und vorübergehenden Lagerung von Handelswaren dienten, waren Herings- und Fleischhäuser, Unschlitthäuer (für Talg), Salzspeicher und Weinstadel.

und zu einer neuen Übersichtlichkeit der Stadt. Man kann darin einen Zusammenhang mit der gleichzeitig voranschreitenden, durch die Reformation und Konfessionsbildung verstärkten Normierung und Formierung städtischen Lebens, d. h. mit politischen, religiösen und sozialregulierenden Ordnungsbedürfnissen, erkennen[33].

1.5 *Wirtschaft*[34]

Im wirtschaftlichen Sinne ist die Stadt in erster Linie ein ›Markt‹, d. h. ein Ort, der sich aus seinem Umland durch die raumbeherrschende Zentralität des Warenverkehrs und -umschlags, des Warenimports, -exports und -konsums hervorhebt. Dazu gehört wesentlich die Einfuhr landwirtschaftlicher Erzeugnisse aus der Umgebung, die handwerkliche Produktion in den eigenen Mauern, der Klein- und Fernhandel. Die Stadt ist daher – trotz der bäuerlichen Betätigung vieler Bürger – der Sitz von Gewerbe und Handel, die Ansiedelung von Handwerkern und Kaufleuten, ein Ort des hinein- und herausströmenden Verkehrs, dessen Lebensadern die Handelswege sind, ein Platz des Geldverkehrs, der gesammelten und gehäuften Kapitalien und der Kreditwirtschaft. Die Stadtgesellschaft ist in neuer Weise Geldgesellschaft.

Wucher, Habgier und Geiz wurden so seit dem Aufblühen der Städte im 12. und 13. Jahrhundert zu einer neuen ethischen Herausforderung. In der neuartigen, nach dem Vorbild italienischer Handelsgesellschaften perfektionierten Geldakkumulation, im – mit politischer Herrschaft nicht unbedingt verbundenen – finanziellen Reichtum liegt das spezifische ethische Problem der Städte; und entsprechend ist auch das Armutsideal seit den Zeiten eines Fran-

33 Vgl. unten S. 73–76.

34 Vgl. Isenmann 1988, S. 341–413 (mit Literatur) und Boockmann 1986, S. 94–124 (mit Bildmaterial); zum städtischen ›Frühkapitalismus‹ des 15./16. Jahrhunderts vgl. Schilling 1988, S. 36–53.484–486 (mit Literatur).

ziskus von Assisi, der sich vom Kapital der elterlichen Fernhandlung lossagte, ein typisch städtisches Ideal. Ein gewisses Pendant dazu ist aber auch die hochkultivierte Fähigkeit wohlhabender Kaufleute, Reichtum und Frömmigkeit miteinander zu verbinden, sich - bis zum Halse in der kapitalgewordenen Todsünde der avaritia - immer wieder ein gutes Gewissen zu verschaffen, indem man Profit als Segen Gottes deutet und ihn in geldaufwendigen guten Werken investiert[35]. Indem der Kaufmann das städtische Gemeinwohl im Blick behält, wohltätig ist, den Armen und Kranken gibt, für fromme Zwecke stiftet, beteiligt er Gott selbst am Geschäft. Und die kirchliche Hierarchie und Theologie des Spätmittelalters, die einerseits die Reformfrömmigkeit des Armutsideals in den Bettelorden fördert, trägt andererseits das Ihre dazu bei, um den Reichtum der städtischen Fernhändler vom Odium des Lasters zu befreien. In der Logik dieser Entwicklung liegen schließlich die großen päpstlichen Ablaßkampagnen von Stadt zu Stadt, die Möglichkeit also, durch Geldzahlung auf direktem Wege - unter Umgehung des Fegfeuers - in den Himmel zu gelangen. Städtischer Geldverkehr und kirchliche Frömmigkeit sind eine Symbiose eingegangen[36]. Aber auch darin lag eine Möglichkeit der Symbiose für reiche Laien, daß man die Armut zu einer seelischen Tugend in der demütigen Gleich-

35 Vgl. Abbildung 3 mit Erläuterung; vgl. z. B. auch das Testament des reichen Göttinger Bürgers Hans von Oldendorp aus dem Jahre 1491, dazu Boockmann 1994, S. 183–213.

36 Vgl. Clévenot 1993 mit dem bezeichnenden Titel »Lieber Jesus, mach mich reich« und der Erläuterung im Vorwort (S. 9): »Die Zeit der Kaufleute, das Auftauchen des Bürgertums, die Geburt des Kapitalismus [...] Mit Hilfe des Ablaßsystems stößt man sogar bis zu einem Punkt vor, wo man den Himmel für echte klingende Münze kaufen kann. Die Gebetswendung ›Lieber Jesus, mach mich reich‹ entspricht also einer dreifachen Neuerung: dem Interesse, das der Person Jesu entgegengebracht wird ebenso wie dem Streben, sowohl materielle als auch geistige Reichtümer anzuhäufen.« Siehe auch besonders S. 11–17. Zu den Ablaßkampagnen vgl. Moeller 1991, S. 53–72.

förmigkeit mit dem armen, nackten Passionschristus verinnerlichte und spiritualisierte. So konnte man reich und arm zugleich sein[37].

Die Eigenart des urbanen Wirtschaftens mit Waren und Geld hat – was die Grundlage dieser merkantilen Frömmigkeit bildet – weitreichende Konsequenzen für den Charakter des städtischen Lebens und für die Mentalität der Stadtbewohner. Statt der personalen Herrschaftsbeziehungen der feudalen Umwelt gewinnen in der Stadt sachbezogene und rationale Kaufbeziehungen Vorrang. Auch die Frömmigkeit, das religiöse Verhältnis zu Gott, zu den Verstorbenen und zum ›Nächsten‹, wird, wie gerade schon deutlich wurde, in die Ökonomisierung und Rationalisierung einer Ware-Geld-Beziehung hineingezogen. Die Zusammengedrängtheit und Verdichtung des Gewerbes, Warenaustauschs und Geldverkehrs in der Stadt steigert die Komplexität ihrer Lebensvollzüge, sie forciert die Differenzierung nach Berufen, Techniken, Institutionen und sozialen Abstufungen (mit der Folge, daß sich die soziale Schere zwischen reich und arm in den größeren Städten weit öffnet), sie beschleunigt die Geschwindigkeit des Lebensrhythmus, sie begünstigt den Gedankenaustausch, den Kontakt zu neu auftauchenden Ideen und den Innovationsreichtum, sie hat – der kalkulierenden Mentalität der Gewerbetreibenden und Händler gemäß[38] – einen Zug zur Rechenhaftigkeit, zu gesteigerter Rationalität und Verschriftlichung des Lebens.

Der humanistische Astronom und Mathematiker Regiomontanus begründete die Verlegung seines Wohnsitzes nach Nürnberg 1471 mit den Worten: »Nürnberg habe ich mir zum dauernden Wohnort ausgewählt zum einen wegen der Tauglichkeit der hier angefertigten Geräte, besonders der astronomischen, auf denen die Gestirnkunde gänzlich beruht, zum andern wegen der günstigen Gelegenheit für

37 Zur Ausweitung des Ordensideals der Buße und Armut auf die bürgerliche Laienwelt siehe unten S. 71 bei Anm. 135.

38 Vgl. Irsigler 1985, Gurjewitsch 1989, Tenenti 1990.

Abbildung 3

Heiliggeist-Spital Nürnberg, Kreuzigungshof mit dem Turm der ehemaligen Spitalkirche und einer Kreuzigungsgruppe von Adam Kraft (um 1507, ursprünglich am Johannisfriedhof); Aufnahme aus Mulzer 1976, Nr. 103. Der Stifter Konrad Groß, der reichste Bürger Nürnbergs in der ersten Hälfte des 14. Jahrhunderts, ließ seit 1331 diese Heimstatt für Hilfsbedürftige, insbesondere für Alte, errichten. Sie wurde in der Folgezeit erweitert und ist zu Beginn der Reformation mit ihrer Größe eines der markantesten Beispiele der für die spätmittelalterliche Stadt so charakteristischen Einrichtung des Bürgerspitals. Als Stiftung, die unter der Verantwortung des Magistrats geführt wurde, repräsentiert das Heiliggeist-Spital die spätmittelalterliche Verquickung von bürgerlichem Reichtum, Familienehre, städtischer Sozialfürsorge und frommem Heilserwerb. In der zur Spitalstiftung gehörenden Kirche wurden von 1424 bis 1796 die sog. ›Reichskleinodien‹ aufbewahrt, zu denen nicht nur die Reichsinsignien wie Krone oder Reichsapfel, sondern auch die Reichsreliquien wie Hl. Lanze und Partikel des Kreuzes Jesu gehörten. Sie waren Symbole der weltlich-geistlichen Macht des Reiches und Unterpfand der königlichen Herrschaft, ja sie galten den mittelalterlichen Menschen als Verkörperung des Reiches schlechthin (Schuhmann 1986, S. 32). In gewisser Hinsicht war also die Heiliggeist-Kirche der Reichsstadt Nürnberg das sakral-politische Zentrum des Heiligen Römischen Reiches. Von daher ist das Ausmaß des Traditionsbruchs zu ermessen, als die evangelischen Reichsstädte Ende 1524 dem Kaiser nur noch als weltlichem Herrn Gehorsam leisten wollten; vgl. unten S. 107–110 und 174–177.

einen universalen Gedankenaustausch mit den anderswo lebenden Gelehrten, weil dieser Ort dank der Mobilität der Kaufleute gleichsam das Zentrum Europas darstellt.«[39]

1.6 *Bildung*

Mit der wirtschaftlichen Mittelpunktstellung und Beweglichkeit der Stadt hängt unmittelbar zusammen, daß sie als herausgehobenes Kultur- und Bildungsphänomen in Erscheinung tritt. Vermutlich war die Alphabetisierung der Dorfbewohner unmittelbar vor der Reformation weiter fortgeschritten, als oft - in einer überzogenen Kontrastierung von Stadt und Land - angenommen wird. Die größeren Städte mit ihren Lateinschulen und deutschen Schulen, besonders aber die kleineren Landstädte mit dem verbreiteten Mischtypus der »gemainen« Schulen hatten einen erheblichen bäuerlichen Einzugsbereich. Doch gab es vor der Reformation noch keine Dorfschulen[40]. Und so wurde zweifellos ein weit höherer Anteil der Stadtbewohner als der Landbevölkerung zur Lese- und Schreibfähigkeit geführt - in manchen Städten, wie in Nürnberg, vielleicht sogar fast die Hälfte der Bewohner[41]. Als Zentren intellektueller Entwicklung waren die Städte die Orte des Druckgewerbes, wo die neuen Bücher - und in der Reformation besonders Flugschriften und Flugblätter - produziert und verlegt, gelesen, ausgetauscht und diskutiert wurden, bevor

39 »Eam [scil. urbem Nuremberga] enim mihi delegi domum perpetuum, tum propter commoditatem instrumentorum et maxime astronomicorum, quibus tote sideralis innititur disciplina, tum propter universalem conversationem facilius habendam cum studiosis viris ubicumque vitam degentibus, quod locus ille perinde quasi centrum Europae propter excursum mercatorum habeatur.« Brief vom 4. Juli 1471, ed. Curtze 1902, S. 327. Vgl. Kugler 1986, S. 188–229.

40 Vgl. Endres 1985 und 1986 zum Bildungswesen in Stadt und Umland - allerdings begrenzt auf Franken.

41 Vgl. Endres 1984 und 1994.

sie dann ihren Weg vielleicht auch in manche Bauernstuben und Ritterburgen fanden[42]. Damit hängt wieder der bereits erwähnte innovatorische Aspekt zusammen, daß die Städte »der soziale Raum für neue geistige Entwürfe und Denkweisen« waren[43]. Daher war es nur selbstverständlich, daß die neue Literatur- und Bildungsbewegung des Humanismus ihre Verwurzelung im gebildeten Bürgertum der großen Städte fand[44], wie auch die Frömmigkeitsimpulse der Devotio moderna ihren Ausgang von den niederländischen Städten (Deventer, Zwolle, Kampen u. a.) nahmen und von da aus auf die deutschen Städtelandschaften ausstrahlten und wie bereits die Erneuerung des Ordenswesens in der Bettelordensbewegung die aufblühenden Städte zum Sitz ihrer Konvente gemacht hatte[45]. In den Städten kam es zu einer intensiven Symbiose von Gelehrsamkeit, bildungsbeflissener Frömmigkeit und Kunsttätigkeit. Geistige Aufgeschlossenheit und fromme Gesinnung verbanden sich dabei mit der Wirtschaftskraft einer Stadt. Denn es waren reiche Stifter und Mäzene, ehrbare Familien, wohlsituierte Handwerkerzünfte und geistliche Korporationen, die Kunstwerke in Auftrag gaben, die Kirchen mit gestifteten Bildern und Altären füllten[46], Bibliotheken oder erstklassige Schulen einrichteten, Bildungskarrieren förderten und städtische Predigerstellen stifteten.

42 Zum Thema ›Stadt und Buch‹ vgl. Moeller 1991, S. 111–124 und Hohenberger 1996, S. 181–183 (mit Literatur); zur urbanen Literatursphäre vgl. Kleinschmidt 1982.

43 Moeller 1983, S. 12.

44 Zum Begriff des »Civic Humanism« vgl. Baron 1988; vgl. auch den Sammelband: Humanismus und höfisch-städtische Eliten im 16. Jahrhundert, 1990; Hamm 1989.

45 Vgl. Berg 1992 mit Auswahlbibliographie S. XV–XXXIV.

46 Vgl. das reiche Bildmaterial bei Boockmann 1986, dazu ders. 1983.

1.7 *Recht und politische Verfassung*[47]

All dies geschieht im Rahmen einer Rechtsgemeinschaft, die in exklusiver Weise nur für die Städte gilt. Es ist vor allem die Eigenart ihres Rechts, der die Städte ihre Sonderstellung als Inseln verdanken, während in anderer Hinsicht ein viel stärkerer Austausch zwischen Stadt und Land stattfindet. Der entscheidende Schritt aus der agrarisch-feudalen Welt in den Rechtsverband der Stadt geschah durch die Teilhabe am Bürgerrecht. Bürger im eigentlichen Sinne war, wer den Bürgereid geleistet hatte und so in die einungsrechtliche Schwurgemeinschaft der Stadt aufgenommen worden, d.h. Glied des wechselseitigen eidlichen Selbstbindungsverhältnisses von Rat und Gemeinde geworden war (denn auch die Regierenden leisteten bei Amtsantritt einen Eid, der sie an das kommunale Gemeinwohl band). Die Grundlage des Rechts und der Verfassung der Städte war diese eidvertragliche und auf Erneuerung angelegte Bindung der Bürger an die Rechts- und Wertprinzipien der Stadtgemeinschaft. Sie galt nicht als etwas naturhaft Gegebenes (wie die feudale Herrschaftsordnung des Landes), sondern als etwas willentlich Konstituiertes und immer neu zu Organisierendes. Man konnte freiwillig Glied der Bürgergemeinde werden und auch wieder aus ihr aus-

47 Vgl. Isenmann 1988, S. 74–209 (mit Literatur). Anders als Isenmann und viele Vertreter der deutschen Stadtgeschichts- und Stadtreformationsforschung verwende ich im folgenden die Begriffe ›Genossenschaft‹ und ›genossenschaftlich‹ mit großer Zurückhaltung – weniger wegen ihrer Ferne zur städtischen Quellensprache um 1500, sondern besonders wegen des ihnen seit Otto von Gierke anhaftenden ideologischen Charakters. Vgl. dazu Oberman 1992, S. 91–96. Der Begriff ›Genossenschaft‹ als Bezeichnung der einungsrechtlich begründeten, paritätisch bestimmten Bürgergemeinschaft innerhalb der Stadtmauern ist eher erklärungsbedürftig als klärend. Hingegen halte ich die partikulare Beziehung des Genossenschaftsbegriffs auf eine bestimmte Zunft oder Gilde für sachgemäß; vgl. etwa E. Schubert 1992, S. 117–120.

scheiden oder ausgeschlossen werden. Zwar besaßen nicht alle Stadtbewohner das Bürgerrecht, denn in der Regel mußte man, um Bürger im Vollsinn werden zu können, über einen selbständigen, existenzsichernden Beruf und Hausstand verfügen und noch andere Voraussetzungen erfüllen, vor allem ein Mindestvermögen nachweisen können und daher auch zur Entrichtung eines oft nicht geringen Bürgergeldes (einer Aufnahmegebühr) in der Lage sein. Die meisten Frauen, die Gesellen, Taglöhner und andere Angehörige der Unterschichten waren daher vom Recht der Vollbürger ausgeschlossen. Doch ging die Tendenz der Kommunen gegen Ende des Mittelalters dahin, möglichst alle Stadtbewohner durch (abgestufte) Eidleistung zu Bürgern und Bürgerinnen im weiteren Sinne zu machen und so an die einungsrechtliche Interessen- und Solidargemeinschaft der Stadt (die sog. Stadt-›Genossenschaft‹) zu binden. Bestimmte Bewohnergruppen waren auch von einem Bürgerrecht minderen Rangs ausgeschlossen und sozusagen eigenen Rechts: Juden[48], sog. ›Beisassen‹, Gäste[49] und – freilich nicht in allen Städten – Geistliche und geistliche Korporationen[50]. Doch auch diese Gruppen genossen innerhalb der Stadtgrenzen einen gewissen Schutz und hatten sich gewissen Rechtsnormen zu fügen. Darin zeigt sich die Vorstellung, daß Stadtrecht und Stadtverfassung einen lokalen Rechtsraum bilden, der alle umschließt, die sich in der Stadt aufhalten.

48 Vgl. Isenmann 1988, S. 100 f. 105 f. (mit Literatur) und Boockmann 1986, S. 283–293 (mit Bildmaterial).

49 Zu Beisassen und Gästen vgl. Isenmann 1988, S. 98 f. 101 f.; zu Personen, die zur städtischen Bevölkerung gehörten, aber gelegentlich oder regelmäßig ausgewiesen wurden (Leute ohne festen Wohnsitz, fremde Bettler, »Sondersieche« und diejenigen, die gegen städtische Ordnungen verstoßen hatten) vgl. ebd. S. 102. Zu solchen und anderen »Außenseitern« und »Randgruppen« der spätmittelalterlichen Stadt vgl. Irsigler/Lasotta 1991 und Hartung 1986.

50 Vgl. Isenmann 1988, S. 99. 105 f. und Moeller 1991, S. 35–52.

Ansiedlung im Rechtsraum der Stadt und Eingliederung in den Bürgerverband bedeutet nicht Freiheit von Herrschaft. Jede Stadt – mit Ausnahme der wenigen Freien Städte[51] – hatte, wovon noch die Rede sein wird, einen mehr oder weniger präsenten und in ihre Belange hineinregierenden Stadtherrn: einen Adeligen, Fürsten, Bischof, eine andere Stadt oder den König und Kaiser. Vor allem aber konstituieren sich gegen Ende des Mittelalters die städtischen Magistrate als oligarchische Herrschaftsorgane – mit der zunehmenden Tendenz, sich selbst als gottgesetzte Obrigkeit und die Gemeinde als ›Untertanen‹ zu verstehen[52]. Doch zwischen dem (unterschiedlich entwickelten) Herrschaftsprinzip der Räte und dem bürgerlichen Einungsprinzip (dem ›Genossenschaftsprinzip‹) der Gesamtgemeinde besteht kein Gegensatz, da durchaus im Bewußtsein bleibt, daß sich das Herrschafts- und Gehorsamsverhältnis innerhalb der Stadt grundlegend von dem feudalen Untertanenverhältnis der Bauern gegenüber ihren adeligen Herren unterscheidet. Innerhalb der Stadt fehlt die persönliche Unterworfenheit unter die Herrschaft eines einzelnen. Der typisch städtische Lebensrhythmus von Rat und Gemeinde[53], das Auf und Ab ihrer Spannungen, Konflikte und Konsensstiftungen, wird getragen von folgenden einigungsrechtlichen, beschworenen Ordnungsprinzipien der Bürgerschaft[54]:

1. Die ›Freiheit‹ aller Bürger befreit sie von den Banden agrarisch-feudaler Hörigkeit und schützt sie vor willkürlichem Zugriff auf Leib und Gut.

51 Siehe unten Anm. 74.

52 Vgl. Rublack 1982 a, S. 24 f. und die S. 33 Anm. 36 genannte Literatur (Eberhard Naujoks, Wilfried Ehbrecht, Bernd Moeller, Rainer Postel).

53 Vgl. Sammelband: Städtische Führungsgruppen und Gemeinde, 1980.

54 Zu den folgenden drei Punkten (Freiheit, Frieden, Gleichheit) vgl. Isenmann 1988, S. 74–78.102–105 (mit Literatur), zu allen fünf Punkten vgl. Schilling 1988 b, S. 170 f.

2. Sie steht in einer engen Beziehung zur besonderen Dimension des städtischen ›Friedens‹, der den Rechtsraum der Stadt freihält von Blutrache, Fehde und anderen eigenmächtigen Gewalt- und Selbsthilfemaßnahmen. Das Friedegebot verweist die Stadtbewohner auf den Weg gütlichen Vergleichs bzw. die Entscheidungsinstanz des Gerichts oder Rats. So schützt der geschworene Friede der Bürgerschaft die Rechtlichkeit und Ruhe ihres Zusammenlebens, das Gedeihen von Gewerbe und Handel, die Funktionsfähigkeit des Marktes und das Prosperieren ihres Gemeinwohls in jeder Hinsicht (des leiblich-seelischen ›Gemeinen Nutzens‹).

3. Diese Sicherung der Freiheit und des Friedens der Stadt schließt die prinzipielle Gleichheit aller Bürger – ja in mancher Hinsicht aller Stadtbewohner – ein. Damit ist eine gewisse Parität, nicht aber Egalität im modernen Sinne intendiert. Der Patrizier genießt wohl eine andere Zugänglichkeit zum Recht als der Handwerker, aber keinen anderen Rechtsstatus. Das bedeutet: In der Stadt gilt Rechtsgleichheit, die Gültigkeit der gleichen Rechtsnormen, Gesetze und rechtsprechenden Instanzen für alle. Allen wird im Prinzip der gleiche Rechtsschutz gewährt, und alle sind darin gleich, daß ihnen (abgestuft nach Leistungsvermögen) Lasten und Pflichten zum Besten der Stadt auferlegt sind, Steuern, Abgaben und besondere Dienste wie die Beteiligung an Bau und Unterhaltung der Stadtmauer. Der Bürgereid bezieht sich inhaltlich genau auf diesen Schutz, den die Stadtgemeinschaft gewährt, und auf diese Verpflichtung des einzelnen gegenüber Rat und Gemeinde[55].

4. Politisch bedeutet dieser städtische ›Kommunalismus‹[56] oder ›Stadtrepublikanismus‹[57], daß das Regiment des

55 Zum mittelalterlichen Bürgereid vgl. Ebel 1958.

56 Zum (Stadt- und Landgemeinden umfassenden) Begriff des ›Kommunalismus‹ vgl. Blickle 1982 und 1986; vgl. auch Sammelheft: Kommunalisierung und Christianisierung, 1989.

57 Zum (nur stadtbezogenen) Begriff des ›Republikanismus‹ – des »alteuropäischen Stadtrepublikanismus« oder »frühen bürgerlichen Republikanismus« – vgl. Schilling 1988 a, 1988 b,

Rats nicht abgeschottet ist gegenüber dem ›Gemeinen Mann‹, sondern daß ein gewisser Anspruch der Bürgergemeinde virulent ist, an politisch-sozialen und religiösen Entscheidungen von großer Tragweite beteiligt zu werden – durch erweiterte Partizipation, d. h. durch Berufung des Großen Rats, Bürgerversammlungen, Bürgerausschüsse, Veränderungen des Rats und dgl. In Schüben, in unterschiedlicher Massivität des Konflikts von Unruhe über Protest bis zu Aufruhr und Aufstand[58] und in gewissen Verlaufsformen und Ritualen des Konflikts[59] werden solche Partizipationsansprüche von der Gemeinde artikuliert, durchgesetzt und auf die Ebene eines neuen Konsenses der Bürgerschaft geführt. Genau solche Ansprüche, Konflikte und Konfliktregelungsmechanismen bestimmen auch den Verlauf der Reformation in den Städten, oder anders formuliert: sie sind die spätmittelalterlich vorgegebene Form, in der sich der reformatorisch-religiöse Zündstoff eskalierend Geltung verschafft[60]. So erreicht die Zahl städtischer Revolten im Verlauf der deutschen Geschichte ihre größte Dichte während des Reformationsjahrzehnts 1521 bis 1531[61].

5. Mit der Durchlässigkeit zwischen Ratspolitik und einer breiteren Willensbasis in der Bürgerschaft hängt schließlich auch die Tatsache zusammen, daß die regieren-

S. 170 f. und 1993, S. 89–93 (mit Literatur); zur Diskussion der Kommunalismus- und Republikanismusthese vgl. auch Robert v. Friedeburg 1994, der mit Recht davor warnt, dem städtischen Phänomen eines frühneuzeitlichen Republikanismus republikanische Wertvorstellungen im Sinne eines modernen egalitär-individuellen Republikanismus unterzuschieben. Auf Regimentsformen in oberschwäbischen Stadtstaaten wird der Begriff von Kießling 1993 bezogen.

58 Vgl. Mörke 1982 und v. Greyerz 1985, S. 19 f.; vgl. unten S. 53 mit Anm. 92.

59 Vgl. Ehbrecht 1978 und 1980.

60 Vgl. Schilling 1975.

61 Vgl. die Zahlen bei Maschke 1974, S. 40 Anm. 206, Blickle 1988, S. 25.

de Politikelite der Städte ihre Aufgabe in einer deutlichen Gegenhaltung gegen das monarchische Prinzip des Fürstenstaats oder der kleineren Adelsherrschaft wahrnimmt. Bestrebungen einzelner, nach dem Leitbild adeliger Lebensformen eine privilegierte Position innerhalb der städtischen Führungsgruppe zu erringen, werden von den Räten als gravierende Verletzung der städtischen Werteordnung gebrandmarkt und geahndet[62]. Politik in den Städten - und städtische Religionspolitik in der Reformationszeit - heißt daher, daß nicht der Wille einer Einzelperson, sondern das Übergewicht in einem kollegial besetzten Gremium, das gewählt wird und daher für einen Austausch offen ist, entscheidet. Das macht die Entscheidungsprozesse komplizierter und unter Umständen zögerlich[63], da gegensätzliche Tendenzen zur Klärung gebracht werden müssen; das macht aber auch möglich, daß Mehrheiten in der Bürgerschaft leichter die Ratspolitik bestimmen, da sie in der Regel (durch flexibles Einlenken der politischen Führung oder gewaltsamen Druck) früher oder später auch zu einer Mehrheit im Ratsgremium führen[64].

Zwar ist im Prinzip die beschriebene Offenheit, Kommunikation und Partizipation in den Zunftstädten mit ihrem hohen Anteil der Handwerkerschaft im Rat höher als in den patrizisch verfaßten Städten, die die politische Ent-

62 Vgl. Boockmann 1983 über »spätmittelalterliche deutsche Stadt-Tyrannen«.

63 Vgl. Haas 1991, S. 253 über die Reformationspolitik des Frankfurter Magistrats.

64 Vgl. Schilling 1979, S. 246 mit dem Resümee: »Erstens: Nur die Bürgerschaften und die Landesherren handelten als relativ autonome Größen, während die Ratsgremien in den seltensten Fällen agierten, sondern reagierten und zwischen den Fronten in Zugzwang gerieten. Zweitens: Es bestand offensichtlich ein Druck zum innerstädtischen Ausgleich; er ging zu Lasten der Räte und des Führungskreises, insofern diese - gleichgültig ob der Landesherr evangelisch oder katholisch operierte - sich im Laufe der Zeit an die evangelische Position der Bürgerschaften angleichen mußten.«

scheidungskompetenz ausschließlich dem engen Personenkreis des Patriziats reservieren[65]. Doch ist die Verfassungswirklichkeit zu Beginn der Reformation in Zunftstädten wie Straßburg, Ulm oder Augsburg nicht sehr weit von der in Patrizierstädten wie Nürnberg, Frankfurt oder Rothenburg entfernt[66]. Einerseits hat sich auch in den Zunftstädten der Trend zur Oligarchisierung der Herrschaft durchgesetzt, andererseits bleiben auch in Patrizierstädten die fünf genannten Rechts- und Verfassungsprinzipien der Bürgergemeinde in Kraft. Wichtiger als die schematische Unterscheidung zwischen zünftisch und patrizisch verfaßten Städten scheint mir im Blick auf die Reformationsverläufe die Frage zu sein, wie stark in einer konkreten Stadt die Ratsherrschaft ist, wie fest der Rat im Sattel sitzt, wie labil seine Machtposition ist und aus welchen Personengruppen er sich de facto rekrutiert[67].

65 Zum Patriziat vgl. Isenmann 1988, S. 269–283.288–290 (mit Literatur), zu den Zünften vgl. ebd. S. 304–319.338 f. (mit Literatur), zum Verhältnis von Patriziat und städtischer Ehrbarkeit (am Beispiel Nürnbergs) vgl. Hamm 1989, S. 73–115. Zur idealtypischen Gegenüberstellung von patrizisch und zünftisch verfaßter Stadt vgl. H.R. Schmidt 1986, S. 19–23; Blickle 1992, S. 84 f.

66 Mit Recht betont Blickle (ebd.), daß die Stadt in der Regel »zwischen patrizischer und zünftischer Verfassung« steht. Aber auch für die Städte, die einigermaßen eindeutig einem dieser beiden Typen zuzuordnen sind, gelten die folgenden Aspekte der Angleichung.

67 Nur selten ist die Herrschaft eines (überwiegend altgläubig besetzten) Rats so stark, daß sie sich gegen eine mehrheitliche evangelisch optierende Bevölkerung behaupten und die Reformation verhindern kann. So scheiterte die Reformation in Schwäbisch Gmünd aufgrund der Mithilfe des Schwäbischen Bundes (vgl. Ehmer 1978 und Brecht/Ehmer 1984, S. 78–80) und in Rottweil nicht zuletzt aufgrund der Präsenz des kaiserlichen Hofgerichts (vgl. Brecht 1975 und Brecht/Ehmer 1984, S. 177–179). Die Beispiele zeigen, wie sehr die städtische Reformation, um gelingen zu können, auch politisch durchsetzungsfähig sein mußte. Dies belegt z. B. auch der Fall Ra-

Der gegenüber der agrarischen Umwelt privilegierte Rechtsraum der Stadt bedarf, was den besonderen Charakter seiner autonomen Rechtsgebung betrifft, noch einer abschließenden Charakterisierung. Ich meine den Charakter jener zahlreichen, detaillierten Gesetze und Vorschriften, die den eidvertraglichen Verfassungsrahmen der Bürgerschaft füllen[68]. Während im außerstädtischen Bereich die Vorstellung dominiert, daß Recht nicht gemacht, sondern durch Rechtsweisung gefunden wird und daher das überlegene Recht im Prinzip immer das ältere ist - womit die hohe Geltung des Gewohnheitsrechts zusammenhängt -, ist für die Rechtspflege der Stadt der Grundgedanke leitend, daß Recht und Gesetze durch bewußte, willentliche Akte der Übereinkunft und Neusetzung geschaffen werden. Recht wird als positives Satzungsrecht verstanden, das durch die Willensorgane der Gemeinde verändert, aufgehoben und ersetzt werden kann. Die Rezeption des Römischen Rechts im 15. Jahrhundert findet auf dieser Grundlage einen besonders leichten Eingang, bestätigt und verstärkt es doch dieses positiv-gesetzesrechtliche Verständnis. Recht und Gesetzgebung gewinnen daher im städtischen Raum den Charakter von hoher Rationalität und Mobilität. Verbunden ist damit ein gewisser Abbau archaisch-feierlicher Förmlichkeiten und Symbole, also der Prozeß einer Entritualisierung des Rechts, die mit seiner Verschriftlichung und rationalisierten Verwaltung Hand in Hand geht. Dieser Modernisierungsschub hat zwar um 1520 auch in unterschiedlichem Maße die fürstlichen Kanzleien ergriffen, doch kommt den Städten die Vorreiterfunktion zu; gerade ihrer ökonomisch-rechnerischen Mentalität ist eine derartige Rechtskultur völlig maßgerecht, und man kann die Veränderung in den Regierungszentralen der Fürsten treffend als Prozeß der Verbürgerlichung von Verwaltung

vensburg, wo sich die Reformation erst nach 1540 durchsetzen konnte, als sich der Einfluß der Zünfte im Stadtregiment verstärkte (vgl. Hofacker 1970 und Brecht/Ehmer 1984, S. 183-186).

68 Vgl. Isenmann 1988, S. 80-82.102-105 (mit Literatur).

– verbunden mit dem wachsenden Eindringen bürgerlicher Rechtsexperten – beschreiben[69]. Vor diesem Hintergrund ist der Erfolg des reformatorischen Schriftprinzips, der biblischen Rechtssatzung, in den Städten besonders verständlich. Die rational vermittelte Schrift wird gegen alte Gewohnheit und heilige Rituale gestellt[70].

1.8 *Autonomie*

Mit den Stichworten ›privilegiert‹ und ›autonom‹ ist bereits ein weiterer Aspekt angeklungen, der die Sonderstellung der Städte charakterisiert. Denn ihre Eigenart in politischer und rechtlicher Hinsicht ist das hohe (allerdings von Stadt zu Stadt sehr unterschiedliche) Maß an Autonomie, die auf Privilegierung durch den Stadtherrn zurückgeht[71]. Durch Privilegien eröffnet der Stadtherr – bei den Reichsstädten der König, bei den Landstädten der Fürst[72] – sowohl die Vollmacht zu eigener Rechtsetzung als auch Spielräume zu selbständigem politischen Handeln. Deutlichster Hinweis darauf ist die für die Städte typische Ratsverfassung[73]. Indem eine Stadt einen Rat hat, verfügt sie als Bürgerschaft über ein eigenes Willensorgan. Politisch bedeutet das, daß sie – bis zu einem gewissen Grad – ihre inneren Angelegenheiten selbständig regeln kann und auch nach außen auf Landes- bzw. Reichsebene ihren Willen artikulieren und ihm Einfluß geben kann. Welche Möglichkeiten sich daraus für die Durchsetzung der Reformation im Innern einer

69 Vgl. Stievermann 1986.
70 Vgl. Hamm 1993c, S. 52 Anm. 141.
71 Vgl. Isenmann 1988, S. 78–80.
72 Unter den Stadtherren kleiner Städte gibt es »auch Adlige unterhalb der Stufe von Landesherren bis hinunter zum Kleinadel, der eine grundherrliche Obrigkeit über seine Stadt ausübt«; Isenmann (1988, S. 109) sprich in diesem Fall von »grundherrlichen Städten« (mit entsprechend reduzierter Privilegierung und Autonomie).
73 Vgl. Isenmann 1988, S. 131–146.198 f. (mit Literatur).

Stadt, in der Region und im Reich ergeben, wird zu sehen sein.

Sowohl bei der innen- als auch bei der außenpolitischen Religionsfrage kommt nun allerdings entscheidend zur Geltung, wie groß der Spielraum des rechtlich-politischen Agierens für eine Stadt ist, über welche Privilegien sie verfügt und welche anderen Faktoren ihre Selbständigkeit erweitern oder beeinträchtigen können: ihre Größe (auch die Größe des städtischen Territoriums), ihre Wirtschafts- und Finanzkraft, ihre militärische Macht, ihre Einbindung in Bündnissysteme und Klientelverhältnisse, ihre Nähe zu König und Reich, ihre Abhängigkeiten von geistlichen Personen und Korporationen etc. Eine gerade für die Reformationsgeschichte wichtige Rolle spielt in dieser Hinsicht der Unterschied zwischen den Freien Städten (z. B. Straßburg, Speyer, Worms) und Reichsstädten (z. B. Lübeck, Aachen, Dortmund, Frankfurt, Nürnberg, Augsburg, Ulm) einerseits[74] und den sogenannten Landstädten andererseits[75]. Während die ›landsässigen Städte‹ in das Territorium ihres Landesfürsten oder – auf niederer Ebene – sogar in die Grundherrschaft eines adligen Ortsherrn eingegliedert sind[76], kommt den Freien Städten und Reichsstädten das

74 Zu den Freien Städten (in der Regel ehemalige Bischofsstädte, die den König nicht als ihren Stadtherrn betrachteten und daher eine Huldigungspflicht in Abrede stellten) und Reichsstädten vgl. Isenmann 1988, S. 110–121.127–129 (mit Literatur), Press 1987, Moeller 1987 (1962), H.R. Schmidt 1986, G. Schmidt 1984a (zum Angleichungsprozeß zwischen den Freien und Reichsstädten im 15. Jh. S. 80–86). Nach Isenmann (S. 111) gab es 1521 etwa 68 reichsunmittelbare Städte (davon nennt er neun Freie Städte), Moeller (S. 9) spricht von etwa 65, später (S. 71) von wohl 69 Städten (in mehr als 50 von ihnen habe »die Reformation im Laufe des 16. Jahrhunderts offizielle Geltung gefunden«). Eine Karte mit 51 Reichsstädten bietet Schilling 1993, S. 42 (davon nur 11 nördlich der Mainlinie).

75 Zu den Landstädten (Territorialstädte und grundherrschaftliche Städte) – auch ›landsässige Städte‹ genannt – vgl. Isenmann 1988, S. 107–110.127–129 (mit Literatur).

76 Siehe oben Anm. 72.

Privileg der Unmittelbarkeit zu Reich und König zu. Das gibt ihnen die Möglichkeit der (wenn auch nur konsultativen) Mitwirkung an den Reichstagen und entzieht sie dem Zugriff der erstarkenden, auch die Hoheit über die Kirche beanspruchenden Territorialherrn. Die Mehrzahl der etwa 68 Freien Städte und Reichsstädte hatte daher einen größeren außen- und innenpolitischen und daher auch religions- und reformationspolitischen Spielraum als die Mehrheit der Territorialstädte (und erst recht der grundherrschaftlichen Städte). Und da die meisten reichsunmittelbaren Städte im Westen südlich des Mains lagen und der Norden und Osten einschließlich seiner wenigen Reichsstädte[77] ausgesprochen reichs- und königsfern waren (ganz im Unterschied zu Schwaben und Franken[78], besonders Augsburg und Nürnberg)[79], ergab sich in der Reformationspolitik der Städte auf Reichsebene ganz selbstverständlich ein Übergewicht des Südwestens, während Mittel-, Nord- und Ostdeutschland seinen Einfluß auf die große Reformationspolitik vor allem über die Territorien und ihre Fürsten ausübte.

Allerdings bedarf dieses Bild einer deutlich differenzierenden Korrektur. Denn erstens ist zu berücksichtigen, daß viele Reichsstädte aufgrund ihrer bescheidenen Dimensionen überhaupt nicht in der Lage waren, eine selbständige Außenpolitik größeren Stils zu treiben. Man denke an Kleinstädte wie Aalen, Buchhorn, Bopfingen, Buchau, Gengenbach, Giengen, Pfullendorf, Wangen, Weil der Stadt, Windsheim, Weißenburg oder Zell am Harmersbach. Zweitens war die besondere Königs- und Reichsnähe einer Stadt nicht nur von Vorteil für sie, besonders wenn sie sich

77 Östlich der Linie Regensburg-Lübeck gab es überhaupt keine reichsunmittelbaren Städte. Im Westen lagen nördlich des Mains die Reichsstädte Lübeck, Goslar, Nordhausen, Mühlhausen, Dortmund, Köln, Aachen, Wetzlar, Friedberg.

78 Vgl. die beiden Aufsatzbände: Reichsstädte in Franken, 1987; Press 1992.

79 Zum Verhältnis einzelner Reichsstädte und Reichsstädtelandschaften zu König und Reich vgl. Isenmann 1988, S. 116–118, Moraw 1979 und Press 1981, 1983, 1988.

- wie in der Reformationsfrage - auf Gegenkurs zum (altgläubigen) Kaiser befand. Das Reichsoberhaupt versuchte, durch Mandate und Kommissionen in die Reichsstädte hineinzuregieren und durch Drohungen und Versprechungen oder gar mit militärischen Mitteln Druck auf ihren reichspolitischen Kurs auszuüben. Gerade die Reformation zeigt, was für eine prekäre und labile Angelegenheit die reichsstädtische Autonomie war[80] und in welche Verlegenheiten selbst eine große, mächtige und überreich privilegierte Reichsstadt wie Nürnberg durch ihre Nähe zu Kaiser und Reich gestürzt wurde[81]. Die hohen finanziellen Lasten, die den Reichsstädten aufgebürdet wurden, gehörten ebenfalls zu dieser Negativbilanz des reichsstädtischen Status. Andere Einflüsse von außen und innen - wie in der königsnahen Reichsstadt Frankfurt der kirchliche Druck des mächtigen Mainzer Erzbischofs[82] oder in Kempten der Machtfaktor des ortsansässigen Benediktiner-Klosters[83] - konnten hinzutreten und den politischen Spielraum der Reichsstädte noch mehr einengen. Drittens gibt es vor allem im Norden Deutschlands bis nach Mitteldeutschland hinab bedeutende Städte - meist Hansestädte -, die zwar streng genommen zu den Landstädten zählen, aber gegenüber dem Stadtherrn ein Maß an Selbständigkeit gewonnen haben, das sie auf eine Ebene mit den großen Reichsstädten stellt[84].

80 Vgl. dazu Isenmann 1988, S. 114–116.

81 Zur besonderen Königsnähe Nürnbergs, wo seit 1424 die Reichskleinodien aufbewahrt wurden, vgl. den Ausstellungskatalog: Nürnberg - Kaiser und Reich, 1986. Zu den Schwierigkeiten, in die Nürnberg durch die Spannung zwischen Kaisertreue und Reformationskurs geriet, vgl. G. Schmidt 1984a und 1984b; H.R. Schmidt 1986.

82 Vgl. Schindling / G. Schmidt 1992, S. 45f.

83 Der Widerstand des Abts von Kempten erschwerte vor allem die Reformation im Kemptener Landgebiet; vgl. Brecht/Ehmer 1984, S. 166.

84 Vgl. Schilling 1993, S. 40f.; ders. 1979 (mit der Typusbezeichnung »Hansestadtreformation« - so entfaltet 1981, S. 46.138f.) und 1983.

Zu diesen ›Autonomiestädten‹ mit ihrer Zwischenposition zwischen Reich und Territorium gehören z.B. Bremen, Hamburg, Rostock, Stralsund, Lüneburg, Braunschweig, Göttingen, Soest, Münster, Magdeburg, Erfurt oder Breslau. Ihre relative Ferne zu König und Reich mindert zwar, wie die Reformationsgeschichte zeigt, ihre reichspolitische Ausstrahlung, doch kann sie ihnen neben finanzieller Entlastung den Vorteil bringen, daß sie unangefochtener als die Reichsstädte ihren innenpolitischen Kurs - meist zugunsten der Reformation und oft gegen einen altgläubigen Landesherrn - zu steuern vermögen[85]. Auch kleinere Landstädte, wie etwa die in der Grafschaft Lippe gelegene Hansestadt Lemgo mit ihren rund 4000 Einwohnern, konnten solche Inseln der Selbstbestimmung innerhalb der Landesherrschaften bilden und eine selbständige Reformationspolitik durchhalten[86]. Zu bedenken ist außerdem: Was einer bedeutenden Autonomiestadt des Nordwestens gegenüber einer Reichsstadt des Südens an Ausstrahlung auf die Religionspolitik des Reichs abging, konnte sie in vielen Fällen an höherem Einfluß auf die Territorialreformation ihres Landes verbuchen.

Bei allen Unterschieden im Selbständigkeitscharakter der deutschen Städte am Ende des Mittelalters kann man sagen, daß für die etwas größeren Territorialstädte Autonomie oder

85 Vgl. zu den Reformationsvorgängen in Bremen: Moeller 1991, S.161–181; in Hamburg: Postel 1986, 450 Jahre Reformation in Hamburg, 1980; in Rostock: Pettke 1983; in Rostock, Stralsund, Wismar: Schildhauer 1959; in Lüneburg: Reformation vor 450 Jahren, 1980; in Göttingen: Moeller 1991, S.196–211; in Lüneburg, Braunschweig, Göttingen: Mörke 1983; in Soest: Soest 1981; in Münster: Schilling 1975 und Klötzer 1992 (mit Literatur); in Erfurt: Weiß 1988.

86 Zum Beispiel Lemgo vgl. Schilling 1988b, S.167f.176–183; ders. 1981 (dort werden als weitere Beispiele lutherischer Stadtkirchen, die bis ins 17.Jh. hinein ihre Unabhängigkeit gegenüber dem territorialfürstlichen Kirchenregiment bewahrten, Braunschweig, Wesel, Emden und Rostock genannt - S.146).

zumindest eine Teilautonomie das Normale, die Abhängigkeit das Unnormale war[87]. Da solche Städte zugleich ein gewisses regionales Gewicht besaßen und durch Verkehrsverbindungen, Geschäfts- und Bildungsbeziehungen sowie personalen Austausch vielfältige Einflüsse auf das Territorium (auch auf den fürstlichen Hof) ausübten, war ihr selbständiger religionspolitischer Kurs nicht nur etwas Insuläres, sondern auch von regionaler und territorialer Dimension.

1.9 *Sozialkörper als Konfliktgemeinschaft*

Wie bereits unter verschiedenen, besonders rechtlichen und verfassungspolitischen Gesichtspunkten deutlich wurde, hebt sich die Bewohnerschaft einer Stadt gegenüber ihrer ländlichen, feudal beherrschten Umwelt durch eine gewisse Geschlossenheit (die der skizzierten Autonomie entspricht) hervor. Sie bildet eine ›schwurgenossenschaftliche‹ Körperschaft, eine abgegrenzte Bürgergemeinde, in die das herrschaftliche Gegenüber von Rat und Gemeinde als etwas Selbstverständliches integriert ist. Die ›Rat und Gemeinde‹ umfassende Gesamtgemeinde im Unterschied zur Gemeinde der Beherrschten, zur Gemeinde als ›Gemeiner Mann‹, ist nicht nur ideale Fiktion, sondern sozial-rechtlich-politisch-religiöse Realität. Sie ist Lebensgemeinschaft, in der die Kontrahenten auf Gedeih und Verderb, auch im Blick auf ewiges Heil und ewige Verdammnis, aneinander gebunden sind.

Allerdings ist die Vorstellung von Stadtgemeinde als Sozialkörper auch irreführend, wenn sie von einem romantischen Organismusdenken aufgeladen wird und den einzelnen vor allem als »Glied des Ganzen«, »der großen organischen Gemeinschaft«, des »Kollektivindividuums« der innig verbundenen Bürgerschaft sieht[88]. Seitdem Bernd Moeller mit seiner Studie ›Reichsstadt und Reformation‹

87 So Schilling 1993, S. 40.
88 Moeller 1987 (1962), S. 11.

(1962) eine Blüte der neueren Stadtreformationsforschung eingeleitet und die Ergebnisse einer stark systematisch orientierten protestantischen Erforschung reformatorischer Theologie aus dem geisteswissenschaftlichen Ghetto herausgeholt und in das Faktorengeflecht des städtischen Sozialraums hineingestellt hat[89], wurde durch viele Arbeiten der starke Spannungs-und Konfliktcharakter der spätmittelalterlichen Stadtgesellschaft herausgearbeitet[90]. Nicht Harmonie ist das Kennzeichen städtischen Lebens zu Beginn der Reformation, sondern ein - mehr oder weniger explosives - Syndrom sich verschärfender Spannungen. Wirtschaftlich ist es die Schere zwischen den über große Kapitalien verfügenden Kaufleuten und wohlhabenden Handwerksmeistern einerseits und einer in die Armut absinkenden unteren handwerklichen Mittelschicht und den städtischen Unterschichten andererseits, zwischen reichen, angesehenen und armen, mindergeachteten Handwerkszweigen[91]; sozial ist es der Gegensatz zwischen einer städtischen ›Ehrbarkeit‹ im weiteren Sinne, die die vielfältigen Ämter unter sich verteilt, und den von dieser öffentlichen Repräsentation Ausgeschlossenen; politisch ist es das Gegeneinander zwischen einer Führungselite, die sich abzuschließen trachtet, und solchen aufstrebenden Gruppen der Bürgerschaft, die nach wirksamer Kontrolle des Rates sowie personeller Partizipation am

89 Vgl. das Nachwort zur bearbeiteten Neuausgabe 1987, S. 70.

90 In kritischer Wendung gegen Moeller erstmals Scribner 1975 und dann besonders Brady 1978. Moeller selbst (1987, S. 75) räumt ein, daß sein Buch ›Reichsstadt und Reformation‹ »hinsichtlich der sozialen Wirklichkeit der Städte ›harmonisch-idealisierende‹ Züge trägt«; vgl. aber seine kritische Rezension des Buchs von Brady 1980.

91 Darauf verweist E. Schubert (1992, S. 120): »Welten lagen zwischen der Genossenschaft armer Rebleute und der reicher Metzger, zwischen vornehmen Kürschnern und armen Seilern, ja sogar zwischen Weißgerbern und den wesentlich angeseheneren Rotgerbern ... Zunftorganisation ist keine Aussage für einen einheitlich zu definierenden Handwerkerstand. Davor warnt bereits das spätmittelalterliche Sprichwort: ›Das Handwerk haßt und feindet einander.‹«

Stadtregiment streben und in der Tradition spätmittelalterlicher Bürgerunruhen und Bürgerkämpfe stehen[92]; kirchlich ist es die Rivalität zwischen Laien und Klerikern, den Organen der bürgerlichen Genossenschaft und der Hierarchie der kirchlichen Anstalt, die Animosität zwischen Mönchen und Säkularklerikern oder die Kluft zwischen höhergestellten und gebildeten Klerikern und der Masse ungebildeter, schlecht bezahlter Meßpriester.

All diese Divergenzen, besonders aber ihre Kohärenz und Verdichtung auf engem Raum und eine so entstehende Situation beständiger Anspannung und leichter Erregbarkeit, sind vor allem für Städte charakteristisch. Auffallend ist, wie groß die Spannweite der wirtschaftlichen, sozialen, politischen, rechtlichen, bildungsmäßigen und kirchlichen Positionen in einer Stadt zu sein pflegt, und zwar nicht nur in einer großen Reichsstadt wie Augsburg[93] oder einer großen Landstadt wie Hannover[94], sondern auch in einer kleineren Reichsstadt wie Heilbronn[95] oder einem kleinen Landstädtchen wie Kitzingen[96]. Die Folge ist, daß die Verbundenheit bestimmter städtischer Gruppen mit einer ver-

92 Vgl. die bei Moeller 1987 (1962), S. 75–77 genannte Literatur (Karl Czok, Erich Maschke, Wilfried Ehbrecht, Hans Füglister, Olaf Mörke u. a.) und besonders den Sammelband: Städtische Führungsgruppen und Gemeinde in der werdenden Neuzeit, 1980; ferner Rotz 1985 und Blickle 1988, S. 7–12.25–28.114–116.120f. Die wirtschaftlichen, sozialen und politischen Momente der städtischen Konflikte und Revolten sind um 1500 nicht auseinanderzudividieren, sondern eng miteinander verflochten (z. B. bei der Frage der steuerlichen Belastung, die einer der häufigsten Gründe für Konflikte zwischen Rat und Gemeinde ist). Während der turbulenten Phase der Reformation ab 1521 verbanden sich dann in den Eingaben (Artikeln) der Bürger an den Rat mit wirtschaftlichen, sozialen und politischen Forderungen vor allem Fragen der Religion. Vgl. unten S. 60 mit Anm. 116.

93 Vgl. Kießling 1971.

94 Vgl. S. Müller 1987.

95 Vgl. 450 Jahre Reformation in Heilbronn, 1980.

96 Vgl. Blickle 1992, S. 95–99 (mit Literatur).

wandten außerstädtischen Position intensiver sein kann als das binnenstädtische Zusammengehörigkeitsgefühl. Ich denke etwa an Kontakte der reichs- und landstädtischen Mittel- und Unterschichten zu Bauern - zugunsten einer sozialrevolutionären Reformation[97] - oder der landstädtischen Führungsschicht zum Landesherrn - zugunsten einer Verhinderung von Reformation[98]. Solche Intensität von Stadt-Land und Stadt-Adel(Fürsten)-Beziehungen vor dem Hintergrund innerstädtischer Spannungen unterhöhlt einen griffigen und geschlossenen Begriff von Stadtreformation. Die Reformation wurde für die Städte ein so wesentliches und weit ausgreifendes Problem ihrer vielfältigen Lebensbezüge, daß eine enge Verbindung mit den schwelenden Konflikten innerhalb des Sozialkörpers und den lebhaften Außenkontakten nicht ausbleiben konnte.

97 Man denke an die Beispiele Kitzingen als Landstadt und Rothenburg als Reichsstadt; zu Rothenburg vgl. zusammenfassend (mit Literatur) Arnold 1990, S. 304–317. In den elsässischen Städten sind es besonders die Gärtner, die eine Brücke zwischen der bürgerlichen und bäuerlichen Reformationsbewegung schlagen; vgl. das Beispiel des Laienpredigers Clemens Ziegler von Straßburg bei Arnold S. 106–145. Zur Beziehung von Städten und Bauern während der Empörung von 1525 vgl. den Überblick von Blickle 1993, S. 165–188, die Thüringer Beispiele bei Tode 1994 und die Fallstudie von Scott ›Freiburg and the Breisgau‹ 1986. Vgl. auch unten Anm. 99 und 203 (Nürnberg). Zum Stadt-Umland-Verhältnis vgl. generell Isenmann 1988, S. 231–244 (mit Literatur), zum ›Brückenphänomen‹ der reichsstädtischen Landgebiete vgl. Leiser 1985 und 1990.

98 So häufig in den größeren nordwestdeutschen Landstädten; vgl. den Überblick bei Schilling 1979, S. 244–246. Allerdings verschoben sich die Fronten dann meist in Richtung auf eine evangelische Allianz zwischen Bürgerschaft und Rat gegen den katholischen Landesherrn. Zur besonders lange (bis 1534) währenden katholischen Allianz zwischen Magistrat und Landesherrn in Hannover vgl. S. Müller 1987.

1.10 *Die kommunikative Offenheit der Städte*

Eine Stadt ist zwar umgrenzt durch die Stadtmauer, sie hat aber auch Stadttore, durch die das Leben hinein- und herausflutet. Ihrer Geschlossenheit und ihrem Stadtcharakter stehen also ihre Offenheit und ihre kommunikative Einbindung in zahlreiche nicht-städtische Bezüge gegenüber. In Weiterführung dessen, was bereits über die städtischen Außenkontakte gesagt wurde, sei dieser offen-kommunikative Aspekt noch stärker entfaltet - besonders deshalb, um einem abgeschlossenen und überzogenen Begriff von Stadt und Stadtreformation entgegenzuwirken. Das spezifisch Städtische ist nur eine Teilwirklichkeit des Lebens und der Reformation in der Stadt.

Man muß sich vor Augen halten, daß eine Stadt wie Nürnberg nur z. T. eine kommunale Stadtmauer- und Genossenschaftsperspektive hat, sehr wesentlich aber auch translokale Perspektiven und Loyalitäten. Wie es einen intensiven Austausch zwischen den kleineren Handwerkern der Stadt und der bäuerlichen Bevölkerung des Umlandes gab[99], so orientierten sich die Patrizier in ihrem Ehrbegriff und ihrer feudalen Lebenshaltung am fränkischen Landadel[100] (und andernorts, wie z. B. in Straßburg, war aufgrund einer intensiven familiären Verflechtung und lehensrechtlicher Verpflichtungen der Übergang zwischen reichsstädtischem Patriziat und Landadel völlig fließend[101]). Oder man denke an humanistisch Gebildete wie Ratskonsulenten,

99 Vgl. H.R. Schmidt 1986, S. 154–156 im Blick auf die Zusammenhänge zwischen den Unruhen im bischöflich-bambergischen Stadt-Land-Gebiet Forchheims, im ländlichen Untertanengebiet Nürnbergs und unter den Nürnberger Handwerkern im Mai/Juni 1524. Vgl. unten Anm. 203.

100 Vgl. Hofmann 1965 und Hirschmann 1968; zur exemplarischen Gestalt des Christoph Kreß von Kressenstein (1484–1535) vgl. ders. 1993, besonders S. 39.

101 Vgl. Brady 1978, S. 49–196. Daher kann Brady S. 93 das Straßburger Patriziat als »the urban fraction of the lesser nobility« bezeichnen.

Ratsschreiber, Pröpste, Prädikanten, gelehrte Mönche und Künstler, die ein ganzes Netz von Bildungskontakten bzw. auch diplomatischen Beziehungen zu auswärtigen Universitäten, humanistischen Sodalitäten, Klöstern und Kanzleien pflegten. Führende Gestalten des geistigen Lebens pendeln zwischen städtischen und territorialen Aufgabenfeldern und Loyalitäten. Eine starke Fluktuation und lange auswärtige Aufenthalte - besonders an Universitäten, im Fürstendienst oder kaiserlichen Dienst - kennzeichnen das Bildungspersonal, die Biographie eben der Leute, die dann die Reformation in der Stadt fördern, steuern und als Multiplikatoren verbreiten. An Nürnberg fällt dabei besonders das engmaschige Kommunikationsnetz, das hohe Ausmaß der Kooperation, der verschiedenartigen persönlichen Kontakte und des personellen Austauschs mit dem ernestinischen Sachsen ins Auge[102]. Die Fäden liefen zum kursächsischen Hof, zur Universität Wittenberg, zu den Augustinerklöstern und Humanistenkreisen Sachsens (besonders Wittenbergs)[103].

Aus sozialer Verflechtung und geographischer Lage ergeben sich entscheidende Wirkungen, die den städtischen Rahmen sprengen[104]. Gilt dies bereits für die Jahrzehnte vor der Reformation, so wird gerade diese Dimension von Offenheit und Kommunikation - das Hin und Her zwi-

102 Vgl. Stievermann 1986, S. 165 f. mit Anm. 136.

103 Besonders intensiv wurden die Beziehungen nach Wittenberg und Kursachsen in der Übergangszeit vom Spätmittelalter zur Reformation gepflegt vom Nürnberger Staupitz-Freundeskreis, dessen Organisator Christoph Scheurl d.J., juristischer Ratskonsulent der Stadt, ehedem Rechtsprofessor in Wittenberg war, dessen geistlicher Anreger Wenzeslaus Linck vom Wittenberger Augustinerkloster ins Nürnberger wechselte und dessen mächtigster Stadtpolitiker Anton II. Tucher der Freund Kurfürst Friedrichs des Weisen war; vgl. Hamm 1989, S. 133-143. Aus dem umfangreichen Briefwechsel zwischen Anton Tucher und Friedrich dem Weisen wurden 125 Briefe der Jahre 1507 bis 1523 ediert von Hartmann 1985.

104 Vgl. Reinhard 1984, S. 111.

schen Stadt und Land, Stadt und Territorium - durch die Reformation noch verstärkt. Was das für die städtischen Reformationen bedeutet, wird eigens zu betrachten sein. So permeabel die Stadt ist, so durchlässig muß die Vorstellung von städtischen Reformationen werden.

1.11 *Sozialkörper als Konsensgemeinschaft? – die Dimension der Werte*

Nüchterne Wahrnehmung der innerstädtischen Spannungen und der Querverbindungen zwischen städtischen und außerstädtischen Personen und Institutionen darf freilich nicht den Blick dafür verdecken, daß es unter den Bewohnern einer Stadt auch so etwas wie ein städtisches Bewußtsein, eine städtische Mentalität und ein ideelles städtisches Wertedenken gegeben hat. Vor allem gab es wohl ein Fühlen, Denken und Wollen von Gemeinschaft und Aufeinander-Angewiesensein in der Bürgergemeinde, einen binnengemeindlichen Minimalkonsens, der sich der Notwendigkeit der Konsensfindung und des Zusammenwirkens aller städtischen Kräfte gegen innere und äußere Gefährdungen bewußt war[105]. Ohne eine solche Realität und Vorstellung von Gemeinschaft wäre es wohl kaum verständlich, weshalb Luther 1519 als weltliche Entsprechung zur geistlich-sakramentalen Gemeinschaft im Abendmahl gerade die Körperschaft und genossenschaftliche Verbundenheit der Bürgergemeinde vor Augen hat. So charakterisiert er die Eingliederung des einzelnen Bürgers in die Stadtgemeinschaft (»eyn gemeyn und corper«) mit den Worten: »Wie yn eyner statt eynem yglichen burger gemeyn wirt der selben statt namen, eere, freyheyt, handell, brauch, sitten, hulff, beystand, schutz und dergleychen, widderumb alle gefar, fewr, wasser, feynd, sterben, scheden, auffsetz [= Satzungen, Verordnungen] und dergleychen; dann wer mit geniessen

105 Dies wird betont von Moeller 1987 (1962), S. 78 (mit Literatur).

will, der muß auch mit gelten [= entgelten, bezahlen] und lieb mit lieb vorgleychen. Hye sicht man, das, wer eynem burger leyde thut, der thut der gantzen stad und allen burgern leyde; wer eynem woll thut, vordienet von allen andern gunst und danck.«[106]

Wirklichkeit und Ideal der städtischen Solidar- und Gesinnungsgemeinschaft, wie sie aus diesem Bild sprechen, bündeln sich in den typisch städtischen Werten, die uns in den Quellen des ausgehenden Mittelalters und der Reformation entgegentreten. Angesichts der bedrohlichen Kräfte eines gemeinschaftsfeindlichen Egoismus – zerstörerischer ›Antiwerte‹ wie Eigennutz, Zertrennung, Zerrüttung, Zwietracht, Unfriede, Unruhe, Gewalt, Rechtsbruch, Tyrannei – appelliert man an die gemeinschaftlichen ›Grundwerte‹ der Schwurgenossenschaft, die eine geordnete Balance der Macht von oben und der Partizipation von unten und eine größtmögliche Kohärenz der Bürger garantieren[107]. Der Leitwert der Stadt, dem höchste Akzeptanz quer durch die sozialen Schichten zukam, war der ›Gemeine Nutzen‹, das Gemeinwohl aller Stadtbewohner. Diese Maxime war für das Selbstverständnis der Bürger so grundlegend, daß sie als Synonym für die ›res publica‹, den Stadtstaat, gelten konnte[108]. Der ›Gemeine Nutzen‹ war die Zielperspektive aller anderen städtischen Werte, unter denen besonders Friede und Ruhe, Einheit und Eintracht, Recht und Gerechtigkeit, Ordnung und Sicherheit zu nennen sind. Was oben bereits an Merkmalen des besonderen städtischen Rechtsraumes erwähnt wurde, findet Eingang in diesen städtischen Wertekonsens – also auch Vorstellungen von städtischer Freiheit und bürgerlicher Gleichheit.

106 Luther: Ein Sermon von dem hochwürdigen Sakrament des heiligen wahren Leichnams Christi und von den Bruderschaften, § 5, Martin Luther Studienausgabe Bd. 1, 274,19–25; vgl. auch 274,1 f.10–12; 275,34–276,2; 278,18–20; 280,4 f.

107 Vgl. Rublack 1982a und 1984, Moeller 1987 (1962), S. 78, Isenmann 1988, S. 75, Hamm 1989, S. 122–125.

108 Vgl. Moeller 1987 (1962), S. 18.

Man darf diese Garantiewerte der Stadtgemeinschaft nicht im exklusiven Sinne verstehen – so, als könnten sie nicht auch das politisch-soziale Wertverständnis in einer bäuerlichen Gemeinde oder einem Fürstentum artikulieren. Dies gilt besonders für den Leitbegriff des ›Gemeinen Nutzens‹ oder für Werte wie Friede, Eintracht und Gerechtigkeit. In herausgehobener Weise freilich, besonders was ihre Häufung und stereotype Verwendung betrifft, kennzeichnen die genannten Grundwerte und Antiwerte als Ensemble den Wertekanon der Städte. Dabei spielt weniger eine Rolle, welchen politischen Status und welche Verfassung eine Stadt besitzt, als vielmehr die Frage, in welchem Maße eine Stadt über solche Personen und geistigen Kräfte verfügt, die in der Lage sind, eine wert- und prinzipienorientierte Ebene städtischen Denkens zu pflegen und situationsgerecht zu artikulieren. Dies sind in der Reformationszeit vor allem Ratsschreiber – etwa Lazarus Spengler in Nürnberg[109] und Jörg Vögeli in Konstanz[110] – oder städtische Prädikanten – wie Martin Bucer in Straßburg[111], Christoph Schappeler in Memmingen[112] oder Bernd Rothmann in Münster[113]. Die besonders exponierte Stellung der Reichsstädte und die gesteigerte Bildungskompetenz der großen Städte (aber auch ihre forcierten sozialen Spannungen) lassen die Besinnung auf die kommunalen Werte und deren argumentativen Einsatz vor allem in ihren literarischen Quellen hervortreten.

Mit Recht hat die Forschung der vergangenen beiden Jahrzehnte darauf aufmerksam gemacht, wie wenig der Appell an die städtischen Werte als eindeutiges Indiz eines

109 Vgl. Hamm 1984, besonders S. 716. Vgl. auch unten Anm. 200.

110 Vgl. Hamm 1978, besonders S. 282–286; Dobras 1993, S. 93–108.

111 Siehe unten S. 131f.

112 Vgl. Dobel Bd. 1 (1876), Brecht 1974, Maurer 1979, S. 67–69.386–399.

113 Vgl. die Schriftenausgabe von Stupperich 1970, ferner Schilling 1975, Brecht 1985.

bürgerlichen Konsenses gelten kann[114]. Es ist stets zu fragen, wer sich mit welchen Interessen der Sprache der Werte bedient. Es gibt die stark herrschaftliche Deutung der Werte von seiten der regierenden Führungsschicht, und es gibt die stärker genossenschaftlich akzentuierte Deutung der Werte von seiten der Bürgeropposition und ihrer Vertreter, wie sie im späten Mittelalter und in der Reformationszeit auftreten[115]. Diese Artikulation der Werte ›von unten‹ spricht den Rat als Vertretungsorgan der Bürgergemeinde an, sie fordert eine möglichst breite Repräsentation des Bürgerwillens durch das Ratsregiment und klagt eine Politik des ›Gemeinen Nutzens‹ – d. h. im Interesse der Gesamtbürgerschaft – ein, und das bedeutet für die Gemeindevertreter: Schutz der wirtschaftlichen Lebensgrundlagen der Bevölkerung, z. B. Schutz vor zu stark belastenden Steuererhebungen und Preissteigerungen, Rechtssicherheit und politische Sicherung der Bürgerschaft und – als Hauptforderung in der Reformationsepoche – eine Klärung der Religions- und Konfessionsfragen im Sinne weiter Bevölkerungskreise[116]. Umgekehrt tritt in der Artikulation der Werte ›von oben‹, d. h. besonders in den Ratsvorträgen und Ratsmandaten, der Magistrat als herrschaftliches Gegenüber zur Gemeinde auf[117]. Seine Deutung des ›Gemeinen

114 Vgl. oben Anm. 90.

115 Vgl. Barth 1976.

116 Vgl. Schilling 1975, S. 234 und 1979, S. 238 f. Wie stark die genossenschaftlichen Werte der Stadt während der frühen Reformationsjahre ›von unten‹ artikuliert werden konnten, zeigen besonders reformatorische Flugschriften aus der Feder von Handwerkern und anderen Autoren, die zum ›Gemeinen Mann‹ zu rechnen sind, z. B. Sebastian Lotzer (vgl. Arnold 1987, S. 145–193), Hans Sachs (ebd. S. 56–105) und Haug Marschalck (Chrisman 1992, S. 66–68, Hohenberger 1994, S. 228–232 mit Literatur).

117 Vgl. Rublack 1982 a. Zum herrschaftlichen Blickwinkel der Ratsvorträge, der ein genossenschaftliches Bewußtsein einschließt, vgl. Dobras 1993, S. 109–163 (am Beispiel des reformatorischen Konstanz). Die Unterschiedlichkeit einer Deutung der städtischen Werte ›von oben‹ und ›von unten‹

Nutzens‹ schärft den Gehorsam gegenüber der rechtmäßigen Obrigkeit ein, die Notwendigkeit des Gemeinsinns im Tragen gemeinsamer Lasten oder den Gewaltverzicht zugunsten des Gewaltmonopols des Rats, aber auch die disziplinierte Sittlichkeit eines ehrbar-frommen Lebens.

In der Art und Weise, wie die städtischen Werte von verschiedenen Teilen der Bürgerschaft in unterschiedlicher Akzentuierung geltend gemacht werden, scheint mir dreierlei bemerkenswert zu sein: 1. Nicht alle Stadtbewohner denken gleich intensiv städtisch im Sinne des skizzierten bürgerlichen Wertebewußtseins. Vielleicht hat die Regel Gültigkeit: Je ausgeprägter die politisch-sozialen und kirchlichen Repräsentativfunktionen einer Person in der Bürgerschaft (z. B. als Mitglied des Rates, einer Gesandtschaft, eines Bürgerausschusses, als Zunftvertreter, als Kirchenpfleger, als Leutpriester usw.) sind, je mehr einer von innen und von außen mit der Stadt identifiziert wird, desto mehr identifiziert er sich selbst mit seiner Stadt und desto stärker entwickelt er die Neigung, an den Wertekanon städtischer Gemeinschaft zu appellieren. 2. Auch in der Divergenz der Wertedeutungen und ihres oft manipulativen Einsatzes zugunsten bestimmter Gruppeninteressen ist ein Grundkonsens erkennbar. Die Führungsschicht respektiert die gemeinsamen kommunalen, einungsrechtlichen Grundlagen oder sieht sich zumindest gezwungen, auf sie Rücksicht zu nehmen[118]; und umgekehrt ist das Gehorsamsverhältnis ge-

tritt z. B. deutlich vor Augen, wenn man einerseits sieht, wie der Nürnberger Rat (mit den Worten seines Ratsschreibers Spengler) im Mandat über die Zehntleistung vom 20. Mai 1524 die Untertänigkeit unter die Herrschaft mit der Verpflichtung des Christen zur brüderlichen Liebe begründet (Pfeiffer 1968, S. 259, Br. 1), und andererseits bei Hans Sachs im gleichen Jahr liest, wie er den Appell an die biblische brüderliche Liebe gegen die reichen Kaufleute in der Stadt und die tyrannischen Unterdrücker der Bauern wendet (siehe unten S. 202–214).

118 So ist das Prinzip des Nahrungsschutzes für alle Stadtbewohner auch in den Augen der städtischen Führungsgruppe

genüber der Obrigkeit des Rats für die Bürgerschaft im Prinzip unangefochten gültig. So münden die innerstädtischen Konflikte der Reformationszeit auf der Grundlage dieses Wertekonsenses oft in eine friedliche Klärung; und wo es doch zu einer gewaltsamen Beseitigung des bisherigen Rats kommt, bedeutet dieser Umsturz keine soziale Revolution und keinen Bruch mit dem bisherigen städtischen Verfassungssystem, sondern einen Austausch des Führungspersonals und ein Sich-Einpendeln auf der Grundlage des traditionellen Verfassungs- und Wertekonsenses[119]. 3. Für diesen städtischen Wertekonsens des Mittelalters und der Reformation ist charakteristisch, daß er stets die geistlich-religiöse Grundlage der Werte vor Augen hat und im Bewußtsein hält[120]. Zu den gesellschaftlich-politischen Grundaxiomen von unmittelbar einleuchtender Plausibilität gehört die Vorstellung: Alle gemeinschaftstragenden und -bewahrenden Werte bedürfen der sakralen Verankerung in christlicher Gemeinschaft, d. h. sowohl im Ritual des Kultes (des wahren Gottesdienstes) als auch im Ethos des Glaubens und der Liebe, das die Gesinnungen formt. Daher fand der Augustinereremit Johannes von Staupitz in den ehrbaren

ein integrativer Bestandteil der normativen Orientierung am ›Gemeinen Nutzen‹; vgl. Gall 1993, S. 59 f. (mit Berufung auf Renate Blickle) und E. Schubert 1992, S. 129 (mit dem Hinweis auf den Zürcher Rat, der »Schonzeiten für die Laichdauer der Fische einführt, engmaschige Netze, in denen sich Jungfische verfangen könnten, untersagt und das Aufstellen von Reusen nur zu eng begrenzten Zeiten erlaubt« und so den Zürichsee als Nahrungsreserve für die Stadtbevölkerung sichert). Den Wandel vom Normensystem des ständisch eingebundenen Bürgertums der frühen Neuzeit zu dem der modernen bürgerlichen Gesellschaft mit ihrem Vorrang der allgemein gültigen Individualrechte gegenüber den statusbezogenen korporativen Rechten beschreibt Winfried Schulze 1986 als eine Bewegung »vom Gemeinnutz zum Eigennutz«. Der Ideologiegehalt dieses Deutungsrahmens und Sprachgebrauchs wäre zu prüfen.

119 Dies betont mit Recht Schilling 1975, S. 228–238.

120 Vgl. Rublack 1982, S. 26 und Hamm 1993 c, S. 66 f.

Kreisen des Nürnberger Bürgertums größte Zustimmung, als er in seinen Fastenpredigten von 1517 betonte: Nicht Furcht und Härte, sondern Vertrauen und Liebe (die Gottes Gnadengabe sind) sollen als integrierende Kraft das Zusammenleben in der Stadt bestimmen und die Patrizierherrschaft des Rats ideell begründen und festigen - zur Wahrung des Gemeinen Nutzens, von Einigkeit, Friede und Gerechtigkeit in den Mauern der Reichsstadt[121]. Das ist geistlich vertiefte »civic religion«, wie sie uns dann auch in der städtischen Reformationstheologie begegnen wird[122].

1.12 *Frömmigkeit und Kirchlichkeit*[123]

Die Städte sind im ausgehenden Mittelalter Orte einer extrem verdichteten Frömmigkeit und Kirchlichkeit. Man kann, um dies differenzierend zu entfalten, einerseits auf die in der Geschichte der Kirche einmaligen quantitativen Phänomene der Vervielfältigung und Kumulation verweisen - etwa der Kirchenbauten, Stiftungen, Altäre, Messen, Frömmigkeitsbilder, Reliquiensammlungen, Prozessionen, Ablaßkampagnen, Bruderschaften -, andererseits auf Erscheinungsformen einer vertieften, verinnerlichten Spiritualität der Städte, nicht nur auf seiten reformgesinnter Kleriker und Klosterkonvente, sondern gerade auch in (oft humanistisch angeregten) Laienkreisen.

Diese gesteigerte Frömmigkeit, religiöse Erregbarkeit und Devotionsbereitschaft hat in den Städten starke Züge

121 Vgl. Hamm 1989, S. 138f.

122 Diese Deutung der Staupitz-Predigt wird unten S. 157f. aufgenommen und weitergeführt. Zur Stadt als sakraler Konsensgemeinschaft vgl. auch Abbildung 4 mit Erläuterung.

123 Vgl. die Überblicksdarstellungen bei Isenmann 1988, S. 210–230 (mit Literatur), Boockmann 1986, S. 179–282 (mit reichem Bildmaterial), Moeller 1983, S. 13–15, Meuthen 1984, S. 147–155.197–203 (mit Literatur). Vgl. auch den Sammelband: Stadt und Kirche im 16. Jahrhundert, 1978; ferner oben Anm. 9.

Abbildung 4

Verehrung des Hl. Auctor (oder Autor) durch Mönche und Bürger der Stadt Braunschweig; Blatt am Anfang einer Handschrift der Auctorlegende, die der Abt des Benediktinerklosters St. Aegidien zu Braunschweig kurz nach 1457 dem Rat der Stadt widmete; Hannover, Kestner-Museum, Inv. Nr. 3931; Abbildung mit Kommentar von Renate Kroos im Katalog: Stadt im Wandel 2, 1985, Nr. 947, S. 1079–1081. – Der riesenhaft über der Mitte der porträthaft gemalten Stadt Braunschweig schwebende Hl. Auctor, ehemals Bischof von Metz und Erzbischof von Trier, wird als Schutzherr der Stadt von ihren Bewohnern, den Benediktinermönchen zur einen, den Repräsentanten der Bürgerschaft zur anderen Seite, um Wohl für die Kommune angefleht. Der Inhalt des Gebets ist – der üblichen Darstellungsweise des 15. Jahrhunderts gemäß – in die Aussage eines Spruchbandes konzentriert: Huius sis fautor vrbis brunswik pater autor (Vater Auctor, sei Beschützer dieser Stadt Braunschweig). Typisch für die Stadt vor der Reformation ist das Gegenüber von Klerus und Laien, zugleich aber der Gebetskonsens in der Verehrung des Stadtheiligen. Die Stadt präsentiert sich als Sakralgemeinschaft, wie sie auch in der beherrschenden Stellung der den Heiligen flankierenden Kirchtürme zum Ausdruck kommt. Die Verehrung des Hl. Auctor war ein durch den Rat der Stadt Braunschweig zielstrebig geförderter politischer Kult (wie die Sebaldus-Verehrung in Nürnberg). Nachdem die Stadtobrigkeit für die in Braunschweig aufbewahrten Gebeine des Heiligen einen kostbaren silbernen Reliquienbehälter gestiftet hatte, überreichten die Benediktiner von St. Aegidien dem Rat die Legendenhandschrift mit dem Bild als Gegengabe.

sakraler Gemeinschaftlichkeit, sofern die bürgerliche Genossenschaft die Sorge um den zeitlichen ›Gemeinen Nutzen‹ und die Vorsorge für das himmlische Heil miteinander verbunden sieht[124]. Der Blick auf die Werte hat bereits angezeigt, wie sehr Gottesfürchtigkeit als Strebepfeiler der Vergesellschaftung und als Garant auch des weltlichen Gedeihens gilt. Bekannt und treffend ist Moellers Diktum: »Die deutsche Stadt des Spätmittelalters hatte eine Neigung, sich als corpus christianum im kleinen zu verstehen.«[125] Die politisch-soziale Gemeinschaftsbezogenheit ist freilich nur eine, besonders auffallende Seite städtischer Religiosität. Bemerkenswert ist unmittelbar vor der Reformation aber auch die starke Neigung mancher Bürgerinnen und Bürger zu einer sehr persönlich gefaßten, individuell-privaten Bußfrömmigkeit der Betrachtung des Leidens Christi und des meditierenden Gebets. Daher konnte eine Gestalt wie Hieronymus, Inbegriff des Rückzugs von der Welt, der völligen Vereinzelung, der büßenden Versenkung und des konzentrierten Studiums, zum Leitbild bürgerlicher

124 Vgl. Hamm 1992a, S. 184f.

125 Moeller 1987 (1962), S. 15. So berechtigt Moellers Charakterisierung der Stadtgemeinde als einer »sakralen Gemeinschaft« ist (S. 12), so deutlich zeigt sich in der Erstauflage von ›Reichsstadt und Reformation‹ auch die problematische Überdehnung dieses Ansatzes – so etwa, wenn es heißt, die spätmittelalterliche Stadtgemeinschaft habe den einzelnen »sein Heil gewissermaßen auf dem Weg über *sie* finden sehen«, da er »Anteil an dem der Stadt als ganzer zugewendeten Heil« empfange (S. 33), bei Luther dagegen habe »das bürgerliche Wohlverhalten als solches« seine Fähigkeit verloren, »zum Heil zu führen«, mit der Konsequenz, daß »Luthers Anschauung die alte Stadtgemeinde sprengen« mußte (S. 34). Zwar konnte die spätmittelalterliche Frömmigkeit den Segen Gottes kollektiv auf die Stadt beziehen, die Gnaden-, Rechtfertigungs- und Heilsvorstellung behielt aber bei aller Intensität der Gemeinschaftsbeziehung immer eine individuelle Zuspitzung (besonders auf die Reue der einzelnen hin), aus der sich eine große rezeptive Offenheit für Luthers individualisierende Evangeliumsbotschaft ergab.

Gewissensfrömmigkeit und Bildungsbemühung werden[126]. Und darum konnte Luther nicht nur mit dem Gemeinschaftspotential, sondern auch mit den extrem vereinzelnden Zügen seines neuen Rechtfertigungsverständnisses gerade auch Städter ansprechen.

Eine weitere Polarität des frommen Lebens in der Stadt ist ebensowenig exklusiv städtisch wie die bereits genannten Grundzüge, doch drängt sie sich dem Betrachter gerade in den gehäuften Bild- und Schriftzeugnissen der Städte auf. Nirgendwo tritt die religiöse Leistungsgemeinschaft des Spätmittelalters so massiv in Erscheinung wie in der Stadtgesellschaft - das durch die Sorge um das Heil, die Angst vor der strengen Gerechtigkeit Gottes, das Erschrecken vor dem Gericht und wohl auch durch eine Mentalität des Erwerbens und Kalkulierens[127] motivierte Bemühen, durch Häufung guter Werke das himmlische Heil zu sichern und den Fegfeuerstrafen zu entrinnen. Der Gott, dessen Gerechtigkeit man so Genüge leisten will, rechnet wie ein Kaufmann; die guten Werke bietet man ihm wie Waren an. So werden die Städte zu Orten einer genau gezählten, gemessenen und gegenüber Gottes Forderungen und Strafen verrechneten Frömmigkeit. Zugleich aber sind die Jahre vor der Reformation auch reich an städtischen Zeugnissen eines religiösen Vertrauens, das sich ganz auf die Barmherzigkeit Gottes richtet: auf das Erbarmen Christi, die Milde Mariens, die Fürbitten der Heiligen und die Barmherzigkeit des göttlichen Richters, der das erbärmliche Leiden seines Sohnes in die Waagschale wirft[128]. Schon vor der Reformation

126 Vgl. Hamm 1990.
127 Vgl. oben S. 33 mit Anm. 38.
128 Vgl. Hamm 1989, S. 136 und 1993c, S. 24–41. Besonders zu berücksichtigen sind die Bildinschriften (besonders Spruchbänder) auf den städtischen Frömmigkeitsbildern, die den Stifterpersonen, den Heiligen, Maria, Christus und Gottvater Worte in den Mund legen, deren Aussage sich auf die Zuwendung göttlichen Erbarmens bezieht. Auf solche Inschriften gedenke ich in einer Studie über die ›Frömmigkeitstheologie spätmittelalterlicher Bilder‹ näher einzugehen.

liegen angstvoll angestrengte Fixierung auf Leistung und Zuflucht in das ›sola misericordia‹ ganz nahe beieinander. Das Umkippen höchster Leistungssteigerung in die völlige Entlastung von Leistung ist theologisch und religionspsychologisch vorbereitet.

Von eminenter Bedeutung für die städtischen Reformationen ist schließlich das spannungsvolle Miteinander von Antiklerikalismus – d.h. vielfältiger Aversionen und Aktivitäten gegen die kirchliche Anstalt und ihre Vertreter – und größter Verantwortlichkeit und Fürsorge des Bürgertums für die kommunale Kirche. Um diese komplexe Einstellung der Bürger zu beschreiben, bieten sich die Begriffe ›Konvergenz‹ und ›Konflikt‹ an. Mit *Konvergenz* meine ich ein Zusammengehen von politischer und kirchlich-religiöser Kompetenz in der Hand der städtischen Obrigkeit, sowohl in Gestalt von Willensbekundungen des Rats als auch in der Realität. Auf der Grundlage der personellen Identität von Stadtgemeinde und Kirchengemeinde[129] drängt die Laien-Obrigkeit in die Kirche hinein, oder adäquater formuliert: beansprucht sie die Hoheit in den Institutionen, Gebäuden und über die Personen der Kirche, die sie als *ihre* Kirche, als Kirchengemeinde der Stadtgenossenschaft versteht[130]. Sie beansprucht die Verwaltung des Kirchenbesitzes, Einfluß auf die Besetzung der Pfarrstellen und anderer kirchlicher Ämter, die Einrichtung von Prädikaturen, die Aufsicht über die Klöster, die Überwachung der Zucht des Klerus, seine Eingliederung in die städtische Jurisdiktion und Steuerpflicht, ja seine Übernahme ins Bürgerrecht, wie sie generell die Tendenz zur Verbürgerlichung oder Kommunalisierung der Kirche verfolgt.

Innerhalb dieses Konvergenzprozesses entspricht dem expansiven Hineinwirken der Bürgerschaft in den sakralklerikalen Raum der Kirche das Bemühen der Bürger und

129 Vgl. Pfeiffer 1966.

130 Vgl. exemplarisch zu Augsburg Kießling 1971; zu analogen Vorgängen auf territorialer Ebene vgl. Sieglerschmidt 1987, Stievermann 1989, Schulze 1991, auf dörflicher Ebene vgl. Fuhrmann 1987 und 1989.

ihres Rats, bestimmte kommunale Institutionen und Rechtsfälle aus dem Einfluß- und Jurisdiktionsbereich der kirchlichen Hierarchie herauszulösen: Schulen, Armen- und Spitalwesen, Ehegerichtsbarkeit, Testamentsfragen und andere Rechtsfälle, die nur Laien betreffen. Die Tendenz unmittelbar vor der Reformation läuft also sehr stark in die Richtung einer Zusammenführung weltlicher und geistlicher Zuständigkeit in der Hand der Bürgerschaft. Der Magistrat beansprucht weite Bereiche der cura religionis: Er fühlt sich, wie er stereotyp zu unterstreichen pflegt, nicht nur für die zeitliche Wohlfahrt, sondern auch oder sogar erst recht für das Seelenheil seiner Bürger verantwortlich und zuständig[131]. Dahinter steht die schon erwähnte Vorstellung, daß irdisches Wohl und geistliches Heil ein Kontinuum bilden und daß darum dem Rat auch die Sorge um den rechten Gottesdienst und ein gottesfürchtiges Leben seiner Geistlichen und Bürger obliegt. Die städtische Reformation wird dieses Bewußtsein noch intensivieren.

Es sind freilich nicht nur die Räte als die politischen Führungsgremien der Städte, die kirchliche Personen, Rituale, Gegenstände und Räume für die Bürgerschaft beanspruchen und in *ihrer* Kirche präsent sein wollen, sondern auch Gilden, Zünfte und Bruderschaften sowie viele einzelne Bürger und Bürgerinnen der Ober- und Mittelschichten. Deren Präsenz und Einflußnahme geschah vor allem über Stiftungen und Schenkungen. So stifteten diese Gruppen und Einzelpersonen oder -familien beispielsweise bestimmte Messen, Feiern und Andachten und legten dann großen Wert darauf, daß die gestifteten Gottesdienste der von ihnen vorgesehenen Form entsprechend gefeiert wur-

131 Vgl. Hamm 1993c, S.68. Vgl. z.B. die Argumentation des Konstanzer Rats (1526), er sei »als die ordenlich erwelt oberkait diser statt Costantz« kraft göttlicher Satzung dazu verpflichtet, die Stadt und ihre Bewohner nicht nur »an zitlicher wolfart«, sondern »ouch vil mer und vor allen dingen an selicher säligkait, ouch die ere gottes nach allem vermögen ze fürdern und ze schirmen«; Dobras 1993, S.113 (Text ergänzt aus der von Dobras zitierten Vögeli-Edition).

den. Sie »bestimmten deshalb die Aufeinanderfolge der liturgischen Elemente ebenso wie die Anzahl der entzündeten Kerzen und die Art des Glockenläutens, so daß dem mit ihrer Durchführung betrauten Priester so gut wie kein Freiraum für eigene Gestaltungsvorstellungen mehr blieb«[132]. Viele andere Formen der Einflußnahme wären zu nennen. Ich erwähne nur ein Nürnberger Beispiel aus dem Jahre 1469: Als der Generalvikar des Franziskanerordens bei seiner Visitation des Barfüßerklosters der Reichsstadt anordnete, daß die Schilder mit den Stifternamen von den liturgischen Gewändern der Mönche abzutrennen seien, erhob sich energischer Protest der Stifterfamilien. Man forderte die Rückgabe der Gewänder und sagte: »Wir werden solche [Geistlichen] finden, die sie zur Ehre Gottes tragen.«[133] Der Vorgang zeigt die Verquickung der bürgerlichen Familienehre mit der Verehrung Gottes.

Deutlich ist auch bei all solchen Arten der Präsenz des Bürgertums in den Kirchen und Klöstern: Die Bürger und Bürgerinnen drängen nicht nur vereinnahmend in den kirchlichen Bereich hinein, sie tragen nicht nur das Bürgerliche in die Sakralräume und wollen nicht nur konsequent die Kirche innerhalb der Stadtmauer zu *ihrer* Kirche machen, sondern sie wollen sich auch in die geistliche Dimension der Stadtkirchen und Klöster und ihrer Gottesverehrung hineinnehmen lassen, sich – wenn man es zugespitzt formuliert – gewissermaßen ›vergeistlichen‹ lassen, zum Heil der Seele und zum irdischen Gedeihen[134]. So voll-

132 Seegets 1994, S. 174 (vgl. den ganzen Abschnitt 7.3.3).

133 Der Nürnberger Chronist der Barfüßer Nikolaus Glassberger berichtet über den Vorgang (Glassberger: Chronica, S. 440 f.): »Idem reverendissimus pater visitando conventum fratrum ibidem iussit etiam clypeos de casulis amoveri, dixeruntque saeculares, quorum progenitores illas casulas dederant, non parum scandalizati: ›Ex quo est contra statum vestrum deferre insignia parentum nostrorum in eorum et nostris casulis, restituite et nobis ipsas casulas, et nos inveniemus, qui eos ad honorem Dei portabunt.‹« Zitiert nach Seegets 1994, S. 175 Anm. 2.

134 Diese Absicht des Sich-Hineinnehmen-Lassens in Bereich

zieht sich ›Konvergenz‹ auf der breiten Ebene einer Verquickung von Laikalem und Klerikalem. Aktiv sind dabei aber nicht nur die Laien, sondern auch die Kleriker, insbesondere jene Bettelordenstheologen, die eine deutschsprachige Theologie für Laien vortragen und so eine geistlich anspruchsvolle Frömmigkeitsformung laikalen Lebens erstreben, indem sie klösterliche Standards einer intensivierten Bußfrömmigkeit wie die tägliche Passionsbetrachtung auf die Existenz des Bürgers und der Bürgerin ausweiten[135].

Mit dem Konvergenzbemühen geht der *Konflikt* zwischen Bürgerschaft und Kirche, die Phänomene des sog. Antiklerikalismus[136], Hand in Hand. Die Verärgerung der Nürnberger Stifterfamilien über den Franziskaneroberen gab einen kleinen Eindruck davon. Animosität und Kritik gegenüber den Klerikern verstärken den Konvergenzprozeß, so wie dieser seinerseits antiklerikale Züge eskalieren läßt. Der antiklerikale Konflikt läßt vor allem zwei Motive deutlich hervortreten: Zum einen zeigt sich das Motiv der

und Stand des Geistlichen kommt z. B. in der häufigen Praxis zum Ausdruck, daß sich Bürger im Mönchsgewand beerdigen lassen.

135 Als typisches Werk einer solchen auf Passionsbetrachtung städtischer Laien und Laiinnen zielenden Frömmigkeitstheologie darf man etwa den 1491 gedruckten ›Schatzbehalter oder Schrein der wahren Reichtümer der ewigen Seligkeit‹ des Nürnberger Franziskaners Stephan Fridolin ansehen, mit seinem Umfang und den 96 Holzschnitten aus der Werkstatt Michael Wolgemuts und Hans Pleydenwurffs eines der größten Buchunternehmen des ausgehenden Mittelalters. Zum Adressatenkreis des ›Schatzbehalters‹ vgl. die Dissertation von Seegets 1994, S. 159–177 (7.3). Zum Begriff der ›Frömmigkeitstheologie‹ vgl. unten S. 74 mit Anm. 141; zur Ausweitung des Reformideals der Klosterobservanz auf die gesamte städtische Gesellschaft in der Reformation vgl. unten S. 80f.

136 Zur Begriffsproblematik vgl. Sammelband: Anticlericalism in Late Medieval and Early Modern Europe, 1993 und die Besprechung des Bandes von Schreiner 1994. Zum Gewicht des Antiklerikalismus für die Reformation vgl. Goertz 1987.

Konkurrenz oder Rivalität, wenn sich das bürgerschaftliche Genossenschaftsprinzip der Stadtgemeinde, das Obrigkeitsprinzip des Magistrats und der Anspruch der Bürger auf *ihre* Kirche gegen den Herrschaftsanspruch der kirchlichen Hierarchie wenden, d.h. gegen die klerikale Anstalt, die das Kirchenwesen der Stadt, Grund und Boden, Einkünfte und Abgaben, Jurisdiktion, Pfründen, Klosterkonvente, Reformen usw., stadtfremden, externen Verfügungsgewalten unterwirft. Zum andern artikuliert sich der gesteigerte Anspruch der Laien an die Kleriker der Stadt. Bürger und Bürgerinnen, die sich um intensivierte Frömmigkeit, literarische Bildung und seelsorgerliche Betreuung bemühen, stellen entsprechend höhere Anforderungen an Mönche, Nonnen und Säkularkleriker und brandmarken den zuchtlosen, nachlässigen, ungebildeten, besitz- und machtgierigen Kleriker[137], gelegentlich auch die verkehrten Gelehrten einer kopflastigen Schultheologie[138].

Bei allen Phänomenen der Konvergenz und des Konflikts geht es zwar um Kritik am Klerus und an der Hierarchie des Papstes, der Bischöfe, der Pfarrer und Ordensvorgesetzten, aber nie um prinzipielle Kirchen- und Klerusfeindlichkeit. Insofern kann der Begriff ›Antiklerikalismus‹ irre-

137 Vgl. z.B. Rublack 1991, S.9–14 über das Vorgehen des Kitzinger Rats gegen die ›Nachlässigkeit‹ und ›Habgier‹ des notorisch abwesenden Pfarrherrn.

138 Literatur dazu bei Hamm 1993a, S.435–437 Anm.210 und 211 (Nachtrag). Unerklärlich ist mir, wieso Schreiner (1994, S.520) in einer Besprechung meines Aufsatzes sagen kann, ich habe übersehen, »daß bereits im Spätmittelalter das Bemühen um verinnerlichte Frömmigkeit und affektive Theologie Polemik gegen kopflastige Schultheologie – im Sinne ›Die Gelehrten die Verkehrten‹ – hervorbrachte«. Kurioserweise ist es die Absicht verschiedener meiner Arbeiten, genau dies zu zeigen, – so auch dieses Aufsatzes, wenn ich betone: »so wurden spätmittelalterliche Parolen von der Verkehrtheit der Gelehrten in entsprechenden (nun reformatorisch radikalisierten) Formen eines antigelehrten Antiklerikalismus und einer Geringschätzung von Sprachgelehrsamkeit weitergeführt« (ebd. S.435).

führend sein. Ganz im Gegenteil sind diese Phänomene Ausdruck gesteigerter Kirchlichkeit, Frömmigkeit und ›cura religionis‹. Und da die Städte die Orte einer extrem verdichteten Kirchlichkeit, Frömmigkeit und Bildungsbemühung sind, zugleich aber auch Orte einer verdichteten Kontrolle der Obrigkeit über die Bewohner, verdichten sich auch die Phänomene der politisch-kirchlichen wie laikal-klerikalen Konvergenz und des kleruskritischen Konflikts gerade in den Städten.

1.13 *Normative Zentrierung von Religion und Gesellschaft*

Was ich gerade als Indizien einer spätmittelalterlichen Verdichtung[139] in den Städten skizziert habe, läßt sich noch genauer als Prozeß einer normativen Zentrierung charakterisieren[140]. Diese Ausrichtung von Religion und Gesellschaft auf ein grundlegend orientierendes und organisierendes Zentrum, auf eine Mitte von normierender, legitimierender und regulierender Kraft hin kennzeichnet generell die theologischen, sozialen und politischen Veränderungsimpulse der Reformation und der Konfessionalisierung. Sie deutet sich aber bereits in vielfältigen Reformkonzeptionen und -vorgängen des ausgehenden Mittelalters an, in einer Konzentrationsbewegung auf Vereinfachung und Einheit, Wahrheit, Frieden und Recht, umfassende und durchdringende Ordnung hin. Dieses Zentrierungsbemühen soll den grassierenden Erfahrungen konkurrierender Pluralität und spaltender Divergenz, einem krisenhaften Gefühl von Labilität und Unsicherheit – zu dem auch eine gesteigerte Angst vor der Sünde, der Stunde des Todes und der Strenge des Gerichts gehört – entgegenwirken. Zwei Hauptströme einer spätmittelalterlichen Tendenz zu normativer Zentrierung, zu konzentrierender Regulierung des Lebens fallen

139 Vgl. meinen Aufsatz über ›Verdichtung‹ 1992a.
140 Vgl. Hamm 1992b und 1993c.

besonders ins Auge: einmal das Reformstreben der ›Frömmigkeitstheologie‹, das sich sehr intensiv mit dem Reformbemühen des Humanismus verbinden kann und die Gestaltung des christlichen Lebens unter das Leitideal einer neuen Einfachheit und der Konzentration aller theologischen Kräfte auf den frommen Lebensvollzug der Buße und Gottesliebe stellt[141]; zum andern der politische Regulierungs- und Disziplinierungsschub in der Entstehung frühmoderner Staatlichkeit, die - sowohl innerhalb der Städte als auch auf territorialer Ebene - alle Bereiche des öffentlichen und sogar des privaten Lebens zu erfassen und im Sinne des gestaltenden Zugriffs obrigkeitlicher Macht zu normieren sucht. Die Städte mit ihrer Mentalität bürgerlicher Rationalität sind im 15. Jahrhundert Vorreiter dieser Entwicklung. Mit Hilfe ihrer Juristen und Ratsschreiber, d. h. im Zuge zentrierender Tendenzen der Rechtsreformatio und einer verschriftlichten Verwaltung, und mit Hilfe geistlicher Leitbilder eines fromm-ehrbaren Lebens entwickeln die Magistrate Vorstellungen von integrativer und rigider Ordnung[142]. Daher häufen sich in den Jahrzehnten vor der Reformation städtische Zucht- und Polizeiordnungen, Luxus- und Kleiderordnungen, Armen-, Bettel- und Spitalordnungen, Tanzstatuten, Schulordnungen, wirtschaftliche Steuerungs- und Kontrollmaßnahmen usw. Von der Größe und dem Preis der Semmeln[143] bis zu den Bettbezügen in den städtischen Bordellen[144] wird das bürgerliche Zusammenleben unter Aufsicht und Strafe gestellt. Mit ihren regulie-

141 Zum Begriff ›Frömmigkeitstheologie‹ vgl. Hamm 1977, 1982 a und 1993 c, S. 19 f.

142 Vgl. Schilling 1993, S. 38 f.: die »Vorreiterposition der mittelalterlichen Städte« in der Gestaltung der »Policey und guten Ordnung«. Vgl. auch S. 94. Zum Beispiel Nürnbergs und seiner spätmittelalterlichen Polizeiordnungen vgl. Buchholz 1991. Zum Gesichtspunkt der Sozialregulierung und -disziplinierung vgl. Hamm 1992 b, S. 256 f. (mit Literatur).

143 Vgl. H.v.Schubert 1934, S. 36.

144 Vgl. Nürnberger Polizeiordnungen, S. 118 f.; vgl. auch E. Schubert 1985, S. 115 f.

renden Maßnahmen bilden die Führungsgremien der Städte die Vorhut frühneuzeitlicher ›Sozialdisziplinierung‹.

Wichtig ist die Beobachtung, wie sich in diesem Formierungsvorgang städtischer Gesellschaft (der dann auf die fürstlichen Kanzleien und Territorien übergreift) die geistlichen Impulse der Frömmigkeitszentrierung und die Ordnungstendenzen politisch-sozialer Zentrierung miteinander verbinden, einander verstärken und Korrelations- und Interdependenzzusammenhänge intensivster Verflechtung bilden. Das erwähnte Phänomen der ›Konvergenz‹ politischer und kirchlich-religiöser Zuständigkeiten in der Hand der Bürgerschaft weist genau in diese Richtung. Geistliche Zucht und bürgerliche ›policey‹ sind weder nach Meinung der kirchlichen Wortführer noch nach Meinung der politischen Führungsschicht auseinanderzudividieren; und daher verlaufen die Einflußgefälle auch reziprok: von der Ordnungsperspektive obrigkeitlicher Herrschaftszentrierung auf Kirchenreform, auf Klerus- und Klosterreformen, auf die Intensivierung des Kultes, der Predigt, der Seelsorge und frommer Lebensgestaltung zu, aber auch umgekehrt von den reformbewußten Theologen, Predigern und Seelsorgern auf die Gesinnungsformung und Gewissensbildung der Inhaber politischer, sozialer und wirtschaftlicher Macht zu. Die Ordnungskonzeptionen der Bürger suchen die normative Zentrierung der Frömmigkeitstheologie und ziehen sie auf sich. So entsteht gegen Ende des Mittelalters und erst recht in der Reformation ein geistlich-weltliches Syndrom normativer Zentrierung, die Verflechtung politisch-sozialer Ordnungsbedürfnisse mit den Reformimpulsen der Theologie, des Glaubens und der Konfession.

Dieses Drängen nach Neuordnung aller Lebensbezüge von einer zentrierenden Norm her und auf das Ziel des ›Gemeinen Nutzens‹ und der himmlischen Seligkeit zu war nicht nur die Sache der städtischen Führungsschicht (bzw. der Adelsherrschaften und Fürstenhöfe). Zwar fällt das Zentrierungsbestreben ›von oben‹ – insbesondere der humanistisch orientierten und juristisch gebildeten Inhaber einflußreicher öffentlicher Ämter – quellenmäßig besonders ins Auge, so wie diese Repräsentanten politisch-juristischer

Denkweise und literarischer Bildung auch die Reflexion und Sprache der Werte als ihre Domäne virtuos handhaben[145]. Genauso wenig aber, wie städtisches Wertebewußtsein ein Reservat der Regierenden ist, kann der Hunger nach normativer Durchdringung und Zentrierung des städtischen Lebens als Spezialität der Mächtigen gelten. So gewinnt in der Bevölkerung spätmittelalterlicher Städte das sog. »Semireligiosentum« eine breite Anhängerschaft: Männer und Frauen unterschiedlicher geistlicher Gemeinschaftsbildungen nehmen einen mittleren Status zwischen Kloster und Welt ein - ohne Regel, Gelübde und gemeinsames Gewand, aber mit einer strengen Lebensform nach der Norm der apostolischen Urgemeinde (vgl. Elm 1985). Vergleichbares gilt in anderen Koordinaten für die Reformation: Nicht nur die Berufung der Bauern auf die göttliche Gerechtigkeit und das göttliche Recht[146], sondern gerade auch die reformatorischen Gemeindebewegungen in den Städten belegen, wie der Wille nach normativer Neuordnung des gesamten Lebens gemäß der alleinigen Richtschnur der biblischen Schrift auch von unten nach oben getragen wird - nur daß freilich im genossenschaftlichen Erwartungs- und Sprachhorizont des ›Gemeinen Manns‹ normative Zentrierung nach dem Maßstab von Christusglauben, biblischen Geboten und evangelischem Bekenntnis andere Züge gewinnt als im stärker herrschaftlichen Deutungshorizont der Obrigkeit[147]. Was in dieser Hinsicht über den Umgang mit den städtischen Wertbegriffen gesagt wurde[148], gilt ebenso für den Umgang mit der Norm, die den Bestand der Werte sichern soll.

145 Vgl. die Beispiele bei Hamm 1993c, S. 46f. 59.

146 Vgl. Bierbrauer 1982 und Blickle 1986.

147 Vgl. zu den einschlägigen Handwerkerflugschriften Arnold 1987 und Russell 1986.

148 Siehe oben S. 60f.

1.14 *Die besondere Konstellation für die Reformation in den Städten*

Die Merkmale der spätmittelalterlich-frühneuzeitlichen Stadt, die ich - nicht im exklusiven Sinne, sondern in ihrer Offenheit für außerstädtische Lebenswelten - beschrieben habe, bilden die Koordinaten, innerhalb derer sich die städtischen Reformationen abspielen und von denen sie geprägt werden. Die Reformation ihrerseits prägt zwar auch diese Koordinaten, diese Konstellation städtischer Besonderheiten und Verdichtungen, vor allem gibt sie dem Verhältnis von Stadt und Kirche eine neue Qualität, doch das meiste von dem, was über Verfassung, Sozialität, Bildung, Werte- und Normverständnis etc. gesagt wurde, bleibt für die Reformationsepoche, häufig in gesteigerter Form, gültig.

Inwiefern ergibt sich daraus eine besondere Konstellation für die Reformation in den Städten, die sich von der auf dem Lande und in den Herrschaftszentren des Adels und der Fürsten unterscheidet und den städtischen Reformationen eine Eigendynamik und ein herausragendes Eigengewicht in der Gesamt-Reformation gibt? Die wichtigsten Aspekte, die z.T. bereits angeklungen sind, seien kurz zusammengestellt:

1. Die Städte - unter ihnen die größeren und im Süden des Reichs gelegenen mehr als die kleineren und nördlichen - sind durch ihre herausragende geistige Mobilität dazu prädestiniert, Vorreiter und Träger eines Umbruchsgeschehens wie der Reformation zu werden. Als Zentren des Lesens, der literarischen Bildung und künstlerischen Kultur und als Orte des Druckgewerbes, vervielfältigter Bildproduktion und des Humanismus boten sie den idealen Nährboden für eine Bewegung, die sich über die Schriftlichkeit der übersetzten Bibel, der Flugschriften und Flugblätter seit 1518 als Lese-Lawine verbreitete[149], die sich dabei auch der

149 Vgl. oben Anm. 42, ferner Köhler 1986, Sammelband: Flugschriften als Massenmedium, 1981, Hohenberger 1996, S. 159–196 (mit Literatur); speziell zu Luther als erstem Mas-

massenhaft multiplizierten Bilder, d. h. der agitatorisch-polemischen und instruktiv-lehrhaften Holzschnitte und Kupferstiche[150], bediente und die humanistische Gelehrsamkeit für ihre Zwecke einsetzte. Ohne die spezifisch städtische Kultur des Gedruckten und des Humanismus, ohne Lesebewegung (des Selber-Lesens und Vorgelesen-Bekommens) und humanistisch beeinflußte Multiplikatoren, ist die Reformation überhaupt nicht denkbar[151].

2. Sie ist aber auch nicht denkbar ohne die herausragende Bedeutung der Prädikanten und ihrer Predigt in den Städten. Nur in enger Verbindung mit der unmittelbar anredenden, öffentlichkeitswirksamen Predigt konnten die reformatorischen Flugschriften und illustrierten Flugblätter ihre Wirkung entfalten; und vor allem durch die Predigt konnte die reformatorische Theologie auch die nicht-lesekundige Bevölkerung erreichen und sie in den Meinungsstreit hineinziehen. Zwar gab es auch in Dorfkirchen reformatorische Predigt[152], aber gerade auch für die Landbevölkerung waren die städtischen Kanzeln von besonderer Anziehungskraft. In großen Scharen strömte sie in die Stadtkirchen, so z. B. durch das Neckartal in die geräumige Marienkirche der Reichsstadt Reutlingen zu den Predigten des Prädikanten Matthäus Alber[153] oder aus dem ober-

senpublizisten: Moeller 1988, Hohenberger 1996, S. 15–35 (mit Literatur).

150 Vgl. Scribner 1981 b und 1981 a (über die Einbettung des Lesens von Flugschriften und Flugblättern in den Gesamtkommunikationsprozeß mit seinen mündlichen, visuellen und Aktions-Komponenten); Oelke 1992.

151 So meine Variation der Aussagen Moellers: »Ohne Humanismus keine Reformation« (1991 [1959], S. 109) und »Ohne Buchdruck keine Reformation« (1991, S. 115). Vgl. auch unten Anm. 188 und 158. Das für uns Nicht-Denkbare, Nicht-Vorstellbare ist nicht selbstverständlich das Nicht-Mögliche.

152 Vgl. die Prediger-Prosopographie bei Maurer 1979, S. 325–651. Meistens setzte allerdings die sporadische Reformationspredigt in Dorfkirchen mit einer gewissen Verzögerung gegenüber den städtischen Kanzeln ein.

153 Vgl. Rublack 1991, S. 64 f.

schwäbischen Umland Memmingens zur Kanzel Christoph Schappelers[154]. Die im Sinne der spätmittelalterlichen Scholastik und Frömmigkeitstheologie geschulten, oft humanistisch angeregten, von Luthers (später auch Zwinglis und anderer Reformatoren) Schriften ergriffenen Prädikanten der Städte ließen die Reformation seit 1521 zu einer breiten Gemeindebewegung werden. Oft wurden die Prediger dann auch literarisch tätig. Ein Großteil der reformatorischen Flugschriften ging aus gehaltenen Predigten hervor[155]. Als Orte gesteigerter Bildung waren die spätmittelalterlichen Städte auch die Orte einer besonderen Pflege der Predigt[156] und predigtfähiger Kleriker. So wurde die Reformation als Ereignis der Predigt vor allem von den Städten getragen; und über die städtische Predigt und die von städtischen Predigern verfaßten Druckschriften strahlte die Reformation in die Regionen und Territorien aus.

3. Nicht zu vergessen ist dabei die herausragende Rolle der Bettelorden und ihrer Prediger. Der Hauptanteil an der spätmittelalterlichen Predigt und frömmigkeitstheologischen Literatur fiel den Bettelmönchen, insbesondere den Dominikanern, Franziskanern und Augustinereremiten, zu. Ihre Klöster waren Zentren der Bildung, der geistlichen Normierung und Ausstrahlung in die laikale Öffentlichkeit hinein. Der Ort solcher Klöster aber waren die Städte. Und dieser Symbiose von Bettelorden und Stadt[157] sowie – in Verbindung mit städtischem Druckgewerbe und bürgerli-

154 Zur Ausstrahlung Schappelers vgl. Literatur in Anm. 112. Zu Nürnberg vgl. Lazarus Spengler (Ratsschreiber): Vermahnung an den Rat (Febr. 1523), in: Schriften, Bd. 1, S. 348, 17–19: : »Dann ich sehe alle tag, wie begirig das gemain volck ist, das evangelium zu horn. Es lauffen die pawern, ire weyber und kinder alle feyertag mit grossen hawffen auss dem land herein, die dürstet nach dem wort Gottes.« Zum Elsaß vgl. unten Anm. 187.

155 Vgl. Moeller 1981 und 1984; Hohenberger 1996, S. 333–339.

156 Zu den städtischen Stiftungen von Prädikaturen vgl. Ozment 1975, S. 38–42.

157 Vgl. Literatur in Anm. 45.

chem Humanismus – der Symbiose von Bettelorden und Predigt, Seelsorge, Bildung und Reform entspricht die Tatsache, daß ein Großteil der Reformatoren, der reformatorischen Prediger und Flugschriftenverfasser ehemalige Bettelmönche war[158]. Die wichtigsten Keimzellen der Reformation in ihren »stillen Jahren«, ehe sie zur breiten Lese- und Predigtbewegung anschwoll[159], waren die Klöster und die Humanistenkreise, in denen die Werke des Augustinermönches Luther weitergegeben und mit Heißhunger verschlungen wurden. Und es waren daher die Städte, die Lebenswelt der Bettelorden, in denen das Reformideal der Klosterobservanz, d. h. der völligen, ungeteilten, streng kontrollierten Hingabe an Gott gemäß der Lebensnorm der Ordensregel[160], auf die gesamte städtische Gesellschaft ausgeweitet werden konnte – freilich nun in reformatorischer Weise bezogen auf den ›christlichen Orden‹ mit seiner in der Hl. Schrift und Taufe verfaßten ›Regel‹ des Glaubens und der Liebe[161]. Damit erreichte der Anspruch auf normative Zentrierung von Religion und Gesellschaft in der

158 Vgl. J. Schilling 1990, besonders S. 32 f. mit der Formulierung: »Ohne Mönchtum keine Reformation.«

159 Vgl. Oberman 1977, S. 347.

160 Vgl. Sammelband: Reformbemühungen und Observanzbestrebungen, 1989; Weinbrenner 1994.

161 Vgl. z. B. Lazarus Spengler (Ratsschreiber von Nürnberg): Ein kurzer Begriff (1522), in: Schriften, Bd. 1, S. 293,23–294,3: »Dann so man gleich die gantzen hailigen schrifft durchlaufft, so werden wir doch kain anders finden, dann das uns Got die gantzen regel unsers christenlichen ordens gar mitt kurtzen worten in unser hertz geschriben hatt, die dann in ainer summa allain auff dem glauben und auff der liebe růwet, also das ich glaub in Christum und dem nechsten thů, wie ich glaub, das mir Christus gethon hab. Das ist der ainig recht weg, fromm und selig zů werden, und ist kain andrer.« Bezogen auf die Taufe in: Sendbrief »Contra vitam monasticam« (1525), ebd. S. 472,3–7 Nr. 31. Hier artikuliert sich sehr prägnant Denkweise und Sprache der normativen Zentrierung (vgl. oben § 13); vgl. auch J. Schilling 1990, S. 28.

reformatorischen Stadt eine besondere Dichte. Schon Erasmus von Rotterdam konnte 1518 – im Blick auf das in der Taufe Christus gegenüber abgelegte ›Gelübde‹ – sagen: »Was ist eine Stadt anderes als ein großes Kloster?«[162] Aus der spätmittelalterlichen ›Konvergenz‹ von Bürgertum und Kirche[163] wird die reformatorische ›Kongruenz‹-Vision einer geheiligten Stadt unter Gottes Wort[164].

4. Anknüpfend an das zuletzt Gesagte kann man die spätmittelalterliche Stadt als verdichtete Sakralgemeinschaft verstehen, die in Gestalt von Reformerwartungen hindrängt auf intensivierte, umfassende und integrative Sakralisierung aller Lebensbereiche. Dieser Tendenz kam die Reformation entgegen: (1.) durch die reformatorische Verkündigung der Zentralität, der verinnerlichenden Kraft und der Extensität des Glaubens[165] sowie des aus dem Glauben erwachsenden Gehorsams gegen Gottes biblische Gebote und (2.) durch entsprechende Ordnungen des ›wahren‹ Gottesdienstes und einer erneuerten Zucht der Lebensführung aller Stadtbewohner. Von daher und vor dem Hintergrund des spätmittelalterlichen Regulierungs- und Normierungsschubs vornehmlich in den Städten ist es verständlich, daß den Städten eine zeitliche und vorbildhafte Führungsrolle bei der Umsetzung der reformatorischen Botschaft in

162 »... quid aliud est civitas quam magnum monasterium.« Erasmus: Epistola ad Paulum Volzium, S. 48; vgl. Hamm 1993c, S. 54f. (mit Hinweis auf einen interessanten Paralleltext bei Johannes Gerson 1402, in dem die »lex Dei« als die »regula generalis« aller derjenigen bezeichnet wird, die ihr Gelübde unter dem einen Abt Christus abgelegt haben).

163 Siehe oben S. 68–71.

164 Siehe unten S. 130f.

165 Zur Zentralität des Glaubens (in der Verbundenheit mit der bergenden Gerechtigkeit Christi) und zu seiner Extensität (d.h. Ausdehnungsfähigkeit auf alle weltlichen Lebensbereiche), zur Außenbeziehung des Glaubens (zum ›Von-außenher‹ der Gnade und des Heils) und zu seiner Verinnerlichung (in der Existenzmitte des Gewissens) vgl. Hamm 1992b, S. 261–264.

die institutionelle Gestalt von Ordnungen – von Spezialordnungen wie Armen-, Tauf-, Meß- oder Eheordnungen bis hin zu umfassenden Kirchenordnungen – zukam.

5. Die Sakralisierungstendenz in den Städten erweist sich freilich als ein Heiligungsstreben besonderer Art, das starke Impulse einer Desakralisierung in sich aufnimmt. Ansätze dazu zeigen sich schon im ausgehenden Mittelalter. Ich erinnere nur an die auffallenden Züge von Verschriftlichung, Rationalität und Entritualisierung, die das städtische Rechtsverständnis kennzeichnen[166]. Sie gehören in den größeren Zusammenhang städtischer Mentalität, deren Merkmale in die Richtung einer verschriftlichten Bildung, Verwaltung und Ökonomie, einer rationalen Lebensorganisation und eines Drängens nach neuen, vernünftigen Plausibilitätsformen des Erklärens, Begründens, Reflektierens und Diskutierens weisen. Diese Mentalitätsrichtung mit ihrer Eigenart starker geistiger Mobilität bedeutet zugleich Ablösung von einer eher naturnahen, volksreligiösen und vor allem für die bäuerliche Lebenswelt Gültigkeit behaltenden Religiosität[167]. Deren Vorstellungen und Bräuche wurzeln in einem ›archaischen‹, animistisch-magischen Weltbild[168]; sie legen ein starkes Gewicht auf Rituale einer

166 Siehe oben S. 45f.

167 Ich sage das mit größten Vorbehalten, vor allem was eine überscharfe Kontrastbildung zwischen Stadt und Land und gar zwischen ›Volks‹-Religiosität und Christlichkeit oder zwischen Frömmigkeit sowie Ritual (des ›allgemeinen Volks‹) und Theologie sowie Liturgie (einer Elite) betrifft.

168 Vgl. Scribner 1987, S. 1–47 und 257–275. Zur (schon in der Antike beginnenden) Verschmelzung christlich-biblischer Traditionen mit den Vorstellungsgehalten eines solchen vor- und außerchristlichen Weltbildes vgl. die Beobachtungen zum Frühmittelalter des Zeitraums 400–900 bei Angenendt 1990. Das Jahrhundert vor der Reformation ist gekennzeichnet durch die Gleichzeitigkeit von Zügen einer weiterlaufenden oder sogar gesteigerten irrationalen, massiven ›Archaisierung‹ des Religiösen und von Zügen einer Vergeistigung und Rationalisierung, die ihren Ort vornehmlich – aber nicht nur – in den größeren Städten hat. Zum (durchaus problemati-

verdinglichten, wunderhaften und zaubervollen Sakralität, die bestimmte Orte, Zeiten, Gegenstände, Personen und Handlungen aus der Profanität heraushebt. Kult, Brauchtum und Frömmigkeitstheologie der spätmittelalterlichen Kirche haben an dieser Religion des anschaulich und anfaßbar Sakralen immer schon Anteil genommen und sie aus eigenen Intentionen verstärkt oder kanalisiert[169]. Die Reformation wendet sich mit ihrem heiligenden Legitimations- und desakralisierenden Befreiungsprinzip der biblischen Schrift genau gegen dieses Sakralitätssyndrom - wobei sie Desakralisierung als Entpaganisierung versteht, als Befreiung vom Aberglauben an segen- und heilwirkende Kräfte des Kreatürlichen. In Schrift, Wort, Bild und Aktionen[170],

schen) Begriff des ›Archaischen‹ vgl. Angenendt S. 43-45. 348.456 f.

169 Zur Aufnahme und Kanalisierung vgl. z. B. das umfangreiche ›Supplementum Coelifodinae‹ (1504) des Erfurter Augustinereremiten Johannes von Paltz mit seinen Ausführungen über Wallfahrtswesen, Dämonenglaube und Magie, Astrologie und Alchimie (S. 385-441); vgl. Burger 1990 im Tagungsband: Volksreligion im hohen und späten Mittelalter (vgl. darin S. 253-273 auch den Aufsatz von R.W. Scribner über ›Magie und Aberglaube. Zur volkstümlichen sakramentalischen Denkart in Deutschland im Ausgang des Mittelalters‹). Die Darlegungen des Paltz zeigen, wie diese verdinglicht-magische Denkweise auch in der Stadtbevölkerung und auch in der Frömmigkeitstheologie eines hochgelehrten Mönchs heimisch ist - ohne doch auszuschließen, daß sich eine entgegengesetzte desakralisierende Denkart am ehesten in den größeren Städten durchsetzen kann.

170 Vgl. z. B. in Zürich das berühmte demonstrative Wurstessen zur Fastenzeit im Hause des Buchdruckers Froschauer (9. März 1522) und in Augsburg eine Entweihungshandlung, bei der Bürger einem Franziskanermönch in der Kirche ein zur Segnung des Weihwasserkessels bestimmtes Buch mit Benediktionsformeln entreißen, in das Wasser tauchen - mit den Worten »Ich taufe das Buch im Namen des Vaters, des Sohnes und des Heiligen Geistes« - und schließlich mit einem Messer zerschneiden (8. Mai 1524); dazu Rublack 1991, S. 84-99.

oft geradezu in Antiritualen der provokativen und demonstrativen Entweihung[171], zerstören die Anhänger der Reformation die Heiligkeit der Sakralräume, der Fastenzeiten, der Sakramentalien, Reliquien, Hostien, Bilder, Lichter, Rosenkränze, liturgischen Geräte, Gewänder, Prozessionen, Wallfahrten usw. einschließlich des besonderen sakralen Charakters der Kleriker[172]. Dieser Abbau einer herausgehobenen und gestuften Sakralität, diese reflektierende und argumentierende Anwendung der Hl. Schrift (ihrer ›Klarheit‹) gegen die Gewohnheitsmacht eingewurzelter Rituale konnte vor allem der bürgerlichen Mentalität einleuchten. Und so war die Entweihung des Magisch-Sakralen und die Entzauberung des Heiligen primär ein städtisches Phänomen, das sich in der breiten Gemeindereformation der Städte durchsetzte, um von da aus auf die gesamte Reformation und so auch auf die bäuerliche Reformation auszustrahlen. Doch machte sich in Landgebieten ein viel stärkeres Beharrungsbedürfnis – in der Sprache reformatorischer Polemik: unverständige Halsstarrigkeit gegenüber Gottes Wort – als in den urbanen Zentren geltend. »Dorfleute, so in dem göttlichen worte noch kleinen verstand haben, sind halsstarrig und verlassen nicht leicht die gewohnten Mißbräuche« schrieb 1527 ein Theologe der fränkischen Markgrafschaft[173].

6. Eine besondere Förderung empfing die Reformation durch die Sozial- und Verfassungsstruktur der Städte, wie

171 Vgl. Scribner 1985 und 1987, S. 103–122 und 95–97 (»Ritual desacralisation«).

172 Zum Antiklerikalismus in solchen Entweihungshandlungen vgl. Goertz 1987, S. 56f., Cohn 1979, Scribner 1987, S. 243–256. Zum Verständnis dieser Vorgänge als Entpaganisierung vgl. (am Beispiel Konstanz) Dobras 1993, S. 101.

173 Muck 1879, S. 323. Diesen Hinweis verdanke ich Herrn Martin Gernot Meier (Erlangen). Vgl. die zahlreichen Berichte über magische Praktiken und eine massive traditionsverhaftete Volksfrömmigkeit in den Quellen der Kirchenvisitation im Landgebiet der Reichsstadt Nürnberg 1560/61 (Hirschmann 1994).

sie oben charakterisiert wurde. Die starke soziale Spannung schuf ein Klima leichter Erregbarkeit und eines hohen Veränderungsdrucks von unten nach oben bzw. stabilisierender und mäßigender Maßnahmen von oben nach unten. Damit war zwar - etwa in Gestalt des Antiklerikalismus (oder besser: der Aversion und Polemik gegen Kleriker) - stets schon die religiöse und kirchliche Dimension verbunden; aber erst die mobilisierenden und stabilisierenden Impulse der Reformation setzten die Frage des Seelenheils und der Kirchenreform, das Ringen »um die der Stadt und ihrem Bürgertum adäquate Gestalt von Religion und Kirche«[174], auf die Tagesordnung der zentral umstrittenen Fragen des politisch-sozialen Gemeinwesens. Ich meine damit jene Fragen, deren Klärung für den gesellschaftlich notwendigen Minimalkonsens der Stadtgenossenschaft konstitutiv war bzw. die als ungelöster Dissens den Sprengstoff für Unruhe, Aufruhr und Umsturz der bisherigen Ratsherrschaft in sich bargen oder zur gewaltsamen Unterdrückung der Aufrührer führten. Die Reformation bewirkte, daß erstmals auf deutschem Boden Theologie und Kirchenreform die Dynamik der gesellschaftlichen und politischen Spannungen in Stadt und Land bestimmen, zumindest aber als wesentliches Movens in sie Eingang finden. Durch die Verbindung der schon vor Luthers Auftreten vorhandenen politischen, sozialen und wirtschaftlichen Unruhemomente mit den neuen religiös-kirchlichen Fragen entstand vor und nach 1525 eine gesellschaftliche Erschütterung und Aufruhrbereitschaft, die in der Stadtgeschichte des Alten Reichs einmalig ist[175]. So verstärkte der Aufbruch der Reformation - besonders auch durch ihren Ansatz bei der christlichen Vollmacht der

174 Schilling 1979, S. 239.

175 Siehe oben S. 42 mit Anm. 61. Zum Zusammenwachsen der politisch-sozialen Opposition gegen die Magistrate mit der lutherischen Reformationsbewegung und zur Verbindung ihrer Forderungen vgl. - am Beispiel Danzigs - Schramm 1977, S. 139-141.145 f.152 und - am Beispiel nordwestdeutscher Städte - Lau 1959, S. 131; vgl. auch oben S. 52 f. bei Anm. 92 und S. 60 bei Anm. 116.

Ortsgemeinde – vorübergehend in den zwanziger und dreißiger Jahren das Gemeindebewußtsein der Bürgerschaften gegenüber den Oligarchisierungstendenzen der Eliten im 15. Jahrhundert. Die einungsrechtliche Verfassung der Städte mit ihrer beschriebenen relativen Durchlässigkeit von unten nach oben[176] ermöglichte es, daß – ganz anders als in den fürstlichen Territorien und Adelsherrschaften – der Druck eines großen Anteils der Untertanenschaft die reformatorischen Veränderungen nach oben durchsetzen, d. h. zum Inhalt des Ratswillens und der kirchlichen Ratspolitik machen konnte. Da dies – unter mehr oder weniger dramatischen, eher friedlichen oder eher turbulenten Umständen – der Normalfall in den Städten war, kam es dazu, daß der Siegeszug der Reformation als einer institutionellen Veränderung des bisherigen Kirchensystems in den Städten begann. Die städtischen Magistrate waren die ersten Obrigkeiten im Reich, die – gedrängt durch die Dynamik der Gemeindereformation[177] – eine konsequente Reformationspolitik zur Grundlage der Konsensbildung innerhalb ih-

176 Siehe oben S. 42 f.

177 Zum Begriff ›Gemeindereformation‹ vgl. das gleichnamige Buch von Blickle 1985. Ich verstehe darunter jene Dynamik von Reformation, in der seit 1521/22 die Aktivität des ›Gemeinen Manns‹, d. h. gewisser Kreise der nicht an der Herrschaft beteiligten Bevölkerung in Stadt und Land, einen religiös-kirchlichen Veränderungsschub bewirkt (vgl. aber auch unten Anm. 181). Auch wenn – wie die Kritik an Blickle gezeigt hat – der Oberbegriff ›Gemeindereformation‹ dort problematisch wird, wo er die Strukturunterschiede zwischen städtischer und dörflicher Untertanenschaft sowie städtischen und ländlichen Reformationsverläufen zu nivellieren droht, rückt er doch wesentliche Zusammenhänge zwischen Stadt und Dorf in der reformatorischen Aktivierung der ›Gemeinde‹ der Glaubenden und der Ortsgemeinde in den Blick und wirkt so einer überzogenen Kontrastbildung von Stadtreformation und bäuerlicher Reformation entgegen. Für die Städte des norddeutschen Raums vgl. jene durchläufigen Phänomene einer gegen die Widerstände des Rats »durch die *Bürgerschaft*, durch die *Zünfte* und die *Gemeinheiten* aus den

res Bereichs sowie der Stabilisierung und Erweiterung ihrer Herrschaft machten. Daher begann die *obrigkeitliche* Reformation in den Jahren 1522–1525 als Ratsreformation einiger bedeutender autonomer Städte[178]. Vorreiter waren Zürich, Nürnberg, Straßburg, Memmingen, Reutlingen und andere Reichsstädte des Südens, im Norden vor allem Bremen, Magdeburg und Stralsund[179]. Vorausgegangen waren freilich unter dem Einfluß Karlstadts bzw. Luthers die reformatorischen Ordnungen des städtischen Kirchenwesens durch die Räte von Wittenberg (24. Januar 1522)[180] und Leisnig (Anfang 1523)[181]. In gedruckter Fassung und mit

Kirchspielen heraus« durchgesetzten Reformation, wie sie bereits Lau 1959 beschrieben hat (Zitat S. 130f.).

178 Als Konsens der neueren Forschung gilt, daß die Reformation in den Städten nirgendwo als ›Ratsreformation‹ beginnt, daß sie aber in der Regel dort, wo sie sich durchsetzt, als Ratsreformation endet. Vgl. Moeller 1987 (1962), S. 84: »Nach einer mehr oder weniger langen Phase des Zögerns und Taktierens nahm der Rat die aus der Bürgerschaft kommenden reformatorischen Impulse, die Forderung nach politischen Konsequenzen der neuen Lehre auf, machte sie sich zu eigen und setzte sie in obrigkeitliche Maßnahmen um.« Vgl. Schramm 1977, S. 146; zu den Gründen für das anfängliche Zögern der Räte vgl. ebd. S. 150f.

179 Vgl. Lau 1969, S. K46. Die territoriale Reformation der Landesherrn begann außerhalb des Reichsgebietes 1525 im Herzogtum Preußen, dem ehemaligen Ordensland. Es folgten im Reich nach dem Speyerer Reichstag von 1526 (25. Juni bis 27. August) das Kurfürstentum Sachsen, die Landgrafschaft Hessen und jene wenigen Fürstentümer, die dann 1530 die Confessio Augustana mitunterzeichneten. Der große Schub der Territorialreformation kam erst in den dreißiger Jahren.

180 Edition der ›Ordnung des Rates der Stadt Wittenberg‹ in: Martin Luther Studienausgabe, Bd. 2, S. 525–529; zum Einfluß Karlstadts vgl. S. 522, zur geteilten Reaktion Luthers S. 523.

181 Luthers Werke in Auswahl, Bd. 2, S. 404–408 (Luthers Einleitung), 408–423 (Kastenordnung). Bemerkenswert an der Leisniger Ordnung ist freilich, daß sie nicht nur im Namen des Rats der Stadt, sondern der ganzen Kirchengemeinde,

einer empfehlenden Einleitung Luthers wurde die »Leisniger Kastenordnung« vorbildlich für die Kirchenordnungen anderer Gemeinden.

7. Mit dieser Vorreiterfunktion der Städte, d.h. dem Durchsetzungsvermögen der Reformation innerhalb ihrer Mauern und Landgebiete, verband sich das Durchsetzungsvermögen nach außen. Damit meine ich zum einen die Fähigkeit der Städte, die Reformation, die sich in ihrem Innern Bahn bricht und durchsetzt, gegen Forderungen und Angriffe von außen in Schutz nehmen und den einmal eingeschlagenen Reformationskurs durchhalten zu können; und damit ist andererseits ein nicht nur defensives, sondern auch vorantreibendes, dynamisch ausgreifendes Eintreten der Städte für die Reformation im Sinne ihrer Ausweitung und eines reformationspolitischen Zusammengehens von Städten und Territorien gemeint. Diese zweifache Fähigkeit der Städte ist eine Frage ihrer Autonomie, und das heißt zugleich: eine Frage ihrer wirtschaftlichen Ausstrahlung, Finanzkraft und militärischen Macht. Je stärker ihre Autonomie entwickelt ist – am stärksten bei den bedeutenderen Reichs- und Freistädten und der erwähnten Gruppe von Landstädten im nördlichen Deutschland[182] –, desto größere Selbstbehauptungs- und Entfaltungsmöglichkeiten ergaben sich für die städtischen Reformationen bis hin zur groß-

d.h. der zu ihr gehörenden Adligen, des Magistrats, der geschworenen Handwerksmeister (›Viertelmeister‹), der Honoratioren (›Ältesten‹) und aller ›gemeinen Einwohner‹ der Stadt und der ›eingepfarrten‹ Dörfer des Leisniger Kirchspiels, in Kraft tritt (S. 408,34–36; 423,23–37). Hier wird ein christlich-genossenschaftliches Gemeindeverständnis virulent, das Stadtobrigkeit und Untertanen umfaßt und daher die getroffene Vereinbarung über die kirchlichen Vermögensprobleme als »bruderliche vereynigunge« zwischen allen Beteiligten (S. 409,9; 410,17f.; 423,23) bezeichnet. Zu diesem umfassend-integrativen Verständnis von ›christlicher Gemeinde‹ und städtischer ›Gemeindereformation‹ vgl. Hamm 1993a, S. 270 und 276.

182 Siehe oben S. 49f.

dimensionierten Religionspolitik von Zürich, Bern, Straßburg, Nürnberg und Ulm. Der großen Zahl kleinerer, in die Herrschaft eines Fürsten oder Adeligen eingebundener Städte blieb, wie erst recht den Dörfern, diese Möglichkeit eines eigenen Reformationskurses und seiner Durchsetzung gegen mächtige äußere Widerstände weitgehend verwehrt. Die Chance für die Landstädte mit geringerer Autonomie lag im Einfluß, den sie auf die Religionspolitik eines reformationsfreundlichen Fürsten gewinnen konnten.

Gerade auch im Blick auf die großen Reformationsstädte mit reichspolitischer Ausstrahlung wird man freilich sagen können: Nicht in der Autonomie der Städte an sich lag ihre spezifische Bedeutung für die Reformation, denn autonom waren auch die Fürsten und Reichsritter. Die Möglichkeiten der Fürsten – eines sächsischen Kurfürsten, eines hessischen Landgrafen oder eines brandenburgisch-fränkischen Markgrafen – zur Durchsetzung einer selbständigen Reformationspolitik auf Reichsebene waren gewiß bei allem Risiko wesentlich höher als die der mächtigen Autonomiestädte. Das besondere und große Gewicht, das den Städten dennoch im Zuge der Durchsetzung und Ausweitung der Reformation zukam, wird nur verständlich, wenn man die Gesichtspunkte der Autonomie und religionspolitischen Außenwirkung der Städte nicht isoliert behandelt, sondern mit ihren inneren Verhältnissen zusammensieht. Was von den vielfältigen städtischen Reformationen nach außen wirkte, war nicht nur eine taktisch kluge und effiziente Reformationsdiplomatie der führenden Städte, sondern – unter ihrem Schutze – (1.) die reich gefächerten religiösen und sozialen Impulse der breiten Gemeindereformation[183] (einschließlich ihrer antiobrigkeitlichen, täuferischen und spiritualistischen Wirkungen[184]), (2.) die theologisch-kirchenpolitische Kompetenz gebildeter Bürger, der Stadtreformatoren, Prädikanten, Flugschriftenverfasser, Juristen, Kanzleibeamten, humanistischen Gelehrten, all jener

183 Vgl. oben Anm. 177.
184 Vgl. unten S. 96.

Personen, die das Drängende der Reformation zündend und klärend auf den Begriff bringen und in eine Ordnungsperspektive umsetzen konnten, (3.) vor allem aber auch die Entschiedenheit des öffentlichen kirchlichen Bekennens einiger Städte, insbesondere in der Phase 1524 bis 1530 – vom Ulmer Städtetag im Dezember 1524 über die Protestation von Speyer 1529 bis zur Unterschrift unter das Augsburger Bekenntnis und die Confessio Tetrapolitana 1530[185]. Es war das Zusammenspiel von privilegierter Autonomie, Spitzenstellung in Handel, Gewerbe und Kapital, sozialer Spannungs- und Unruhepotentiale, professioneller Diplomatie, geistiger, kirchlicher und theologischer Ausstrahlung und früher Entschiedenheit in der brisanten religiösen Gewissensfrage, das der städtischen Reformation ihre einzigartige Dynamik innerhalb der Gesamtreformation verlieh[186]. Sie machte einige Städte über Jahre hinweg zu Wortführern des reformatorischen Lagers.

Die einzigen Territorien, die in den zwanziger Jahren mit der Ausstrahlung der Städte mithalten konnten, waren Kursachsen aufgrund der theologischen Sonderstellung Luthers, Melanchthons und Karlstadts, sowie Hessen aufgrund der geistigen und diplomatischen Agilität seines Landgrafen Philipp. Die bäuerliche Reformation, die nur

185 Siehe unten S. 106–111.

186 Dickens 1974, S. 218 nennt einseitiger als Gründe: »... the Reformation arose in its greatest strength within the cities, ... it arose largely because of their social structures and dynamics, their class struggles, their longstanding anticlericalism, their literacy and mental liveliness, their strong self-protective urge toward internal unity, their ability to evade wholesale coercion by the emperor.« Vgl. etwa das bemerkenswerte Urteil Schillings (1981, S. 145) über den Nordwesten des Reichs: »Abgesehen von Ernst dem Bekenner von Braunschweig-Lüneburg hat keiner der Landesherren in der ersten Phase entschieden die Partei Luthers ergriffen.« Angesichts der reformatorischen Bewegungen in den Landstädten sei dies eine Demonstration religionspolitischer Schwäche gewesen.

im Gravitationsfeld städtischer Impulse angemessen zu verstehen ist[187], entfaltete zwar in den Jahren 1524/25 eine eigene religiöse und soziale Programmatik und Ausstrahlung auch in die Städte hinein, doch wurde die expansive Dynamik dieser Bewegung - nicht zuletzt auch durch die Gegenoption der politisch und theologisch durchsetzungsfähigen Teile des Bürgertums - unterdrückt.

Damit bin ich bereits beim nächsten Punkt, in dem es um die Führungsrolle der Städte in der Reformation Deutschlands geht. Wir haben gesehen, welchen besonderen Nährboden die Reformation in den Städten vorfindet und worin deren Eigengewicht innerhalb der Reformation begründet ist. Dies ist die Konstellation, aus der sich alle weiteren Aussagen über die Stadtreformation als Konsequenz ergeben. Mit dem Wenigen, was ich nun noch aus der Fülle des für die Stadtreformation Relevanten herausgreife, werden einige thematische Linien ausgezogen und wird dem skizzierten Rahmen eine partielle inhaltliche Füllung gegeben.

1.15 *Die Städte als Träger der Reformation*

Wer riskant zuspitzend-plakative Formulierungen liebt, kann sich vielleicht mit der Sentenz anfreunden: Hätte es Luther und die Städte nicht gegeben - die Reformation wäre ausgeblieben[188]; hätte es die Ritter und Bauern nicht gegeben - die Reformation wäre anders verlaufen; hätte es die reformatorisch gesonnenen Fürsten nicht gegeben - die Reformation wäre untergegangen. Jedenfalls legt der Blick auf den faktischen Verlauf der Reformation solche Aussagen nahe.

187 Vgl. exemplarisch Conrad 1984, S. 49–76 zur Beeinflussung elsässischer Dörfer durch die Reichs- und Landstädte der Region. Vgl. oben S. 78f. mit Anm. 153 und 154.

188 Vgl. Moeller 1983, S. 16: »Hätte es sie [scil. die deutschen Städte - B.H.] nicht gegeben - die Reformation wäre ausgeblieben.« Vgl. aber oben Anm. 151.

Nach allem, was über die Bedingungen für die Reformation in den Städten und ihre Stellung im Reformationsgeschehen gesagt wurde, ergibt sich als Resümee: Die Städte, sowohl die reichsunmittelbaren als auch die landsässigen, waren »die Avantgarde reformatorischer Erneuerung«[189], die Initiatoren und einflußreichsten Träger der Reformation, zumindest in ihrer frühen, stark expansiven und in die Breite der Bevölkerung hineinwirkenden Phase. Sie waren kommunikative Zentren von einzigartiger Ausstrahlung - aufgrund der erwähnten Besonderheiten der städtischen Lebenswelt. Unter ihnen sei nochmals die Verdichtung theologischer Kompetenz in den Städten eigens hervorgehoben und in diesem Zusammenhang der Gesichtspunkt, wie eng sich die persönliche Lebenssituation und Wirkung der wichtigsten Reformatoren mit den spezifischen Institutionen, Personen, Machtverhältnissen und kommunikativen Vernetzungen einer oder mehrerer Städte verband: z. B. Zwinglis mit Zürich, Ökolampads mit Basel, Bucers mit Straßburg, Brenzens mit Schwäbisch Hall, Osianders mit Nürnberg, Melanchthons mit Wittenberg, Karlstadts mit Wittenberg und Orlamünde, Müntzers mit Braunschweig, Zwickau, Allstedt und Mühlhausen, Hubmaiers mit Regensburg und Waldshut, Calvins mit Genf. Auch an Luther kann man denken, d. h. an die für ihn so wichtigen, typisch städtischen Phänomene des Augustinerklosters, der Universität, der Kanzel und Gottesdienste einer Stadt-/Pfarrkirche[190] und der Druckereien vor Ort. Doch zeigt gerade die Symbiose Luthers und Wittenbergs[191], wie sehr die Reformation von Anfang an auf fürstlichen Schutz angewiesen war.

Die initiierenden, mobilisierenden, werbend anziehenden, drängend aktivierenden und langfristig ausstrahlenden Impulse der städtischen Reformationen und eines reforma-

189 Rüth 1991, S. 200.
190 Vgl. Schwarz, 1986, S. 123-131 (mit Literatur); Brecht: Martin Luther II, S. 64-66.277-281.415-421, III, S. 248-263.
191 Vgl. Junghans 1982.

torisch ergriffenen Bürgertums zeigen über die Jahrzehnte hinweg sehr *unterschiedliche Wirkungsebenen.* Da gibt es zum einen - besonders wichtig in der Anfangsphase, aber auch bei der weiteren Sicherung und Festigung der Reformation - die schon erwähnte Kommunikationsebene der Gelehrsamkeit[192], der lateinisch versierten und meist humanistisch interessierten, nun durch Luthers Schriften in Bewegung versetzten Experten literarischer Bildung, der Theologie, des Rechts, der Diplomatie und der Verwaltung. Diese Ebene professioneller Gelehrsamkeit des Bürgertums reicht in Gestalt mancher Theologen, besonders aber der juristisch geschulten ›gelehrten Räte‹ und oft im Zusammenspiel von Räten und Theologen höchst effektiv in die Residenzen und Kanzleien der Fürsten hinein und macht sich hier als Movens fürstlich-territorialer Reformationspolitik geltend. Ein bekanntes Beispiel ist Georg Spalatin, der Sohn eines Rotgerbers aus Spalt bei Nürnberg, einem zum Stift Eichstätt gehörenden Städtchen. Dank seiner juristischen, humanistischen und theologischen Bildung gewann er eine so einflußreiche Stellung in der kursächsischen Kanzlei und im Vertrauen Friedrichs des Weisen, daß er Luther den Schutz seines Landesherrn sichern und den Weg zur Reformationspolitik Kurfürst Johanns bahnen konnte[193]. Zeittypisch ist die Verbindung von bürgerlich-handwerklicher Herkunft, sozialem Aufstieg durch Bildung, Eintritt in den Fürstendienst und Schlüsselstellung beim Einschwenken der Höfe auf Reformationskurs. Ein anderes Beispiel solcher Wirkungsmöglichkeiten bürgerlicher, gelehrter Räte ist der in der fränkischen Residenzstadt Kulmbach mit ihrer Lateinschule aufgewachsene Georg Vogler[194].

192 Vgl. oben S. 36f. und 77f.

193 Vgl. Höß 1989; zum Typ des aus dem Bürgertum kommenden gelehrten Kleriker-Rats im Fürstendienst, wie er durch Spalatin repräsentiert wird, vgl. Stievermann 1986, S. 148–151.

194 Vogler lebte von 1486 bis 1550. Vgl. Grünenwald/Engel 1950, Schuhmann 1980, S. 537f., Schnurrer 1992. Zu Kulmbach vgl. Herrmann 1985.

Schon als Sekretär Markgraf Kasimirs war er seit dem Wormser Reichstag die treibende Kraft für die Einführung der Reformation in den fränkischen Markgraftümern. Unter Georg d. Frommen (seit 1527) stieg er dann zum markgräflichen Kanzler auf, zog die Fäden der fürstlichen Reformationspolitik bis zu seiner Entlassung 1532 und brachte die entscheidende Wende zu einer reformatorischen Umgestaltung des Territoriums, dabei eng mit dem Nürnberger Ratsschreiber Lazarus Spengler kooperierend[195]. Die Namen Spalatin und Vogler stehen exemplarisch für den starken Wirkungsstrom des gelehrten Bürgertums, der seit der Jahrhundertwende die fürstlichen Regierungszentralen erfaßt und entscheidende Impulse zugunsten einer Option für die Reformation vermittelt[196]. Das Beispiel des intensiven geheimdiplomatischen Austauschs zwischen der landesherrlichen Kanzlei Voglers und der reichsstädtischen Kanzlei Spenglers zeigt außerdem, wie sehr solche bürgerlichen Räte im Fürstendienst die reformationspolitischen Kontakte zu ihren Kollegen in den Reichsstädten und großen Landstädten pflegten und sich von ihnen anregen ließen.

Zweitens ist an die Wirkungsebene der breiten städtischen Gemeindereformation, die nicht nur auf die Jahre 1521 bis 1525 beschränkt ist[197], zu denken. Sie umfaßt als Aktivkräfte (1.) die Reformatoren von überlokaler und überregionaler Bedeutung, die nicht nur in ihrer Stadt wirken, sondern durch ihre einflußreichen Schriften die Gesamtreformation prägen und einen hohen Anteil an ihrer Kohärenz haben[198], (2.) die vielen theologisch gebildeten Prädikanten, die vor Ort durch ihre Predigten und begleitend durch Flugschriften die reformatorische Volksbewe-

195 Grimm 1978, Register unter ›Vogler, Georg‹; Andreas Osiander d.Ä. Gesamtausgabe, Bde 3–5, Register unter ›Vogler, Georg‹.

196 Vgl. Stievermann 1986.

197 Vgl. Lau 1959.

198 In Nürnberg, das ich für diese fünf Punkte als Beispiel wähle, erreichte unter den Theologen nur Andreas Osiander d.Ä., der Prediger der Lorenzkirche, diesen Rang überregionaler

gung entfesseln[199], (3.) die gelehrten Laien (selten Laiinnen) die – auch durch Flugschriften – Einfluß auf die Meinungsbildung des ›Gemeinen Manns‹ und der Regierenden nehmen[200], (4.) Handwerker und andere Angehörige mittlerer sozialer Schichten, die soviel geistige Beweglichkeit und literarische Fertigkeit besitzen, daß sie selbst Flugschriften oder schriftliche Eingaben verfassen und gelegentlich predigen[201], (5.) Akteure, darunter oft selbstbewußte Frauen, die als Ordnungsstörer auch nicht-verbal handeln und so der Reformation den massiven Druck der Gewalt- und Umsturzbereitschaft geben, die z. B. sich zusammenrotten, Gottesdienste und Prozessionen stören, den Klerus handgreiflich attackieren, in Klöster eindringen, Bilder und Kultgegenstände zerstören, Umzüge veranstalten, provokative Lieder auf der Straße singen, den Zehnt verweigern

Ausstrahlung. Dies zeigt z. B. seine Einladung zum Marburger Religionsgespräch 1529. Zum besonderen Lehrprofil Osianders vgl. jetzt Bachmann 1994 (mit Literatur).

199 In Nürnberg waren dies auf den wichtigsten Kanzeln seit Frühjahr 1522 außer Osiander die Prediger Dominikus Schleupner an der Sebalduskirche und Thomas Venatorius an der Heiliggeistkirche.

200 In Nürnberg vor allem der Ratsschreiber Lazarus Spengler, der bereits 1519 seine erste reformatorische Flugschrift veröffentlichte; vgl. H.v.Schubert 1934, Grimm 1978, Hamm 1986 b und 1993 b, S. 269 f. mit einer Bemerkung Luthers über Spengler und die große Bedeutung der Stadtschreiber für die städtische Reformation. Als reformatorische Flugschrift einer gelehrten Frau erschien in Nürnberg 1523 – mit einem Vorwort, das vielleicht Osiander verfaßt hat – der Sendbrief der Adeligen Argula von Grumbach an Rektor und Universität in Ingolstadt; vgl. Osiander: Gesamtausgabe, Bd. 1, S. 88–92 Nr. 6.

201 In Nürnberg besonders der Schuhmacher Hans Sachs und der Maler Hans Greiffenberger mit ihren Flugschriften, aber z. B. auch der Geistliche Diepold Peringer (der sog. »Bauer von Wöhrd«); zu diesen dreien und ihrer Wirksamkeit 1523/24 vgl. Vogler 1982, S. 135–194 und Hamm 1993 a, S. 405–426.437–440.

und das Ratsregiment angreifen[202]. Dieses neuartige, zunächst typisch städtische Phänomen einer reformatorischen Massenkommunikation und Öffentlichkeit, die die religiöse Heils- und kirchliche Reformfrage aus den Kirchen auf die Straßen und Plätze, in die Wirtshäuser und Ratsstuben trägt, entfaltet schnell eine überstädtische Ausstrahlung und Veränderungskraft: Von den großen Städten, d.h. den Markt-, Gewerbe-, Handels-, Kirchen-, Bildungs- und Politikzentren, greifen die reformatorischen Impulse auf die kleinen Landstädte und Dörfer über. Sie initiieren eine bäuerliche Reformationsbewegung und eine stadtübergreifende ›radikale‹ Reformation sozialen Aufbegehrens gegen die Herren[203], spiritualistischer Unmittelbarkeit gegen die ›Schriftgelehrten‹ und täuferischer Reinigung gegen die Verquickung von Kirche und gesellschaftlichem ›Unflat‹. Schließlich wirkt sich das beeindruckende Unruhe- und Gewaltpotential der städtischen Gemeindereformation auch auf die Religionspolitik der Städte- und Reichstage aus.

202 Zu Nürnberg vgl. Vogler 1982, S. 96–98 (Zusammenrottung, Zehntverweigerung und Bedrohung des Rats im Juni 1524).

203 Dabei wirken dann – wie die Nürnberger Ereignisse im Mai/Juni 1524 (vgl. Vogler 1982, S. 83–134) zeigen – die Bauernversammlungen und Zehntverweigerungen im Landgebiet wieder auf die Stadtbevölkerung zurück und zwingen den Magistrat zu Reaktionen, so daß sich ein Vier-Stufen-Verlauf ergibt: 1. reformatorische Bewegung in der Stadt, 2. Mobilisierung der Bauern im reichsstädtischen Landgebiet, 3. Beeinflussung und Aktivierung einer innerstädtischen sozialen Opposition durch die Bauern, 4. Maßnahmen des Rats. Kirchliche und soziale Komponenten sind in dieser Unruhephase eng miteinander verquickt. Der reformatorische Zusammenhang zwischen religiösem Umbruch und Sozialem artikuliert sich vor allem in zwei theologischen Motiven: 1. die durch das Schriftprinzip begründete Freiheit von solchen Menschensatzungen, die mit dem Anspruch göttlichen Rechts auftreten – und daher auch Entsakralisierung und Delegitimierung des ›Zehnten‹; 2. die durch den Glauben freigesetzte ›brüderliche Liebe‹ als Gestaltungsprinzip kirchlicher und politischer Gemeinde.

Die Angst vor dem Aufruhr des ›Gemeinen Manns‹ verunsichert die städtischen und fürstlichen Obrigkeiten[204] und ist einer der wesentlichen Faktoren, die eine Durchführung des Wormser Edikts in den Anfangsjahren der Reformation verhindern, ein zögerndes Gewähren-Lassen als opportune Reaktion nahelegen und den Umschwung zugunsten einer obrigkeitlichen Unterstützung der Reformation herbeiführen[205]. Die Massenbasis und die religiöse Intensität der frühen städtischen Reformationsbewegung machte die Reformation zu einem irreversiblen Geschehen.

Der zeitweilig sehr große Einfluß mancher Städte auf die Religionspolitik der Reichsstände ist eine dritte Wirkungsebene. In ihr verbindet sich der erwähnte Druck von unten mit dem diplomatischen Reformationskurs der Magistrate. Auf diese Dimension städtischer Reformationspolitik werde ich noch ausführlicher eingehen.

Eine vierte Wirkungsebene zeigt sich in der großen Ausstrahlung, die von der obrigkeitlichen Durchführung und ›Ordnung‹ der Stadtreformation ausgeht und in der Territorialreformation der Landesherren Aufnahme und Fortführung findet – so wie auch umgekehrt der Prozeß der landesherrlichen Reformation bis hin zur Ausgestaltung des landesherrlichen Kirchenregiments bei den Territorialstädten einsetzt und von da aus erst allmählich auch die bäuerliche Bevölkerung erfaßt. Die spätmittelalterlichen Städte

204 Vgl. z. B. die Argumentation der Städte am 6. April 1524 auf dem Nürnberger Reichstag (Deutsche Reichstagsakten Bd. IV, Nr. 113, S. 507,16–508,2): Die Unterdrückung des Evangeliums, nach dem »der gemain man allenthalben … ganz begirig« sei, würde »vil aufrur, ungehorsam, todschleg, pluttvergissen, ja ain ganzes verderben und allen unrat« hervorrufen.

205 Daß der Hinweis städtischer Obrigkeiten auf einen drohenden Aufruhr kein vorgeschobenen Argument war, sondern einer begründeten Sorge entsprang, macht Seebaß 1978, S. 74 f. mit Recht am Beispiel Nürnbergs deutlich: »Der Druck der Volksbewegung auf den Rat kann nicht hoch genug veranschlagt werden.«

mit hoher Autonomie hatten gegenüber den Landesherrschaften einen (bereits erwähnten) ordnungspolitischen Vorsprung in der normierenden, alle sozialen Lebensbereiche regulierenden und disziplinierenden Durchdringung ihres Stadt- und Landgebiets[206]. Dies gilt auch für die ersten Anstöße zur evangelischen Neuordnung des Kirchenwesens. Städte wie Zürich, Nürnberg, Straßburg, Ulm, Memmingen, Reutlingen, Schwäbisch Hall, Konstanz, Basel, Magdeburg, Bremen, Stralsund, Celle, Goslar, Braunschweig, Göttingen, Hamburg, Lübeck, Rostock, Greifswald, Hannover, Breslau u.a. machten es – besonders im Jahrzehnt 1525 bis 1535 – den Landesherren vor, wie man reformatorische ›Bewegung‹ in reformatorische Kirchenordnung umsetzt; und selbst in den wenigen Territorien, die schon sehr früh den Weg zur Schaffung evangelischer Landeskirchen gingen (Herzogtum Preußen, Kursachsen, Landgrafschaft Hessen, Markgraftümer Brandenburg-Ansbach-Kulmbach)[207], waren die Impulse der Städte – ihrer theologischen und ordnungspolitischen Kompetenz – wegweisend[208]. Die Städte waren beispielgebend darin, wie man durch Mandate, Kontrolle und Stellenbesetzung für ›einhellige‹ Predigt des Evangeliums sorgte, wie man das kirchliche Personal in den Bürgerverband integrierte, Klöster aufhob und den Besitz kirchlicher Korporationen kommunalisierte, wie man kirchliche Stiftungen und Kirchenbesitz umwidmete und ein evangelisches Armen-, Spital- und Schulwesen begründete, wie man die zentrale Veränderung, die am ehesten den Punkt der ›Einführung der Reformati-

206 Siehe oben S. 74 mit Anm. 142.
207 Vgl. oben Anm. 179.
208 Zu Kursachsen vgl. Blaschke 1978, zu Brandenburg-Ansbach-Kulmbach vgl. Meier 1993, S. 10–12; zum paradigmatischen Übergang landstädtischer Reformationen in die Territorialreformation (Brandenburgs, Pommerns und des albertinischen Sachsens) vgl. Tagungsband: Humanismus und Reformation, 1981, S. 179f. und 177; zur ›Hansestadtreformation‹ im Nordwesten als entscheidender Wegbereiterin der Territorialreformation vgl. Schilling 1981, S. 138f. und 145f.

on‹ markiert, in die Wege leitet: die Abschaffung der katholischen Messe und die Einrichtung einer evangelischen Gottesdienstform mit vielerlei Konsequenzen (besonders was die Abendmahlsordnung betrifft), wie man mit dem kirchlichen Bann umgeht und die Ehegerichtsbarkeit praktiziert, wie man einer Bekenntnisnorm Verbindlichkeit gibt und Dissidenten ausgrenzt, wie man eine Kirchenvisitation durchführt und Katechismusunterricht einrichtet[209]. Die spätmittelalterliche Dynamik einer ›Konvergenz‹[210] findet nun ihre Vollendung in einer Art ›Kongruenz‹: Politisch-obrigkeitliche Zuständigkeit für die Bürgergemeinde und geistliche Zuständigkeit für die Kirchengemeinde (cura religionis) fallen in der Hand des christlichen Rates, in seinen Ordnungs- und Disziplinierungsfunktionen, zusammen. Er beansprucht jetzt nicht nur die Hoheit über die Kirchenordnung und die Aufsicht über die Sittenzucht, sondern sogar die früher strikt dem Klerus vorbehaltene Entscheidungskompetenz über die Richtigkeit der Lehre. In jeder Hinsicht wird nun aus der Kirche in der Stadt die integrierte Stadtkirche. Die normative Zentrierung durch

209 Zu diesem Themenkatalog der institutionellen, kirchenordnenden Durchführung von Reformation in der Stadt durch den Rat – also der magistralen Reformation – vgl. z. B. die Themen der Gutachten, Ratschläge und Ordnungen zur Nürnberger Reformation von 1522 bis 1548 in der Andreas Osiander d. Ä. Gesamtausgabe, Bde 1–8. Wie in vielen Städten »ist auch in Nürnberg die erste eindeutig reformatorische Maßnahme der Erlaß einer Almosenordnung im Jahre 1522« (Seebaß 1978, S. 69). Am Beispiel Nürnberg wird auch deutlich, wie in den Städten häufig die Kleriker mit reformatorischen Gottesdienstordnungen vorpreschen (der Augustiner Wolfgang Volprecht im Mai und die Pröpste im Juni 1524, vgl. auch z. B. die deutsche evangelische Meßordnung des Karmeliters Kaspar Kantz in Nördlingen 1522), während die Räte dann später nachziehen und das Heft in ihre Hand nehmen. Die Ausgrenzung von Dissidenten gilt in Nürnberg zunächst (1524/25) den spiritualistischen Anhängern Karlstadts und Müntzers, dann (ab 1527) den Täufern.

210 Siehe oben S. 68–71.

Schrift und Bekenntnis und die Herrschaftszentrierung des frühmodernen Staatswesens, Kirchenordnung und ›Policey‹ fließen ineinander über und verstärken einander. Dies beginnt mit der magistralen Reformation und dem ratsherrlichen Kirchenregiment – man denke an die bahnbrechenden Veranstaltungen von öffentlichen Disputationen und Religionsgesprächen durch städtische Räte![211] – und mündet in das landesherrliche Kirchenregiment.

In enger Verbindung damit sehe ich eine fünfte Wirkungsebene städtischer Reformation, die eine Weiterführung der ersten (der professionellen Gelehrsamkeit) ist: die große Bedeutung bürgerlicher Beamter im Zuge der territorialen Konfessionalisierung. Vom Gesichtspunkt der engen Verbindung zwischen gelehrt-professioneller Bildung und Bürgertum her erklärte Volker Press den Vorgang, daß die großen Reichs- und Landstädte die konfessionelle Entwicklung in den Territorien des 16. Jahrhunderts wesentlich mitbestimmt haben[212]. Diese städtische Einflußnahme vollzog sich besonders über das neu entstehende territoriale Beamtentum, durch das der Landesfürst – im Zusammenhang des Ausbaus und der herrschaftlichen Zentrierung von Verwaltung – seinen obrigkeitlichen Zugriff auf das Territorium verstärkte. Auf solche Beamtenstellen gelangten nun, auch aufgrund des Laisierungsschubs der Reformation, zunehmend Angehörige der städtischen Bildungselite, die die Kleriker ablösten und neben den Adel traten. Diese sich neu formierende Gruppe bürgerlicher Beamter im Fürstendienst »reichte von den Räten und Kanzleistellen der Residenzstädte über die Ämter auf dem Land in die Ratsfamilien der Landstädte«[213]. Und es waren gerade diese in die Schaltstellen der landesfürstlichen Machtausübung hin-

211 Vgl. Moeller 1970/1974, der die innovative und vorbildhafte Bedeutung der Ersten Zürcher Disputation (29. Januar 1523) hervorhebt. Zum Anspruch der Magistrate, als christliche Obrigkeit über Lehrfragen zu entscheiden, vgl. z. B. Dobras 1993, S. 111 (Konstanz).

212 Press 1980.

213 Ebd. S. 295.

eingewachsenen gelehrten, bürgerlichen Räte und Beamten, die sich in besonderer Weise mit der Reformation identifizierten. Sie vor allem wurden – gemeinsam mit dem gleichfalls neu entstehenden evangelischen Pfarrerstand – die wichtigsten Träger der neuen reformatorischen Bekenntnisse. Und sie vor allem waren es, die durch ihre Herkunft und durch ihre bleibende Verbundenheit mit den Städten den Zusammenhang zwischen Stadt- und Fürstenreformation auf der Ebene von Religionspolitik, Kirchenverwaltung, Mentalität, Bildung und Bekenntnisbildung festigten. Aufgrund dieser starken Präsenz des gebildeten Bürgertums in der Territorialherrschaft kann Press von Tendenzen sprechen, »die dazu beitrugen, das 16. Jahrhundert zu einem relativ ›bürgerlichen‹ in einem altständisch-adeligen Zeitalter zu machen«[214]. So ist es auch nicht übertrieben, wenn man sagt, daß die Fürstenreformation und das landesherrliche Kirchenregiment relativ bürgerlich waren. Dieses bürgerliche Ferment war möglich, weil die Städte und Bürger mit ihrer nicht feudalen Rechtsordnung zwar eine Sonderstellung in der ständischen Gesellschaft des Mittelalters und der Frühen Neuzeit einnahmen, aber in ihr keinen Fremdkörper bildeten. Das Bürgertum der Reformationszeit war als eigener, privilegierter Stand Teil der Ständeordnung. Es war in sich nach ständischen, korporativen Prinzipien gegliedert, so wie die Einwohnerschaft der Städte insgesamt von den Patriziern bis hinab zu den ›unterbürgerlichen‹ Schichten hierarchisch abgestuft war – wenn auch noch mit einer viel größeren Offenheit als im späteren 16. Jahrhundert. Von diesem ständisch eingehegten Bürgertum ist der neue antiständische und antihierarchische, die allgemein gültigen Individualrechte einfordernde Impetus des Bürgertums und der »bürgerlichen Gesellschaft« seit der zweiten Hälfte des 18. Jahrhunderts zu unterscheiden[215].

214 Ebd. S. 283.
215 Zur Unterscheidung zwischen dem alten Bürgertum der ständischen Gesellschaft und der neuen bürgerlichen Gesellschaft vgl. Gall 1993, S. 8–10.29–37.54–61.

Das starke städtische Ferment innerhalb der territorialen Reformation und Konfessionsbildung gehört in einen weiteren Rahmen, den man als sechste Wirkungsebene der Stadtreformation sehen kann: den Prozeß der frühneuzeitlichen Urbanisierung, wie er langfristig den Zeitraum 1500–1800 kennzeichnet, d.h. den Vorgang europäischer Verstädterung und Verbürgerlichung[216]. Damit ist nicht allein der demographische Prozeß gemeint, der die Bevölkerung vom Land in die Städte wandern und deren Größe anwachsen läßt, auch mehr noch als das Kultur-, Mentalitäts- und Bildungsphänomen, d.h. die »Ausbreitung urbanen Verhaltens, Empfindens, Denkens und Tuns der Menschen, egal ob sie in Städten leben oder nicht«[217]. Wichtig ist vor allem auch der strukturelle Aspekt der Urbanisierung, der die Städte innerhalb des Fürstenstaats zu politischen, bürokratischen, unternehmerischen Organisationszentren macht und sie regionen- und länderübergreifend in ein Städtenetz einbindet. Dies sind Vorgänge, die langfristig auch Kirchlichkeit, Konfessionalität, religiöse Erneuerung sowie kirchlich geprägtes Normensystem und Verhalten unter die Dominanz des Bürgerlich-Städtischen rücken.

Gewiß gibt es während des Reformationszeitalters eine aus dem Spätmittelalter ererbte Rivalität zwischen Städten und Territorialherren, das selbstbewußte, aber auch verzweifelte Ringen der Städte um ihre Freiheit und der dramatische Druck des Fürstenstaats, der den selbständigen Städten ihre Autonomie zu nehmen droht. In diesem Zusammenhang zeigt sich auch ein Antagonismus zwischen städtischen Reformationen und territorialer Religionspolitik. Andererseits aber gibt es das bemerkenswerte Zusammengehen von städtischen Reformationen und landesherrlicher Reformation, d.h. reformationspolitische Bündnisse zwischen Städten und Fürsten und die beschriebene Ein-

216 Vgl. zusammenfassend Schilling 1993, S. 56–62 (mit Literatur).

217 Ebd. S. 58.

wirkung der Städte auf die landesherrliche Reformation und territoriale Konfessionalisierung. Den Verlusten an städtischer Freiheit stehen langfristige Funktionsgewinne des Bürgertums innerhalb des territorialen Urbanisierungsprozesses gegenüber, und das bedeutet auch: ein Hineinwirken städtischer Reformation, magistralen Kirchenregiments und bürgerlicher Konfessionalität in die Ausbildung eines territorialen Kirchenwesens und Kirchenregiments. So ist es kurzsichtig, Fürsten und Städte als Träger der Reformation gegeneinander auszuspielen und den Aufstieg der einen nur als Niedergang der anderen zu verstehen. Hat man erst einmal erkannt, wie sehr Reformation und Konfessionalisierung der Fürstenstaaten über die Gemeindereformation der Städte, die Kirchenordnungsvorgänge der ratsherrlichen Reformation und das bürgerliche Beamtentum liefen, dann wird man sich vor einer übertriebenen Gegensatzbildung, Typisierung und Periodisierung von Stadtreformation und Fürstenreformation hüten[218], hingegen die Durchlässigkeit in beiden Richtungen und die gleitenden Übergänge hervorheben.

Gleichwohl kam es zu einer Gewichtsverlagerung von der Stadt- zur Fürstenreformation und zu einem gravierenden Bedeutungsverlust der autonomen Städte in der Reformationsgeschichte. Denn für den Zeitraum 1521 bis 1555, vom Wormser bis zum Augsburger Reichstag, ist eine Doppelgesichtigkeit charakteristisch: zwar einerseits der Verbürgerlichungsprozeß im Rahmen der Urbanisierung, andererseits aber die Expansionspolitik der Fürsten im Zuge des aufziehenden Frühabsolutismus, die den Städten das Heft einer selbständigen Religionspolitik aus der Hand nimmt, zumindest aber deren Spielräume stark eingrenzt und die kommunalen Momente der Stadtreformationen zugunsten eines landeskirchlichen Zentralismus zurückdrängt.

218 Vgl. Hamm 1993b, S. 259f. 289–293; vgl. auch oben S. 98 mit Anm. 208.

1.16 *Die zeitweilige Führungsrolle der Stadtreformation auf Reichsebene*

So berechtigt es aufgrund der beschriebenen Wirkungsvielfalt der Städte ist, sie als Träger der Reformation zu verstehen, so problematisch ist Dickens' Verständnis der Reformation als »urban event«[219]. Fragwürdig ist daran die ›panurbanistische‹ Tendenz[220]. Denn Träger der Reformation waren auch Nicht-Bürger, Bauern, Angehörige des niederen Adels und Fürsten; und gerade das Zusammenwirken und Ineinanderfließen von Stadtreformation und Fürstenreformation zeigt, wie wenig man hier Trägerschaft exklusiv und wie sehr man sie als Geschehen des Austauschs verstehen sollte. Die Reformation des Bürgertums entfaltete, verglichen mit den anderen Trägern der Reformation, zwar durchaus eine Dominanz, aber nur unter bestimmten Aspekten und mit zeitlicher Begrenzung.

Wie stark der Wirkungskraft städtischer Reformationen auch Grenzen gesetzt waren, wird deutlich, wenn man die Reformation unter dem Gesichtspunkt der Religionspolitik der Reichsstände und der Machtfrage (der reichspolitischen Durchsetzungsfähigkeit von Reformation) betrachtet. Ob sich die Reformation in einer bestimmten Stadt durchsetzen konnte, war nie nur eine Frage religiöser Anziehungskraft und kommunikativer Ausstrahlung, sondern stets auch eine innen- und außenpolitische Machtfrage[221], nach außen für eine Landstadt vor allem im Gegenüber zu ihrem Landesherrn, für eine Reichsstadt im Gegenüber zum Kaiser und zu den anderen auf den Reichstagen vertretenen Reichsständen. Welche Rolle konnten hier die evangelischen Reichsstädte spielen? Oder allgemeiner gefragt: Welche Bedeutung kam den Städten bei der religionspolitischen Durchsetzung der Reformation auf Reichsebene zu? Wel-

219 Siehe oben S. 16 mit Anm. 5.
220 Vgl. die Kritik Rublacks 1978a, S. 22.
221 Zum innenpolitischen Aspekt der politischen Durchsetzungsfähigkeit der Reformation in der Stadt vgl. oben Anm. 67.

chen Anteil hatten die Städte bei der Abwehr der Durchführung des Wormser Edikts und bei der reichspolitischen Absicherung der Reformation?[222]

Kennzeichnend für die Stellung der Städte im Reich war die große Diskrepanz zwischen ihrer wirtschaftlichen und kulturellen Stärke und Aktivität einerseits und ihrer machtpolitischen Schwäche, Abhängigkeit und Passivität andererseits. Die Macht, die auf Kosten der Stadtfreiheit und kaiserlichen Zentralgewalt unaufhaltsam expandierte, war die Landeshoheit der Fürsten. Eine umso größere Bedeutung für die Reichsstädte mußten unter solchen Umständen die Schutzgarantien der Kaisergewalt gewinnen. Verbundenheit mit dem Kaiser und Gegnerschaft gegen die Fürsten ist für die Reichsstädte unmittelbar vor der Reformation der Normalfall, auch wenn es durchaus gemeinsame Aktionen von Fürsten und Reichsstädten – etwa im ›Schwäbischen Bund‹ gegen das Raubritterwesen – geben konnte, auch wenn – wie im Falle Nürnbergs und Kursachsens – die Interessenverbindung zwischen Rat und Kaufmannschaft einer großen Reichsstadt von territorialen Ausmaßen und der Residenz eines Fürstentums ein ausgesprochen freundliches Klima der Beziehungen schaffen konnte[223].

222 Zu diesen Fragen und damit zum folgenden vgl. die wichtigen Arbeiten von Baron 1937, Brecht 1977, G. Schmidt 1984a, Brady 1985a, H.R. Schmidt 1986.

223 Zu Beziehung zwischen Nürnberg und Kursachsen vgl. oben S. 56 mit Anm. 102. Die Reichssteuer, die Nürnberg als königliche Stadt abzuführen hatte, war von Kaiser Maximilian auf dem Konstanzer Reichstag 1507 zur Tilgung seiner Schulden an Kurfürst Friedrich den Weisen verpfändet worden. Auf dem Wormser Reichstag 1521 wurde diese Pfändung verlängert. Vgl. Hartmann 1985, S. 43–48. – Eine Abschwächung der Konfrontation reichsstädtischer Politik mit Adel und Fürsten in Oberschwaben seit der zweiten Hälfte des 15. Jahrhunderts zugunsten einer interständischen Kooperation und guten Nachbarschaft hat Kießling (1986) beobachtet. Er sieht dabei einen Zusammenhang zur Verfestigung der obrigkeitlichen Komponente der reichsstädtischen Politik. Insbesondere mit dem herrschaftlichen Unterwer-

Diese ›normale‹ Konstellation wird nun in den ersten Jahren der Reformation wesentlich verändert. Zunächst ist auffallend, welch dominierende Rolle die reformatorischen Reichsstädte trotz ihrer politischen Schwäche spielen konnten. Dies gilt für die Jahre nach dem Wormser Reichstag 1521 bis zum Speyrer Reichstag 1529 und besonders für den Zeitraum 1524 bis 1526, der die Städte in einer reformationspolitischen Führungsrolle auf Reichsebene zeigt. Die Führung kam besonders den drei großen süddeutschen Reichsstädten Nürnberg, Straßburg und (in geringerem Maße) Ulm zu, deren entschiedener Reformationskurs eine Sogwirkung auf kleinere Reichsstädte ausübte. Einige wenige Daten mögen diese erfolgreiche Vorreiterrolle der Reichsstädte im Widerstand gegen das Wormser Edikt belegen.

Die Vertreter der Reichsstädte sind die ersten ›Protestanten‹ der Reformationsgeschichte. Am 6. April 1524 protestierten die Reichsstädte auf dem Nürnberger Reichstag gemeinsam gegen den Beschluß der Kurfürsten und Fürsten, daß die Reichsstände dem Wormser Edikt »sovil inen muglich« nachzukommen hätten[224]. Sie beriefen sich auf die alleinige Norm der Hl. Schrift, aus der das weitere Vorgehen in der Religionsfrage zu begründen bzw. zu widerlegen sei[225]. Erstmals nahm damit eine Gruppe der Reichs-

fungsanspruch gegenüber dem Untertanenbereich ihrer reichsstädtischen Territorien gleicht sich die Politik der Magistrate an die nichtbürgerlichen Herrschaftsträger an (vgl. Kießling 1993, S. 204).

224 Dieser Beschluß der ersten und zweiten Kurie des Reichstages vom 5. April (der dann in den Reichstagsabschied des 18. April einging) ist ediert in: Deutsche Reichstagsakten, Bd. IV, Nr. 110, S. 499–503, das Zitat auf S. 500,13. Zum Vorgang vgl. Brecht 1977, S. 189f. und H.R. Schmidt 1986, S. 133–136.145–149.

225 Die Protestation der Städte vom 6. April ist ediert in: Deutsche Reichstagsakten, Bd. IV, Nr. 113, S. 506–508, mit den entscheidenden Worten (S. 508,28–33): »... wo jemands christenlichs stands was prediget oder handlet und dasselb mit der heiligen gottlichen schrift des alten und neuen testaments erhalten wollt, daß er dabei gelassen, er wurde dann ains

stände für die Reformation öffentlich Partei. Eine bemerkenswerte Fortsetzung und Steigerung fand dieser klare religionspolitische Kurs der Reichsstädte auf dem Ulmer Städtetag im Dezember 1524, nachdem sie Ende September das Edikt von Burgos (vom 15. Juli 1524) erhalten hatten, in dem Kaiser Karl V. das geplante Nationalkonzil verbot und erneut bei Strafe der Reichsacht die Durchführung des Wormser Edikts forderte. In Ulm gingen die Städte vom diplomatischen Taktieren über zum Bekennen[226]. Der Brief des Städtetags an den Kaiser vom 12. Dezember[227] kann als erstes öffentliches Bekenntnis innerhalb der Reformation auf Reichsebene gelten[228]. Die unterzeichnenden Reichsstädte, unter denen Nürnberg in gewisser Weise federführend war[229], bekunden ihre gehorsame Treue zu Kaiser und Reich, um aber zugleich zu bekennen[230], daß sie dem Wort

andern mit solicher gottlichen schrift uberwunden; wo er sich dann uber das davon nit weisen lassen wollt, daß er alsdann darumb pillich straff sollt gewarten.«

226 Die Protestation vom 6. April 1524 hatte zwar für die Übergangszeit bis zum erhofften ›freien christlichen Konzil‹ die Hl. Schrift als religionspolitische Legitimationsgrundlage benannt, ist aber weder ein Akt des Bekennens noch formuliert sie ein Bekenntnis. Dieser Schritt zum offenen Bekennen und Bekenntnis der Reformationsstädte geschieht erst am 12. Dezember 1524. Zu den Vorgängen in Ulm vgl. Brecht 1977, S. 197–202 und H.R. Schmidt 1986, S. 227–234.

227 Druck des Schreibens bei Pfeiffer 1968, S. 308–310, Br. 81 a.

228 Die fränkischen Bekenntnisse des Jahres 1524 liegen nicht auf der Ebene des öffentlichen Bekennens von Reichsständen, sondern auf der voröffentlichen Ebene der Ratschläge von Theologen; vgl. W.F. Schmidt/Schornbaum 1930, Andreas Osiander d. Ä. Gesamtausgabe, Bd. 1, S. 299–386, Nr. 25–28.

229 Zur Rolle Nürnbergs und Lazarus Spenglers bei der Vorformulierung des Briefs an den Kaiser vgl. unten S. 174 f. mit Anm. 80.

230 Vgl. die Formulierung: »Aber Gott den allmechtigen bekennen wir für unsern schöpfer und das haubt seiner christlichen kürchen, der uns durch den todt seines einigen geliebten sons Jesu Christi hat geseeliget, des wort und euangelio wir auch, sovil er uns gnad mitteilt, wellen anhangen, das unsers ver-

Abbildung 5

Blatt aus dem Schreiben des Ulmer Städtetags an Kaiser Karl V. vom 12. Dez. 1524 (zur Bedeutung des Briefs als erstes reformatorisches Bekenntnis von Reichsständen siehe S. 107); Eintragung im Ulmer Städteabschied: Stadtarchiv Ulm, A 529 fol. 6v:
[Die Städte wissen sich nicht an Luthers Person, sondern an Gottes Wort gebunden: Wir sein auf gedachten luttern oder einen andern mentschen nit getaufft, So haben dieselben für vns nit gelitten, für vns auch vnsere schulden vnd sind nit bezalt] oder getragen. Aber Gott den Allmechtigen bekennen wir für vnsern schöpffer vnd das haubt seiner Christlichen kürchen, der vns durch den todt seines einigen geliebten sons Jesu Christi hat geseeliget, des wort vnnd Euangelio wir auch, souil er vns gnad mitteilt, wellen anhangen, das vnsers vermügens helffen schutzen vnd handthaben vnd dabei biß in vnser gruoben bleiben, Inmassen wir vns alls Christenleüt in der Tauff zuthun verpflichtet haben; vnd achten gaar nit darfür, das sich E. Kay. Mt. vnd der Stend deß heiligen Reichs außgangne Mandat, vilweniger das bäbstlich Edict dahin ziehen solten, vns oder andern Christlichen vnderthanen das wort Gottes, vß dem wir allein das leben haben, durch welches wir auch erhalten vnd geseeliget werden müessen Vnd das wir allein vnd gantz keines mentschen Lehr, mainung vnd opinion zubeschützen geneigt sein, In einich weeg zu verbiethen, dann das were nit allein die höchst erschrockenlichste beschwerung auf Erden, sonder auch kein mentsch dem zuge-[leben schuldig.]
Das Schreiben ist vollständig wiedergegeben bei Pfeiffer 1968, S. 308–310, Br. 81 a.

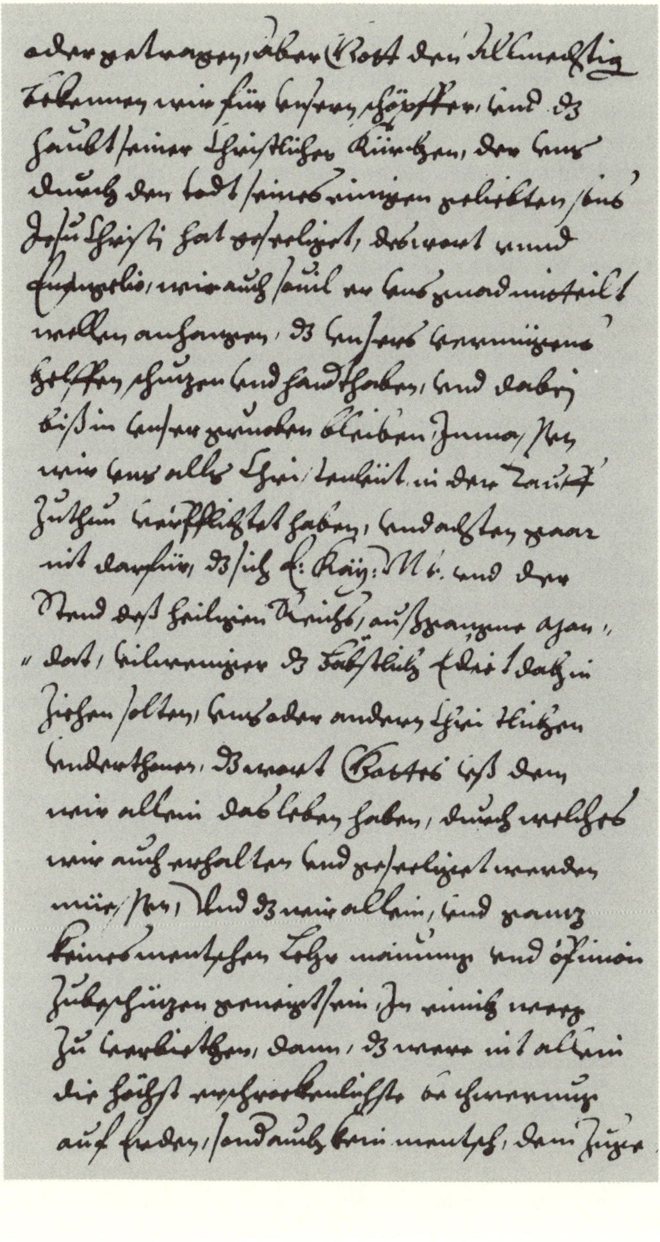
oder zu tragen, aber Gott den allmechtig
bekennen wir für unsern schöpffer, und dz
haubt seiner christlichen kirchen, der uns
durch den todt seines einigen geliebten sons
Jesu Christi hat geselliget, derwegen wir dem
Evangelio, wie auch sonst er uns genad mitteilt
wollen anhangen, dz unsers vermügens
helffen schützen und handthaben, und dabej
biß in unser gruben bleiben. Item, [illegible]
wie uns alle christ: leuthe in der tauff
zuthun verpflichtet haben, und achten gar
nit darfür, dz sich d: Kay: Mt. und der
Stend deß heiligen Reichs, außgenommen [illegible]
[illegible], [illegible] dz [illegible] [illegible] in
ziehen solten, uns oder andern christlichen
underthanen. Derwegen Gottes [illegible] ist dem
wir allein das leben haben, durch welches
wir auch erhalten und geselliget werden
mür, [illegible], und dz wir allein, und ganz
keines menschen lehr meinung und opinion
zubeschützen geneigt sein, ja einich weg
zu verbiethen, dann dz were nit allein
die höchst erschrecklichste verhemnus
auf erden, sondern auch kein mensch, dem zuge

und Evangelium Christi bis in die ›Grube‹ anhangen und es in Schutz nehmen wollen und sich das weder durch Kaiser und Reichsstände noch durch den Papst verbieten zu lassen gedenken. Dazu seien sie als Christen durch die Taufe verpflichtet. In Anlehnung an Luthers Zwei-Reiche-Unterscheidung halten sie fest: In weltlichen Dingen (»sovil unser leib und gut belangt«) will man dem Kaiser gehorsam sein und die reichsstädtische Tradition der Kaisertreue fortsetzen. Wo es aber um Gottes Wort, das »hail unser seelen« und das Gewissen geht, wollen die städtischen Magistrate den reformatorischen Standpunkt auch gegen den Kaiser festhalten und sich seinen Mandaten widersetzen. Zwei-Reiche-Lehre als Begründung der religionspolitischen Widerstandshaltung der Städte! Diese Linie setzten die Reichsstädte auf dem ersten Speyrer Reformationsreichstag 1526 fort[231]. Auch hier lag die reformationspolitische Initiative bei ihnen. Dank der Unterstützung durch Kursachsen und Hessen führten ihre religiöse Entschlossenheit, politische Folgerichtigkeit und konzeptionelle Kreativität in der Glaubensfrage zu einem Teilerfolg.

In der Folgezeit freilich verschob sich das Gewicht der aktiven Reformationspolitik auf die Seite der evangelischen Fürsten. Dies zeigt sich bereits deutlich auf dem zweiten Speyrer Reformationsreichstag 1529[232]. Zwar unterschrieben vierzehn Reichsstädte die Protestation gegen den Reichstagsabschied am 19. April[233], doch war die Gruppe der Reichsstädte in ein protestierendes, ein altgläubiges und ein

mügens helfen schutzen und handthaben und dabei biß in unser gruoben bleiben, inmassen wir uns als christenleut in der tauf zu thun verpflichtet haben.« Pfeiffer 1968, S. 309. Vgl. Abbildung 5 mit Erklärung (nicht normalisierter Text).

231 Zu den Vorgängen vgl. Brecht 1977, S. 220–229 und H.R. Schmidt 1986, S. 268–274.

232 Vgl. Brecht 1977, S. 233–241 und Quellenbuch: Reformation und Protestation in Speyer, 1990.

233 Außer Kurfürst Johann von Sachsen, Markgraf Georg von Brandenburg-Ansbach-Kulmbach, Herzog Ernst von Braunschweig-Lüneburg (d. h. für ihn sein Kanzler Johann Forster),

schwankend-lavierendes Lager zerfallen[234]. Der Protest war primär eine Aktion der evangelischen Fürsten, die mittlerweile wie die Reichsstädte - und durchaus in ihrem Sog - die Wendung von der dissimulierenden Taktik zum offenen Bekenntnis vollzogen hatten und nun die Städte mehr und mehr zum Anhängsel ihrer reformatorischen Bekenntnis- und Bündnispolitik machten. Offenkundig wird das beim Augsburger Reichstag 1530, als neben sieben Fürsten nur noch zwei Reichsstädte, Nürnberg und Reutlingen, die Confessio Augustana unterzeichneten[235], und in der untergeordneten Rolle der Reichsstädte innerhalb des Schmalkaldischen Bundes seit 1531[236].

Dieser Entwicklungsgang ist nicht verwunderlich, entspricht er doch der machtpolitischen Dynamik im Reich. Mehrere Faktoren führten dazu, daß der normale Prozeß der expandierenden und intensivierten Fürstenmacht durch den Reformationsschub der zwanziger Jahre zugunsten der Städte - und kurzfristig auch zugunsten der Reichsritter und Bauern - unterbrochen oder verzögert wurde, ehe er sich dann seit 1526 erst recht Geltung verschaffte und durch gezielte territoriale Reformationspolitik zu einer politisch-religiösen Geschlossenheit, zur konfessionell-machtpolitischen Zentrierung des frühmodernen Staats fand[237]. Diese zwischenzeitliche Dominanz der städtischen Reformation und reichsstädtischen Reformationspolitik hatte vor allem folgende Gründe:

Landgraf Philipp von Hessen und Fürst Wolf zu Anhalt unterzeichneten: Straßburg, Nürnberg, Ulm, Konstanz, Lindau, Memmingen, Kempten, Nördlingen, Heilbronn, Reutlingen, Isny, St. Gallen, Weißenburg in Franken und Windsheim. Vgl. Reformation und Protestation (wie Anm. 232), S. 60.

234 Vgl. H.R. Schmidt 1986, S. 298–303.

235 Neben ihr steht freilich noch die Confessio Tetrapolitana der vier oberdeutschen Städte Straßburg, Konstanz, Memmingen und Lindau.

236 Vgl. G. Schmidt 1986.

237 Die wichtigste neuere Literatur zum Werden des frühmodernen Fürstenstaats bei Klueting 1989, S. 73–94.

- die starke populäre Bewegung der Gemeindereformation, die durch ihren Druck die große Mehrzahl der städtischen Räte zum Einlenken und auf einen aktiven reformationspolitischen Kurs brachte, aber auch auf die anderen Reichsstände Eindruck machte;
- die Kombination von diplomatischem Geschick, religionspolitischer Geradlinigkeit und reformatorischer Überzeugung führender Stadtpolitiker[238];
- die hohe theologische Kompetenz und Überzeugungskraft ihrer Berater, denen es in den Entscheidungsjahren 1521 bis 1529 gelang, der Frage des Heils, des Glaubens und des Gewissens ein Übergewicht gegenüber dem Kalkül politischer Vorsicht und wirtschaftlicher Opportunität zu verschaffen[239];
- die (relative) Geschlossenheit der Städte in ihrem religionspolitischen Vorgehen, denn wenn überhaupt, dann nur gemeinsam konnten die Städte ein ernstzunehmendes Eigengewicht gegenüber den Fürsten zur Geltung bringen;
- die Absenz des außenpolitisch gebundenen Kaisers und die zeitweilige reformationspolitische Abstinenz der Fürsten - auch wenn zu bedenken ist, daß der städtische Protest 1524 von der Schutzmacht Kursachsen gedeckt wurde und der Erfolg der Städte in Speyer 1526 ohne die Unterstützung Hessens und Sachsens nicht möglich gewesen wäre.

238 Zum Beispiel des Straßburger Stettmeisters Jakob Sturm vgl. Brady 1968.

239 Dies gilt z.B. für Argumentationsweise und Einfluß des Nürnberger Ratsschreibers Lazarus Spengler (ohne daß freilich - im Rahmen des mit dem religiösen Gewissen zu Vereinbarenden - das Kalkül politischer Absicherung der Reformation außer Kraft gesetzt wäre). Vgl. etwa sein Gutachten im Vorfeld des Ulmer Städtetags (Herbst 1524), ediert bei Pfeiffer 1968, S.168-177, Rschl.12. Von diesem Gutachten führt eine direkte Linie zum offen bekennenden Brief des Städtetags an den Kaiser (siehe oben S. 107 bei Anm.227 und unten S. 174f. mit Anm.80); vgl. Brecht 1977, S.197-200.

Daß auf den Höhenflug einer selbständigen Reformationspolitik der Städte dann ihre politische Marginalisierung und ihr gravierender Bedeutungsverlust bis hin zu den bitteren Folgen des Schmalkaldischen Krieges, zur Zerreißprobe des Augsburger Interims 1548[240] und zur Beschränkung des vollen Jus reformandi auf die Landesherren im Augsburger Religionsfrieden 1555 folgte[241] - dieser Niedergang[242] war sowohl in der machtpolitischen Großwetterlage angelegt als auch in besonderen, forcierenden Umständen begründet. Der reformationspolitische Druck der städtischen Popular-Reformation, d.h. die städtische Massenbasis der Reformation, verlor durch den Ausgang des Bauernkriegs an Gewicht[243]; mit einer gewissen Logik der Macht wurde erst die breite Gemeindereformation durch die Ratsreformation der Städte domestiziert und dann die Stadtreformation in die Dominanz der Fürstenreformation integriert[244]. Fatal war dabei für die Städte, daß sie gegen Ende der zwanziger Jahre vor den Trümmern ihrer einstigen Geschlossenheit standen: Gegenüber den evangelischen Städten hatten sich die katholischen Städte unter der Führung Überlingens formiert[245], während sich andere wie Augsburg und Frankfurt auf unentschiedener Distanz hiel-

240 Vgl. etwa den Konflikt in Straßburg, der zum Weggang Bucers nach England führte; dazu Weyrauch 1978, Brady 1978.

241 Zu den Folgen des Augsburger Religionsfriedens für die Freien Städte und Reichsstädte vgl. Pfeiffer 1955, Warmbrunn 1983.

242 Vom »Niedergang der freien Städte« spricht Moeller 1987 (1962), S. 59–67.94–96; vgl. Dickens 1974, S. 177–199 (»the Decline of Urban Reformation«). Oberman 1977, S. 342–347 spricht von der »Chance« und vom »Scheitern der städtischen Reformation«.

243 Auch wenn im Norden des Reichs die städtische Reformation als »spontane Volksbewegung« weiterging; vgl. Lau 1959.

244 Zur Kategorie der ›Domestizierung‹ vgl. Brady 1985a und 1985b.

245 Vgl. Brecht 1977, S. 231: »Mehr und mehr aber bildete sich von 1527 an eine bestimmte Gruppe katholischer Reichsstädte vor allem in Oberschwaben unter der Führung Überlingens

ten[246]. Der Abendmahlsstreit spaltete das evangelische Städtecorpus in eine lutherische, schweizerische und oberdeutsche Richtung. Dadurch wurde vor allem die Position der oberdeutschen Reichsstädte, die zwischen die Lager gerieten, geschwächt. Schließlich gab es in der Frage des Widerstandsrechts gegen den Kaiser unterschiedliche Auffassungen, so daß beispielsweise das mächtige Nürnberg dem Schmalkaldischen Bund fern blieb und den Weg einer moderat-zurückhaltenden, politisch klugen und theologische Skrupel berücksichtigenden Reformationspolitik beschritt[247].

Das Verhältnis zum Kaiser war der reichspolitisch neuralgische Punkt der evangelischen Reichsstädte. Durch den religiösen Widerstand gegen das Reichsoberhaupt ging ihnen der natürliche Bundesgenosse und Schutzherr gegenüber der aufsteigenden Fürstenmacht verloren - eine empfindliche Schwächung der Städte, wie dann der Ausgang des Schmalkaldischen Krieges zeigte. Aus dem Schutzherrn war der militärische Gegner und Strafexekutor geworden. Zwar führte andererseits die hohe Bedeutung der theologischen und kirchenpolitischen Entscheidung evangelische Städte und evangelische Fürsten eng zusammen - aus natürlichen Gegnern wurden durch die Dominanz der Heilsfrage Verbündete, die Reformation konnte alte politische Loyalitäten zerstören und traditionelle politische Gegensätze überbrücken. Doch beschleunigte diese notwendige Anlehnung der Reichsstädte an die Fürsten langfristig ihre politische Entmündigung. Eine ernsthafte Alternative -

heraus, zu der Wangen, Pfullendorf, Buchau, Ravensburg und dann auch Rottweil gehörten.« Vgl. H.R. Schmidt 1986, S. 299–303 (Aufkündigung der Solidarität durch die altgläubigen Städte). Zu den Gründen, warum Überlingen katholisch blieb, vgl. Enderle 1990.

246 Vgl. H.R. Schmidt 1986, S. 304–307 (Augsburg und Frankfurts Verweigerungspolitik); zu Frankfurt vgl. auch Jahns 1976 und 1991.

247 Vgl. G. Schmidt 1984a. Zur richtigen Beurteilung der Nürnberger Reformationspolitik vgl. Seebaß 1991, S. 123–126.

etwa ein politisches Zusammengehen mit den reichsfernen freien Stadtstaaten der Schweiz[248] – lag nicht im Spielraum reichsstädtischer Politik, auch wenn Konstanz, Straßburg und andere oberdeutsche Städte vorübergehend enge Verbindungen mit Zürich pflegten[249]. Das Jahr 1531 war gleichsam ein Schicksalsjahr der Städte, der endgültigen Schwergewichtsverlagerung von der Stadt- zur Fürstenreformation. Die Niederlage der Zürcher bei Kappel und der Tod Zwinglis führten dazu, daß die Schweiz aus der deutschen Reformationsgeschichte ausschied und damit nicht nur das wichtigste Gegengewicht zum Einfluß des Luthertums, sondern auch ein bedeutender politischer Antipode zur Fürstenreformation wegfiel. Zugleich sahen sich die evangelischen Reichsstädte nach der bedrohlichen Erneuerung des Wormser Edikts auf dem Augsburger Reichstag 1530 aus konfessionellen Gründen gezwungen, auch ihre *politische*

248 Zu den Möglichkeiten und Verhinderungen einer solchen Konstellation vgl. Brady 1985a.

249 Zum ›Burgrecht‹ zwischen Konstanz und Zürich/Bern (Dez. 1527/Jan. 1528) vgl. Rublack 1970, S. 120–128; zu den Burgrechtsverhandlungen mit Straßburg (Aufnahme Straßburgs ins Burgrecht mit Zürich, Konstanz, Bern und Basel am 5. Januar 1530) und den momentanen Bündnisplänen mit Ulm, Memmingen, Lindau, Kempten, Biberach und Isny (1529) vgl. Bender 1970, S. 112 f. 170–172 und Locher 1979, S. 344–354; zur Ausstrahlung der Zwinglischen Reformation in Oberdeutschland und im Elsaß vgl. Locher S. 452–501. Grundsätzlich muß zwischen theologisch-religiöser Ausstrahlung, religionspolitischem Zusammenwirken, politisch-militärischem Bündnis und politischem ›Schweizer-Werden‹ durch Aufnahme in die Eidgenossenschaft sorgfältig differenziert werden; vgl. Rublacks Bemerkungen zu Konstanz S. 123 f. – In diesem Zusammenhang ist auch an einen Vorgang des Jahres 1519 zu erinnern. Als sich Nürnberg nach dem Tode Kaiser Maximilians (12. Jan. 1519) durch die Fürstentümer Brandenburg-Ansbach (wegen der kaiserlichen Weinzollprivilegien) und Pfalz (wegen des im Landshuter Erbfolgekrieg erworbenen Landgebiets) bedroht fühlte, erstrebte die Reichsstadt nicht nur den Abschluß eines Städtebündnisses

Loyalität gegenüber dem Kaiser aufzugeben, dem Schmalkaldischen Bund beizutreten und sich damit in das Schlepptau fürstlicher Macht- und Militärpolitik zu begeben – während doch die Städte (wie Nürnberg richtig erkannte) das ihnen eigene Gewicht als Gewerbe- und Handelszentren nur in einem Klima der Konsensfindung und Friedenswahrung zur vollen Wirkung bringen konnten.

Der Umschwung in der religionspolitischen Stellung der ›protestantischen‹ Städte wurde aber vor allem durch die veränderte Haltung der Fürsten bewirkt, d.h. durch die neue aktive Rolle ihrer Reformations-, Bekenntnis- und Bündnispolitik unter der politischen Führung Hessens und der theologischen Führung Kursachsens seit 1526[250]. Die Dominanz der Städte in der Reformation bis in die zweite Hälfte der zwanziger Jahre hinein war nur in einem vorübergehenden machtpolitischen Vakuum, in einer Phase kaiserlicher Abwesenheit und fürstlicher Unentschiedenheit, möglich. Sie war nie ein Ausdruck machtpolitischer Stärke und ist auch kaum aus der ökonomisch-finanziellen Kraft der Städte erklärbar, sondern war wesentlich im Bildungsvorsprung und in der – damit verbundenen – geistigen, religiös-theologischen, kirchenreformerischen und sozialen

mit Augsburg und Ulm, sondern schickte auch eine Gesandtschaft in die Eidgenossenschaft (Willibald Pirckheimer, Martin Tucher und Albrecht Dürer), die im Juni 1519 in Zürich vorstellig wurde. Die von Lazarus Spengler geschriebene Instruktion sah vor, daß die Gesandten um Unterstützung für den Fall bitten sollten, daß Nürnberg wie auch andere Städte unter Bruch des Reichsrechts in Bedrängnis geraten würde (man hatte die Annexion der Reichsstadt Reutlingen durch Herzog Ulrich von Württemberg im Januar 1519 vor Augen). Man solle um Erlaubnis bitten, daß im Verteidigungsfall Schweizer Söldner durch Nürnberg militärisch angeworben werden dürften. Später mußte sich Nürnberg beim Kaiser wegen dieser Gesandtschaft entschuldigen. Die Instruktion Spenglers liegt in der Staatsbibliothek München Cod. germ. 5021, fol.42r–43v. Vgl. auch Reicke 1928, S.374.

250 Vgl. H. v. Schubert 1908 und G. Müller 1980.

Ansprechbarkeit, Mobilität und ausstrahlenden Kommunikationsfähigkeit der Städter begründet.

Zugespitzt formuliert: Solange die Reformation eine Sache der Gebildeten und des durch ihre Predigten und Flugschriften angeregten Gemeinen Manns war, solange sich die reformatorischen Kräfte eines spontanen Gemeindechristentums und seine drängenden Energien der kirchlichen und sozialen Umgestaltung in einem Klima machtpolitischer und militärischer Zurückhaltung Bahn verschaffen konnten, war die Reformation vorwiegend ein städtisches und für kurze Zeit auch ein ländliches Ereignis. Sobald sich aber die Reformation als irreversibles Politikum ersten Ranges erwies, sobald die Fürsten aus ihrer abwartenden Zurückhaltung heraustraten und sich ihre staatliche Machtpolitik der Reformation bemächtigte und eine militärische Bündnispolitik einleitete[251], wurde die Reformation zunehmend von der Dominanz der Landesfürsten bestimmt[252]. Solange ein gewisser machtpolitischer Freiraum bestand, konnte sich in ganz natürlicher Weise die spezifische Stärke und Ausstrahlung der Städte, d.h. ihre Bildungs-, Kommunikations- und Sozialdynamik, im Rahmen der Reformationsbewegung entfalten; sobald aber eine zielstrebig planende und organisierende Macht- und Gewaltpolitik den Schutz, die Durchführung und die Expansion der Reformation zum politischen Ziel erhob, wurde nicht nur der Gemeine Mann als Träger der Reformation zurückgedrängt, sondern traten in ebenso natürlicher Weise die Für-

251 Die Anfänge der evangelischen Bündnispolitik liegen bereits im Herbst 1525, als Hessen in Verhandlungen mit Kursachsen zunächst ein Bündnis mit Nürnberg, Augsburg, Straßburg und Ulm plante, später mit den Sechsstädten der Oberlausitz, Magdeburg, Erfurt, Nordhausen, Nürnberg, Hamburg, Lüneburg, Lübeck, Frankfurt, Worms, Straßburg und Speyer. Vgl. Friedensburg 1887, S. 156.

252 Dies zeichnet sich deutlich 1526 im Torgauer Bund ab, der sich als Fürstenbund konstituiert und nachträglich nur um die beiden Städte Magdeburg (Juni 1526) und Bremen (Dez. 1529) erweitert wird. Vgl. Fabian 1962, S. 28.

sten mit ihrer spezifischen Stärke in den Vordergrund und beherrschten den Gang der Reformation. Zwar gab es, wie wir sahen, bis in die dreißiger Jahre hinein auch einen ordnungspolitischen Vorsprung städtischer Eliten und ihrer Ratsreformationen[253], doch wurde er von den Fürsten in ihre landesherrliche Reformationspolitik aufgenommen. Die Modernität des zentralisierenden Fürstenstaats überholte die mittelalterlich-genossenschaftlich eingebundene Ordnungskraft der Magistrate. Die Stadtkirche wurde hineingezogen in die territorialstaatliche Konfessionalisierung. Daß freilich das genossenschaftlich-gemeindereformatorische Element in manchen inselhaften Autonomiestädten des deutschen Nordens und Westens lange überleben und dort zur Ausbildung einer antiabsolutistischen, proto-republikanischen kommunalen Kultur in Deutschland beitragen konnte, wurde bisher in der Stadtreformationsforschung zu wenig berücksichtigt[254]. Doch blieb davon die Dominanz der Fürstenreformation, die sich mit der Stadtreformation verbündete, sie sich machtpolitisch unterordnete und sie weitgehend instrumentalisierte, unberührt.

1.17 Weitere Problemfelder der städtischen Reformation

Auf viele – z.T. bereits angesprochene – Problembereiche des inneren Verlaufs der städtischen Reformationen kann ich in dieser Überblicksdarstellung aus Platzgründen nicht näher eingehen. Ich erwähne nur folgende wichtige Themen der Forschung:

– die Frage nach der Vielfalt der Stadtreformationen, nach den Gründen für ihren von Ort zu Ort so unterschiedlichen Verlauf und nach den Faktoren, die in entschei-

253 Vgl. oben S. 87 mit Anm. 179 und S. 97–100.

254 Dagegen herausgestellt von Schilling 1988a, 1988b, S. 181–183 und 1993, S. 87–93 (die Debatte über die »politische Kultur« des frühneuzeitlichen Bürgertums).

dender Weise zum Erfolg, zur Verzögerung bzw. Veränderung oder zum Scheitern der Reformation in einer bestimmten Stadt beitrugen (man denke etwa an die Schlüsselrolle eines bedeutenden Predigers und geschickten, organisationsbegabten Reformators, an die Machtposition eines altgläubigen Rats oder an die Einflußmöglichkeiten bestimmter innerer und äußerer Mächte wie z. B. einer kirchlichen Institution und Person - etwa eines Domkapitels, Stifts, Klosters, Pfarrers oder Bischofs[255] -, eines weltlichen Fürsten, des Schwäbischen Bundes[256], einer Reichsinstitution, des Kaisers usw.);

- die Frage nach dem Charakter der reformatorischen Veränderungen in der Stadt, was abgeschafft und neu eingeführt wurde, welche Prioritäten gesetzt wurden und was sich dadurch am Alltagsleben der Bürger und Bürgerinnen veränderte[257] - damit eng verbunden die Frage, ob es im Ergebnis unterschiedliche Typen städtischer Reformationen gab und welcher Typ sich in welchen Städten durchsetzte[258];

255 Vgl. paradigmatisch Rublack 1978b; vgl. oben S. 49 mit Anm. 82 und 83. Zum entscheidenden Eingreifen eines Bischofs zugunsten der Reformation (in Osnabrück, wo ein mächtiges Domkapitel zuvor die Reformation lange verhindert hatte) vgl. Moeller 1993, S. 267f.

256 So erklärt sich die Tatsache, daß es in Mindelheim keine Reformation gab, vor allem aus der Dominanz der reichsunmittelbaren ritterlichen Stadtherren von Frundsberg, die als militärische Führer des Schwäbischen Bundes und kaiserliche Heerführer in die habsburgische Konfessionspolitik eingebunden waren; so Mörke 1991.

257 Zu diesen drei Fragestellungen vgl. die reiche Literatur der vergangenen drei Jahrzehnte zur Einführung der Reformation in einzelnen Städten, darunter z. B. die wichtigen Arbeiten von Greyerz 1980 zu Colmar, von Rublack 1982b zu Nördlingen, von Mörke 1983 zu Lüneburg, Braunschweig und Göttingen, von Abray 1985 zu Straßburg, von Postel 1986 zu Hamburg, von Schröder 1987 zu Esslingen, von Weiß 1988 zu Erfurt, von Dobras 1993 zu Konstanz und der Ausstellungskatalog: 450 Jahre Reformation in Osnabrück, 1993.

258 Zu dieser Fragestellung und zur einschlägigen Literatur vgl.

– die Frage nach typischen Schüben, Phasen und Zäsuren im Ablauf städtischer Reformationen und die damit eng verknüpfte Frage nach dominanten, in stereotyper Weise immer wiederkehrenden Verlaufsformen (hilfreich ist etwa Rublacks Unterscheidung zwischen einer »Inkubationsphase«, in der reformatorisches Gedankengut Eingang findet und eine reformatorische Öffentlichkeit entsteht, einer »Konfliktphase«, in der die religiös-kirchliche Ordnung zum gesellschaftlichen Problem wird und sich rivalisierende Gruppen gegenübertreten, einer »Intervallphase«, in der mit Duldung und Förderung des Rats erste reformatorische Neuordnungen bei Fortbestehen des herkömmlichen Kultus erfolgen, und einer abschließenden »Institutionalisierungsphase«, in der die Reformation vom Rat zielstrebig ein- und durchgeführt und das Kirchenwesen durchgreifend umgestaltet wird[259]) – damit verbunden die Frage, ob sich bestimmte Verlaufstypen städtischer Reformationen bestimmten strukturellen Stadt- und Reformationstypen zuordnen lassen[260];

Rüth 1991, S. 248–251. Anregend für die Forschung war besonders Moellers Unterscheidung zwischen einem stark von Zwingli und Bucer geprägten Typ einer oberdeutschen Reichsstadtreformation und dem lutherischen Typ der nordwestdeutschen Städte. Für die schweizerisch-süddeutschen Städte sei vor allem die radikale Umgestaltung des Gottesdienstes, die Beseitigung der Bilder, die Ablehnung der Realpräsenz im Abendmahl und seine Gestaltung als Gemeinschaftsmahl sowie die Akzentuierung der Sittenzucht und Armenfürsorge charakteristisch gewesen; vgl. Moeller 1987 (1962), besonders S. 50–59, und ders. 1964; zur Kritik an dieser Typisierung vgl. Moeller selbst 1987, S. 90–93 und unten S. 135–137. Auf einer ganz anderen Ebene liegt die Typologie der städtischen Reformationen nach ihrer Haltung zum Bauernkrieg bei Tode 1994, S. 304–310.

259 Rublack 1980; vgl. Literatur bei Rüth 1991, S. 247 f.

260 Vgl. Literatur bei Greyerz 1985, S. 46–48 und Rüth 1991, S. 248–251.

- die Frage nach der Rolle der städtischen Frau in der Reformation, die Frage etwa, wie sich ihre Rolle kurzfristig in der turbulenten Phase der Popular-Reformation und langfristig innerhalb der institutionalisierten Reformation gegenüber dem Mittelalter verändert, welche Gewinne und Verluste städtische Reformationen Frauen bringen und wie sich dabei die soziale Gruppenzugehörigkeit einer Frau bemerkbar macht[261];
- die Frage nach dem Charakter der Kirchenzucht und kirchlicher Disziplinierung im Zuge städtischer Reformationen[262], spezieller etwa die Frage, zu welchen innerevangelischen Konflikten zwischen Prädikanten, Obrigkeiten und Gemeinden die Auseinandersetzung um die Ausübung der Kirchenzucht und besonders um die Möglichkeit des Kirchenbanns (Ausschluß von Abendmahl und Gottesdienst) in den Städten führte[263];
- die damit eng verbundene Frage nach der Rolle des Predigers, des Reformators und evangelischen Pfarrers im Gegenüber zu Rat und Gemeinde[264], nach ihren herrschaftsverstärkenden und herrschaftsbegrenzenden Im-

261 Vgl. Davis 1987 (Kap. 3 und 5), Roper 1990, Nowicki-Pastuschka 1990, Wunder 1992, Kobelt-Groch 1993.

262 Zum Zusammenhang von ›Ratsregiment, Sittenpolizei und Kirchenzucht‹ am Konstanzer Beispiel der Jahre 1531 bis 1548 vgl. Dobras 1993.

263 Vgl. W. Köhler 1932/42 (zum schweizerisch-süddeutschen Raum), Hamm 1984, S. 718–721 (zum Konflikt in Nürnberg 1531); vgl. auch Oberman 1977, S. 302 mit Anm. 127, der von »zwei städtischen Reformationsbewegungen« spricht, d. h. dem Gegeneinander der Interessen der bekennenden Gemeinde und der Interessen der christlichen Obrigkeit, die in den vierziger Jahren schmerzhaft auseinandertreten – wobei das Adjektiv ›christliche‹ Obrigkeit durchaus Gewicht hat. Oberman nennt als Beispiel den Straßburger Konflikt zwischen Martin Bucer und Jakob Sturm, der im Ringen um das Interim eskalierte. Vgl. oben Anm. 240 und zu Sturm Brady 1968.

264 Vgl. etwa Bucer in Straßburg (Anm. 263) oder Osiander in Nürnberg (dazu Seebaß 1967).

pulsen, die Frage nach Entklerikalisierung und Verbürgerlichung des ›Geistlichen‹ und nach der Ausbildung eines neuen Kleriker-Standes und damit auch eines neuen städtischen Antiklerikalismus[265];

- die Frage nach dem Umgang städtischer Reformationen mit den religiösen Minderheiten und Dissidenten, mit Altgläubigen, Täufern, Spiritualisten, Zwinglianern, Calvinisten bzw. Lutheranern, Juden und religiös Gleichgültigen[266], zugleich die Frage, welche normativen Einheits- und Zentrierungsmodelle die Reformationspolitik in einer Ära sich verschärfender cura religionis, d.h. wachsender Intoleranz, leiteten und welche Gegenmodelle konfessioneller Pluralität, Koexistenz[267], Gewissensfreiheit und Proto-Toleranz innerhalb der Stadtmauer am Horizont auftauchten;
- die Frage nach dem Verhältnis von städtischer Reformation und städtisch-bürgerlicher Ideologie, von biblischer Radikalität des Glaubens und Religion des Bürgertums,

265 Zum Phänomen eines neuartigen ›Antiklerikalismus‹, der sich nun gegen die evangelischen Prädikanten – die ›neuen Päpste‹ – wendet und nicht wie der spätmittelalterliche Antiklerikalismus die Laxheit, sondern die Rigidität der Pfarrer angreift, vgl. Sammelband: Anticlericalism in Late Medieval and Early Modern Europe, 1993, besonders Teil IV. Der Vorwurf an die Adresse der evangelischen Prediger, sie führten sich wie Päpste auf, findet sich z.B. in einem Brief des Nürnberger Ratsherrn Christoph Kreß an Christoph Fürer vom 19. April 1529: »Wiewol nun die vorigen [scil. die spätmittelalterlichen Kleriker] puben sein, so seßen doch die jetzigen gern in des babsts posseß, also das sie sich nit irren kunten und das man von ihnen nit reden dörfft.« Edition des Briefs in: Deutsche Reichstagsakten, Bd. VII/1, Nr. 2146, S. 784–786 (Zitat S. 785,30–32).

266 Vgl. Schneider 1970 und Sammelband: Croyants et sceptiques au XVIe siècle. Le dossier des épicuriens, 1981.

267 Vgl. das in dieser Hinsicht erstaunlich weit gehende Gutachten eines Nürnberger Anonymus (1530) zur Frage der obrigkeitlichen Strafgewalt in Glaubensdingen; ediert in: Brenz: Frühschriften, Teil 2, S. 517–526 und dazu S. 507–509.

die Frage also, wie stark die Impulse der Reformation in den Städten verbürgerlichen, in die Dimension spezifisch städtischer Werte hineingezogen und damit möglicherweise einer gewissen geistigen Enge und Borniertheit des Stadtbürgertums angepaßt werden[268] – im Unterschied etwa zu Fürstenhöfen[269], Landesuniversitäten oder Adelsherrschaften.

1.18 *Die Stadtreformation als theologisches Geschehen*

Die zentralen Themen, die von der Stadtreformationsforschung entweder schon ausgiebig bearbeitet oder erst angedacht wurden und noch einer gründlichen Erforschung harren, sind damit bei weitem nicht erschöpft. Deutlich aber ist, wie stark sich durch alle Themen als roter Faden die anfangs skizzierte Problemstellung von ›Religion und Gesellschaft‹ zieht. Sie sei nun am Ende zugespitzt zur These von der *Stadtreformation als religiös-kirchlichem und theologischem Ereignis*[270]. Ich sagte es schon: Durch die Re-

268 Vgl. Oberman 1977, S. 358–361, der von »den engen Grenzen« spricht, »die der städtische Relevanzmaßstab des *bonum commune* für die Wissenschaft zieht«, und vom »kurzatmigen Gesichtspunkt des *bonum commune*«. Die Frage wird von mir in den folgenden Kapiteln 2 und 3 wieder aufgenommen und partiell beantwortet.

269 Vgl. Oberman 1977, S. 329–378 und meine kritische Anfrage an solche Wertungen: Hamm 1993b, S. 291 f. Zur erstaunlichen geistig-religiösen Offenheit eines kleinen Fürstentums im Sinne der Toleranz – auch gegenüber Nonkonformisten und Juden – vgl. Wappmann 1995 (über die Pfalzgrafschaft Sulzbach/Oberpfalz in der zweiten Hälfte des 17. Jahrhunderts).

270 Damit meine ich: die Stadtreformation, *soweit* sie – in durchaus gewichtiger Weise – als religiös-kirchliches und theologisches Geschehen zu verstehen ist. Damit meine ich nicht die religiös-kirchlich-theologische Gewichtung in Konkur-

formation kam die Frage nach der wahren Religion und der wahren Gestalt der Kirche auf die Tagesordnung der drängenden öffentlichen und politisch umkämpften Fragen[271]. Brisante soziale Konflikte wie das Drängen mächtig gewordener Bürger ins Ratsregiment oder die wirtschaftliche Belastung städtischer Unterschichten und der bäuerlichen Bevölkerung im städtischen Umland knüpften sich gerade an die theologische und kirchliche Reformationsfrage, wie auch das machtpolitisch-militärische Ringen auf Reichsebene zwischen einer Fürsten- und Stadtopposition und dem Kaiser ausgerechnet als Konfessionskampf in Erscheinung trat. Interessant daran ist nicht, daß religiös-theologische Gründe auch als Deckmantel und Vorwand für sehr unreligiöse Interessen dienen konnten. Das gehört zur Selbstverständlichkeit aller Geschichtsepochen des Christentums. Bemerkenswert und charakteristisch für das Verhältnis von Religion und Gesellschaft in der Reformationsepoche ist vielmehr, wie stark die religiöse Leidenschaft und das Eigengewicht theologischer Kundigkeit, Entschiedenheit und Bekenntnisbereitschaft innerhalb des sozialen, wirtschaftlichen, juristischen, kulturellen und politischen Faktorengeflechts hervortreten, um sich entweder mit dem Kalkül weltlicher Prosperität zu verbinden oder ihm – getrieben durch den Anspruch der Wahrheit und die Verheißung des Heils – entgegenzutreten[272].

renz zu anderen Faktoren des stadtreformatorischen Geschehens; vgl. mein oben S. 19f. skizziertes Modell der Interdependenz und Verflechtung von Religion und Gesellschaft.

271 Siehe oben S. 85.

272 Vgl. den risikoreichen Reformationskurs der evangelischen Reichsstädte in der zweiten Hälfte des Jahres 1524 mit ihrer Hinwendung zum offenen Bekenntnis (siehe oben S. 107). So schreiben die Nürnberger Ratsherren Hieronymus Ebner und Caspar Nützel am 12. Aug. 1524 an den sächsischen Kurfürsten, man habe sich auf dem Speyrer Städtetag (Juli 1524) darauf geeinigt, »bey dem wort gottes, ungescheucht eynicher gefare, zu pleiben«; ed. Förstemann 1842, S. 213. Eindrucksvoll ist auch, wie ein leidenschaftliches Gesinnungschristen-

Das Außergewöhnliche, auch den Zeitgenossen Auffallende dieser Jahrzehnte zwischen dem Ablaßstreit und dem Augsburger Religionsfrieden ist der hohe Wirkungsgrad von Theologie sowohl in der Breite der einfachen Bevölkerung als auch in der hohen Politik. Wir befinden uns in einem theologischen Zeitalter, während das 15. Jahrhundert, verglichen damit, eher eine Epoche der Frömmigkeit war. Der Grund dafür liegt darin, daß (1.) die Lösung drängender existentieller Fragen nach neuer Sicherheit und neuem Recht[273] nicht von einer intensivierten Frömmigkeit, sondern von einem Umbruch der Theologie her kam[274], daß (2.) die führenden Reformatoren letztgültige Wahrheit allein in der Reinheit des Wortes und der Lehre (und nicht des Lebens[275]) verankerten und in diesem Sinne ›Theologie‹ als elementare Triebkraft umfassend neu legitimierender

tum führender Konstanzer Stadtpolitiker (vor allem eines Konrad Zwick) in den vierziger Jahren politische Vorsicht und Taktik außer Kraft setzte und so die Stadt in die Katastrophe von 1546/48 – Degradierung zur österreichischen Landstadt und Rekatholisierung – führte; vgl. Dobras 1993, S. 53–109. Vgl. dagegen den sehr gemäßigten, geradezu ›unterkühlten‹ Reformationsverlauf in Nördlingen, wo ein zurückhaltend-vorsichtig taktierender Rat der Reformationsbewegung im Innern nur das Nötigste konzediert, nach außen eine konsequente Dissimulationspolitik vertritt und damit den Bestand der Reformation in einer machtpolitisch schwachen Reichsstadt sichert; dazu Rublack 1982b.

273 Vgl. oben S. 19f..

274 Von bahnbrechender Bedeutung war, daß Luther im Frühjahr und Frühsommer 1518 die Frage nach der Gnaden- und Heilsgewißheit von der Frage nach wahrer Reue – und damit von der Frage nach wahrer innerlicher Frömmigkeit – löste und allein an die Wahrheit der göttlichen Zusage (promissio) und damit an den Glauben allein band (der dann freilich zum Quellgrund einer neuen, soteriologisch entlasteten Frömmigkeit wird).

275 Vgl. z.B. Luther in einer Predigt von 1537: »Den wo die lehre falsch ist, do kan dem leben nicht geholffen werden. Wo aber die lehre rein bleibet und erhaltten wirdt, do kan

Lebensorientierung wirksam werden ließen und daß (3.) der publizistisch angeheizte öffentliche Meinungskampf die theologische Wahrheit gesellschaftlich strittig und so zur Sache des allgemeinen Diskurses, des öffentlichen Bekenntnisses, der gesellschaftlichen Abgrenzung, des sozialen Aufbegehrens und des Eintretens der politischen Gewalten werden ließ. Dazu gehört das für heutige Historiker schwer verständliche Phänomen, daß Probleme der Sündenauffassung, der Rechtfertigungslehre, der Christologie und des Sakramentsverständnisses, wie sie von Luther durchdacht wurden, nicht nur Expertenprobleme einer Gelehrten- und Oberschicht blieben, sondern durch eine Flugschriften- und Predigtlawine, durch Bibelübersetzung, Lieder und Katechismen den Gemeinen Mann erreichten und von ihm, auch von einfachen Handwerkern, offensichtlich höchst begierig und durchaus mit treffsicherem Verständnis aufgenommen wurden[276]. Ausmaß und Art dieser Theologie-Rezeption sind durch die künftige Forschung noch genauer zu klären.

Der hohe Wirkungsgrad von Theologie bedeutet aber, daß in der städtischen Reformation sehr viel Mehr-als-Städtisches präsent war, sehr vieles, was mit spezifisch Städtischem und Bürgerlichem und mit der bestimmten sozialen oder politischen Rolle eines Bürgers oder einer Bürgerin nichts zu tun hat. Die reformatorische Theologie Luthers oder Zwinglis hat zwar eine bestimmte soziale Einbettung und Prägung, ist aber nicht aus sozial-politischen

man dem leben und dem sunder noch [= dennoch, erst recht] wohl rathen.« (WA 47, 290, 7–9).

276 Vgl. z. B. das Protokoll einer vom Nürnberger Rat im März 1524 durchgeführten Befragung von Predigthörern, aus dem man in exemplarischer Weise erfahren kann, daß nicht nur die evangelischen Prediger vor Ort, sondern auch ihre Hörer unter der einfachen Handwerkerschaft wesentliche (vor allem auch rechtfertigungstheologische) Unterschiede zwischen der traditionellen Kirchenlehre und der aus Luther schöpfenden reformatorischen Verkündigung sehr pointiert erfaßt haben. Edition des Textes bei Zimmermann 1989. Vgl. auch Arnold 1990.

Konstellationen ableitbar und geht nicht im sozialen Ort der Theologen und ihrer Adressaten auf[277]. Sie berührt vielmehr eine allgemein-existentielle, wurzelhafte Ebene von Personalität (›Gewissen‹) und Verantwortung - des Menschen, der sich durch Gottes Wort zur Antwort des Glaubens gerufen und befreit weiß -, die über die jeweilige gesellschaftliche Rollenbestimmtheit hinausführt und von ihr her nicht mehr erfaßt und erklärt werden kann.

Daraus ergibt sich die Überschreitungsfähigkeit dieser Theologie, d.h. ihre Eigenschaft, Menschen unterschiedlicher sozialer Verortung - Fürsten, Ritter und Kanzleibeamte ebenso wie Handwerker und Bauern - ansprechen und zu einer gewissen Gemeinsamkeit des Glaubens, des theologischen Nachdenkens, des Bekennens und des kirchenpolitischen Agierens verbinden zu können. Sie überschreitet die Grenzen sozialer Schichten, politischer Lager und lebensweltlicher Einheiten und so auch die Grenzen zwischen Stadt und Dorf, Stadt und Fürstenresidenz oder Stadt und Ritterburg. Damit aber schafft die reformatorische Theologie gegenüber spätmittelalterlichen Solidaritäten und Frontbildungen eine neue Qualität der Durchlässigkeit, die sich sowohl als neue Qualität von Gemeinsamkeit wie auch als neue Qualität von Spaltung auswirkt[278]. So wird in der Reformationspolitik der zwanziger Jahre die traditionelle Blockbildung der Reichsstädte und Freien Städte gegen die Fürsten abgeschwächt - mit dem Ergebnis, daß nun auf deutschem Boden Fürsten und Städte gemeinsam gegen andere Fürsten und Städte ihren Glauben bekennen, Religionsbündnisse schließen und Konfessionskriege führen. Es entsteht eine »Angleichung von strukturell Ungleichem«[279] bzw. eine Entfremdung zwischen strukturell Gleichem.

277 Zu Luther vgl. Press 1984, zu Zwingli vgl. Hamm 1988.
278 Vgl. oben S. 114.
279 Press 1989, S. 243.

1.19 *Städtische Theologie*

Gegenüber dem bisher Gesagten ist freilich zugleich hervorzuheben, wie sehr sich die Wirkung der Theologie Luthers und anderer Reformatoren mit den spezifischen Aufnahmebedingungen der Lebenssituation bestimmter Leser und Hörer verbindet. Sie geht in die Lebenswelt eines Bürgers ein, ohne allerdings darin aufzugehen. Sie übt eine spezifische Anziehungskraft auf bestimmte städtische Gruppen aus und erfährt in der Art und Weise, wie sie durch Städter gehört, gelesen und verarbeitet wird, eine Akzentuierung, die deren sozialen, politischen und rechtlichen Lebensverhältnissen entspricht. Dies ist von vornherein zu erwarten und bestätigt sich auch bei näherer Untersuchung der Flugschriften. Liest man freilich solche Texte städtischer Prädikanten, Ratsschreiber, Schulmeister, Künstler oder Handwerker, so fällt auf, daß das meiste oder zumindest vieles in ihnen nicht spezifisch städtisch-bürgerlich ist. Bemerkenswert ist, wie sehr sich theologische Schriften städtischer Autoren gegen mögliche Einordnungskategorien wie ›typisch städtisch‹, ›typisch reichsstädtisch‹, ›typisch oberdeutsch-reichsstädtisch‹, ›typisch landstädtisch‹, ›typisch hansestädtisch‹, ›Handwerker-typisch‹, ›Stadtschreiber-typisch‹ usw. sträuben – was mit der erwähnten Überschreitungsfähigkeit und existentiellen Allgemeinheit der reformatorischen Theologie sowie mit allgemeinen Zügen der Kirchenreformfrage, nicht zuletzt aber auch mit der kommunikativen Offenheit städtischer Institutionen und Personen[280] zusammenhängt. Städtische Reformationstheologie ist – wie bereits die seelsorgerliche Theologie spätmittelalterlicher Prediger und Erbauungsschriftsteller in den Städten – stets mehr als bürgerliche Religion.

Damit aber stellt sich erst recht die Frage nach den Konturen einer städtischen Theologie und nach der besonderen Anziehungskraft reformatorischer Theologie auf Städter. Die Umrisse einer solchen Anziehungskraft und eines sich

280 Siehe oben S. 55–57.

daraus ergebenden theologischen Profils sind schwer zu bestimmen, vor allem wenn man zu exklusiven Aussagen gelangen will, die mit ›städtisch‹ etwas bezeichnen, was außerhalb einer Stadt (oder gar einer Reichsstadt, Hansestadt usw.) nicht möglich gewesen sein soll. Verwendet man freilich einen offenen Begriff von ›städtisch‹ (bzw. ›reichsstädtisch‹, ›hansestädtisch‹ usw.), der hervorhebt, welche Züge einer reformatorischen Theologie in besonderer Weise aus Bedürfnissen städtischer Rezipienten erwachsen und auf sie hinformuliert sind, dann kann man bei aller Vorsicht eine bestimmte Art von Anziehungskraft reformatorischer Theologie auf Städter und bestimmte Konturen einer stadttypischen Reformationstheologie erkennen. Und daß dieser städtische Charakter ›offen‹ und nicht exklusiv ist, besagt dann, daß das für die Beziehung zwischen Stadt und Theologie Signifikante durchaus auch innerhalb der bäuerlichen Gemeindereformation oder für den Reformator eines Territoriums Gewicht haben kann.

In besonderer Weise anziehend war für Städter eine Theologie, die ihrem Bedürfnis nach Entlastung von klerikaler Herrschaft und religiöser Leistung[281], nach persönlicher Heilssicherung und individuellem Gewissenstrost entgegenkam, zugleich aber auch den bürgerlichen Zusammenhalt in der Stadt auf der Grundlage der ›genossenschaftlichen‹ Werte stärken, der zerstörerischen Tyrannei des ›Eigennutzens‹ wehren, den Gemeindegedanken verlebendigen, einer sozialethischen Erneuerung des kommunalen Lebens dienen und so eine normative Durchdringung und Zentrierung der Stadtgemeinschaft fördern konnte. In diesem Sinne hörten städtische Rezipienten die reformatorische Botschaft vom bedingungslos geschenkten Heil, das den Glaubenden von den angeblich heilsnotwendigen guten Werken und damit von einer heilsegoistischen Frömmigkeit der Genugtuungen und Verdienste befreit; in diesem Sinne entdeckten sie für die Stadtgenossenschaft die Botschaft

281 Den Entlastungsaspekt betont zurecht, aber einseitig Ozment 1975.

von der aus dem Glauben hervorwachsenden brüderlichen Liebe, die sich nun ganz an der Not des Nächsten orientieren und so auf das gemeinsame Wohl aller Stadtbewohner bedacht sein kann[282], damit aber den städtischen Werten des ›Gemeinen Nutzens‹, der Gerechtigkeit und bürgerlichen Gleichheit, des Friedens und der Eintracht eine geistliche Füllung und Garantie gibt[283]; in diesem Sinne fand die Botschaft von der christlichen Gemeinde der Glaubenden und ihrer geistlichen Vollmacht des allgemeinen Priestertums ein lebhaftes Echo in der Bürgergemeinde und kam ihrem antiklerikalen Affekt wider die ›gemeinschaftsfeindliche‹ Priesterhierarchie entgegen – in der Tat zeigt sich hier eine bemerkenswerte Affinität des neuen evangelischen Gemeindeverständnisses zu kommunalen Gemeindestrukturen und zum bürgerlichen Gemeindegedanken mit seinen religiös-sakralen Komponenten[284]; und in diesem Sinne bot das reformatorische ›sola scriptura‹ den Bürgern ein plausibles, einfaches und verständliches Befreiungs- und Ordnungsprinzip, das auf alle Lebensbereiche der Stadt ausstrahlen kann, sie zu regulieren verspricht und so eine normative Geschlossenheit der Bürgergemeinschaft in Aussicht stellt. Die normative Zentrierung der Reformation versprach den Bürgern tendenziell die Heiligung ihrer Stadt zur Stadt Gottes, die Annäherung an eine irdische Gestalt

282 Vgl. z.B. die Begründung der Leisniger ›Ordnung eines gemeinen Kasten‹ von der »liebe des nechsten eben christenmenschen« (der ebenso Christenmensch ist wie wir) und von »eigentlicher frucht der bruderlichen liebe« her, die »gemeinem nutze zu gute« geschehe: Luthers Werke in Auswahl, Bd. 2, S. 409,4; 410,9–14; 423,25 f. u. ö. Zur Leisniger Kastenordnung vgl. oben Anm. 181.

283 Siehe oben S. 58 und 62. Auch in der Verbindung der Reformationstheologie mit der städtischen Wertewelt spielt die erwähnte unterschiedliche Deutung der Werte – eher im Sinne obrigkeitlicher Herrschaft oder mehr im Sinne gemeindlicher Gleichheit (oben S. 60 f.) – eine wesentliche Rolle.

284 Vgl. Blickle 1985, S. 203 f., Schilling 1988, S. 164, Hamm 1988, S. 123.

des neuen Jerusalems. Spätmittelalterliche Leitbilder der Heiligung und Reinigung des Sozialraums Stadt fanden so eine Fortführung und Steigerung.

Wenn ich von einer solchen Anziehungskraft der reformatorischen Theologie und von einer solchen Art, sie als Städter zu hören und konkretisierend weiterzugestalten, spreche, dann denke ich beispielsweise an reichsstädtische Ratsschreiber wie Jörg Vögeli in Konstanz[285] oder Lazarus Spengler in Nürnberg[286], die als Flugschriftenverfasser das Erbe städtischen Denkens und die reformatorische Theologie Luthers und Zwinglis miteinander vermittelten; oder ich denke an oberdeutsch-städtische Reformatoren wie Ambrosius Blarer, Johannes Zwick und Johannes Wanner in Konstanz[287] sowie Martin Bucer in Straßburg[288], die – ebenfalls im Überschneidungsbereich der Anziehungskräfte Luthers und Zwinglis stehend – in den frühen zwanziger Jahren ein Paradigma städtischer Theologie schufen, das freilich schon bei Zwingli selbst vorgebildet ist. Bucers erste Straßburger Reformationsschrift von 1523 formuliert in ihrem Titel gleichsam das Programm: »Das ym [sich] selbs niemant, sonder anderen leben soll, und wie der mensch dahin kummen mög«[289]. Ist bei Luther die Nächstenliebe ›nur‹ Folge des Glaubens, so wird sie bei Bucer zum Ziel des Glaubens; die Gemeinnützigkeit der Liebe kennzeichnet die göttliche Seinsordnung und ursprüngliche Bestimmung des Menschen[290], die durch den Glaubenden realisiert

285 Siehe oben Anm. 95. Wie Dobras 1993 (S. 104) belegt, war Vögeli wie die Konstanzer Theologen oder auch der Ratsherr Konrad Zwick »davon beseelt, die ›civitas sancta‹ auf Erden zu errichten«.

286 Siehe oben Anm. 109.

287 Zur Konstanzer Theologie vgl. Moeller 1961, speziell zu Blarer vgl. die Gedenkschrift: Der Konstanzer Reformator Ambrosius Blarer, 1964.

288 Vgl. jetzt die Bände: Martin Bucer and Sixteenth Century Europe, 1993.

289 Martin Bucers Deutsche Schriften, Bd. 1, S. 29–67.

290 Ebd. z. B. S. 50,32–36: »Uß disem allem ist nun clar, das ym

wird. Alles zielt nun auf die Devise: Je christlicher, desto gemeinnütziger![291] So geschieht eine sozialethische Ausrichtung der Reformationsbotschaft, die sich bei Zwingli und Spengler in die These kleidet: Glaubende Christen sind die besten Bürger, die besten Regenten und die besten Untertanen[292].

Freilich ist die städtische Reformationstheologie spannungsreich. So ist zu bedenken, ob sie eher von unten, von den Bedürfnissen des ›Gemeinen Manns‹ her oder stärker von oben, von der Perspektive der politischen und sozialen Elite her gedacht ist und wie sich beide Tendenzen im Rahmen der städtischen Genossenschafts- und christlichen Gemeindevorstellung verständigen können. Reichsstädtische Handwerkertheologen wie Sebastian Lotzer und Hans Sachs geben – in der Art ihrer Wendung gegen Reichtum und gelehrte Bildung[293] – ihren Flugschriften andere theologische Zuspitzungen als Zwingli und Bucer oder gar Osiander und Spengler[294]; und doch verbindet sie der gemeinsame Boden einer dem städtischen Kontext entsprechenden Reformationstheologie. Zu bedenken ist auch die

selb niemant leben soll, seittenmal [= da] gott alle ding geschaffen hat, das sye nit ynen selb, sonder andern zuͦ guͦt dyenen und instrument goͤttlicher guͤtigkeit, die in allen dingen außzuͦspreyten [= auszubreiten], sein sollen, welche ordnung der herr erstlich in der schoͤpfung eingesetzt hat [...].«

291 Ebd. S. 59,17–20: »Das auch ein yede hantyerung so vil eerlicher [= ehrbarer], christlicher und einem yedem dester ee zuͦ erwoͤlen und anzuͦnemen ist, so vil sye zuͦ gemeynem der nechsten nutz und noturfft dyenstlicher und fürderlicher ist.« Zur Bedeutung von erlich/erbar (im Sinne von geziemend, anständig) und zur Verbindung des Begriffs mit einem städtischen, humanistischen und christlichen Ethos vgl. Hamm 1989 (zum Begriff: Anm. 29).

292 Zu Zwingli vgl. Hamm 1988, S. 117; zu Spengler vgl. Hamm 1984, S. 716 mit Anm. 67.

293 Vgl. Arnold 1990, S. 145–193.56–105 und Hamm 1993a, S. 405–416.

294 Vgl. H. R. Schmidt 1986, S. 254–263 und Hamm 1993a, S. 399–405.

Spannung zwischen der bürgerlichen Wertekonformität städtischer Theologie und jenen Aspekten des christlichen Glaubens, die dem bürgerlichen Nützlichkeitsdenken geradewegs zu widersprechen scheinen und doch eine große Rolle in der städtischen Reformationstheologie (z. B. eines Spengler oder Sachs[295]) spielen: z. B. die Überzeugung, daß evangelischer Glaube in die Nachfolge des verachteten Christus, in eine Existenz der Niedrigkeit unter dem Kreuz, zum Verlust von Ansehen und Wohlstand führen kann oder sogar muß. Solche radikal biblischen Fermente werden aber - wenn man von der aus den Städten gewaltsam verdrängten Lebensform der Täufer absieht - zu einer inneren Haltung der Demut, Geduld und Leidensbereitschaft spiritualisiert und so, ähnlich wie schon im Spätmittelalter, in Einklang mit der bürgerlichen Religion eines gesegneten und segensreichen irdischen Prosperierens gebracht[296].

Sieht man von solchen Spannungen ab, so sind wohl folgende Merkmale besonders charakteristisch für eine ›städtische Theologie‹, die das neue reformatorische Denken und die bürgerlich-genossenschaftliche Denkweise und Wertorientierung zusammenfließen läßt:

- die starke Gewichtung einer gemeindebezogenen Ethik, mit der Tendenz, Glaube und Liebe gleichrangig nebeneinander zu stellen[297];
- eine große Distanz zur lutherischen Realdialektik von Gottes Gesetz und Evangelium, d. h. eine enge Verbindung der beiden durch Einbeziehung des Gesetzes in den Ordnungsbereich des Evangeliums;
- die Betonung der zugleich individuell auf die eigene Person als auch gemeinschaftlich auf den städtischen Sozialkörper[298] bezogenen Heiligung, des sittlichen Wachstums und einer voranschreitenden Realisierung der neuen

295 Vgl. unten Kap. 2 und 3.

296 Vgl. oben S. 32 f. über die Harmonisierung von bürgerlichem Reichtum und evangelischer Armut.

297 Vgl. Hamm 1978, S. 284.

298 Vgl. oben S. 51 und 57–63.

Gerechtigkeit in der Bürgergemeinde durch geistliche Gesetzesfüllung;
- die Tendenz, den glaubenden und geheiligten Menschen als Keimzelle einer veränderten Gesellschaft zu sehen, wobei diese Erwartung die Führungsrolle der Ratsobrigkeit und des Stadtherrn einbeziehen oder sich kritisch gegen sie wenden kann;
- die Intention, kirchliche und politische Gemeinde als corpus christianum und Herrschaftsbereich Christi zusammenzusehen und der Leitperspektive des Evangeliums (das zur Liebe befreit), des Gesetzes Christi (das die Liebe lehrt) und des Christusgeistes (der die Liebe schenkt) zu unterstellen;
- eine stark pneumatologische Akzentuierung, die sowohl Evangelium und Gesetz (Recht) als auch Gesetz und Geist zusammendenkt;
- die Zusammenschau von ursprünglichem Naturrecht der Schöpfungsordnung und ›göttlichem Recht‹ der Erlösungsordnung und die Tendenz, in der Erlösungsordnung den Maßstab für die Gestaltung einer gesellschaftspolitischen Rechtsordnung zu sehen[299];

299 Gerade an diesem Punkt zeigen sich die intensiven Verbindungen zwischen der sozialethischen Ausrichtung einer städtischen und einer bäuerlichen Theologie. Zum Brückenschlag von der Schöpfungsordnung zur Erlösungsordnung als Leitperspektive sozialer Veränderung vgl. im städtischen Bereich z.B. Bucer, besonders seine oben bei Anm. 289 genannte Frühschrift (zur entsprechenden Verwendung des Begriffs ›göttliches Recht‹ bei Bucer 1523 vgl. Hamm 1993c, S. 58 mit Anm. 171), und im bäuerlichen Bereich z.B. die Beschwerdeartikel der Gemeinde von Aepfingen vor Ausbruch des Bauernkriegs 1525 mit der programmatischen Berufung auf das »göttlich recht« in Art. 1 und der Verknüpfung von Schöpfungsmittlerschaft und Erlöserschaft Christi in Art. 3 (über die Leibeigenschaft): »Und so findt man nit in der hailge schrift, das ain her ain aygen mensch sol haben. Mir sind ains heren, das ist Christus, der hat uns erschafen und mit seinem leiden erkoft [= erkauft, vgl. 1. Kor. 7,23 und 1. Petr. 1,18 f.], des wal [= wollen] mir sein. Der her spricht:

- die Abschwächung, Umdeutung oder Ablehnung des lutherischen Zwei-Bereiche-Denkens, stattdessen ein – dem Ideal der korporativ geschlossenen Stadtgenossenschaft entsprechendes – starkes Einheitsdenken, das sich auch im Zusammendenken von geistlicher und obrigkeitlich-bürgerlicher Zucht zeigt;
- ein forciertes Interesse an Kirchenordnung und Kirchenzucht, und damit verbunden: das Ideal der Reinigung des kommunalen Lebens und Gottesdienstes von allem Gotteslästerlichem und in diesem Zusammenhang der große Nachdruck, der auf konsequente Reinigung der visuellen und auditiven Erlebensbereiche (Bilder und Musik) gelegt wird;
- die enge Verbindung der Leitgesichtspunkte der Ehre Gottes und des – geistlichen wie weltlichen – ›Gemeinen Nutzens‹, des Gewissensfriedens und des städtischen Friedens, der geistlich-konfessionellen Einheit und des sozialen Konsenses.

Was ich hier stichpunkthaltig zusammengestellt habe, deckt sich größtenteils mit dem, was man seit Bofinger und Moeller[300] als Profil einer Reformationstheologie schweizerischer Kommunen und besonders oberdeutscher Reichsstädte herausgearbeitet hat. Tatsächlich ist die Theologie gerade in dieser Städtelandschaft, in der Nähe Zwinglis, Bucers und Blarers, stark rezeptiv gegenüber spezifisch genossenschaftlich-kommunalen Denk- und Erfahrungsweisen. Diese Beobachtung behält freilich nur dann Gültigkeit, wenn man sie nicht exklusiv versteht, sondern ernst nimmt, daß gewisse Eigenarten dieses theologischen Profils auch in Reichsstädten und autonomen Städten nördlich des oberdeutschen Raums – und wohl auch, was noch zu untersuchen ist, im städtischen Lebenskontext überhaupt – zu fin-

Gib got, das got zugehört, und dem kaiser, das dem kaiser zugehört [Mt. 22,21 parr.]; das wel mir ton und nit witter.« Ediert bei Franz 1972, S. 148.

300 Vgl. Bofinger 1957 und Moeller 1987 (1962), besonders S. 31–59.87–94.

den sind, vor allem aber auch, wie Peter Blickle und seine Schule gezeigt haben, in den Quellen der bäuerlichen Gemeindereformation. Dabei zeigt sich, daß diese kommunal ausgerichtete Theologie mit ihrer Verbindung des theologisch-geistlichen und politisch-genossenschaftlichen Gemeindeprinzips auch dort hervortreten kann, wo der Einfluß Zwinglis recht gering ist, dagegen der Luthers völlig dominiert[301].

Überhaupt darf man in dieser Hinsicht die Wirkungen Luthers und Zwinglis nicht auseinanderdividieren. Auch die oberdeutschen Städte stehen bis zum Beginn des Abendmahlsstreits unter der Dominanz der Luther-Rezeption (zumal Zwingli ja erst ab April 1522 als reformatorischer Schriftsteller in Erscheinung tritt). Die oben skizzierte spezifische Anziehungskraft reformatorischer Theologie für städtische Hörer und Leser ging zunächst hauptsächlich von Luthers Schriften aus, von einem bemerkenswert gut verstandenen[302], zugleich aber kommunal vereinnahmten und umgedeuteten Luther[303]; und mit dieser Anziehungskraft Luthers verbanden sich dann verstärkend und modifizierend die Anziehungskräfte Zwinglis und anderer Stadtreformatoren[304].

Dem entspricht meine Beobachtung, daß Luther und Zwingli – bei allen grundlegenden Verschiedenheiten im theologischen Denkansatz – an zentralen Punkten ihrer reformatorischen Theologie, besonders im Bereich des Rechtfertigungsverständnisses, sehr viel näher beieinander stehen, als man früher meist angenommen hat[305]. Diese Ge-

301 Dies wird gegen Blickle besonders herausgestellt von Schilling 1987, besonders S. 327 f. 330–332.

302 Zur Breite einer verständnisvollen theologischen Lutherrezeption in den Jahren 1521/22 vgl. Hohenberger 1996. Vgl. oben S. 126 mit Anm. 276.

303 Zum hohen Grad von Lutherverständnis und zugleich kommunaler Vereinnahmung und Umdeutung Luthers bei Spengler vgl. Hamm 1984.

304 Vgl. Hamm 1978.

305 Vgl. Hamm 1986 a und 1988.

meinsamkeit trat vor Beginn des Abendmahlsstreits 1525 im Urteil der städtischen Rezipienten so stark hervor, daß man sich wohl meist gar keiner Divergenzen zwischen Luther und Zwingli bewußt war, sondern sie als einander bekräftigende Zeugen derselben Wahrheit des Evangeliums las[306]. Auch ohne nachweisbaren Einfluß Zwinglis wurde Luthers Theologie im Sinne einer kommunalen Denkweise verstanden und verändert - erst recht in Verbindung mit Zwinglis und Bucers Wirkungen. Nachdem freilich die Kluft im Abendmahlsverständnis aufgebrochen war, schuf sie Spannungen und Polarisierungen in den Städten und zwischen den Städten, besonders im südwestdeutschen Raum[307]. Häufig standen sich in einer Stadt ein lutherischer und ein zwinglischer Prädikant und deren Anhängergruppen gegenüber, ehe sich dann das Gewicht im Südwesten insgesamt zugunsten des Luthertums verschob, so daß die Zeit eines ausgeprägten Zwinglianismus nur ein Intervall

306 Vgl. z.B. die Zeugnisse der frühen Konstanzer Reformationstheologie; dazu Moeller 1961 und Hamm 1978. Von seinem spezifischen theologischen Denkansatz her kam freilich Zwingli ebenso wie Bucer jener kommunal und genossenschaftlich orientierten ›städtischen Theologie‹, deren charakteristische Merkmale ich oben zusammengestellt habe, mehr entgegen als Luther (vgl. auch weiter unten über die größere Affinität Zwinglis zum Reformationsverständnis der breiten Bevölkerungsmehrheit). Mit einem gewissen Recht bemerkt H.R. Schmidt (1986, S.262) zur »Gemeindetheologie« in den von ihm untersuchten Städten Straßburg, Augsburg, Ulm, Nürnberg und Frankfurt (bis 1525): »Ausgehend von der lutherischen Rechtfertigungslehre gelangen die Gemeinden so zu einem zwinglischen Evangeliumsverständnis.« Wieweit man freilich dieses - gegenüber Luther - anders akzentuierte Verständnis des Evangeliums als Richtschnur der persönlichen und kommunalen Lebensordnung »gesetzlich« nennen darf (ebd. S.254.260.262) und personal einengend »zwinglisch« nennen sollte, ist sehr fraglich.

307 Vgl. Brecht/Ehmer 1984, S.151-186 (über die südwestdeutschen Städte in den Jahren 1526-1546), z.B. der Fall Kempten S.165f.

zwischen der Dominanz der Luther-Rezeption in den frühen Jahren und dem allmählichen Sieg der lutherischen Konfession seit etwa Mitte der dreißiger Jahre bildete[308].

Es scheint so zu sein, daß im Süden Zwingli seine spezifische Anziehungskraft besonders in Zunftstädten entfalten konnte, während Luther eher die patrizisch verfaßten Städte gewann[309]. Vor allem aber scheint die Beobachtung zuzutreffen, daß im Abendmahlsstreit Zwinglis Standpunkt weit populärer war als der Luthers. Zwingli sprach besonders die ärmere, weniger gebildete Bevölkerung der Mittel- und Unterschichten an, während Luther seine Anhängerschaft eher in wohlsituierten Kreisen fand[310]. Wenn die weitere Forschung diese Auffassung bestätigt, stellt sich die Frage nach der Erklärung. Warum sollen untere Bevölkerungsgruppen eine besondere Sympathie für die zwinglische Abendmahlslehre entwickelt haben? Vielleicht lag der Grund in der größeren Komplexität der lutherischen und der geringeren Schwierigkeit der zwinglischen Abendmahlslehre[311]. Überhaupt konnte Zwinglis radikalere Ablehnung

308 Erinnert sei an die Zäsur der Jahre 1530/31 (oben S. 115): Durch den fatalen Ausgang des Augsburger Reichstages sowie die Niederlage der Zürcher bei Kappel und den Tod Zwinglis verstärkte sich der Druck auf die evangelischen alemannisch-schwäbischen Reichsstädte, sich dem Schmalkaldischen Bund anzuschließen und damit dem Luthertum anzunähern. Der wichtigste Schritt in diese Richtung war die »Wittenberger Konkordie« (1536), mit der Bucer die Städte in der Abendmahlsfrage auf die Bahn eines moderaten Luthertums mit oberdeutschen Ingredienzien führte.

309 Vgl. H.R. Schmidt 1986, S. 262.

310 Vgl. Moeller 1987 (1962), S. 52 f.

311 Zwingli vertritt eine sehr klare, eindimensionale Entsakralisierung der Abendmahlselemente, während Luthers Lehre sich zwar einerseits gegen eine magisch-dingliche Blut- und Hostiengläubigkeit richtet, andererseits aber für eine personale Weise der leiblichen Realpräsenz Christi eintritt, also ein höheres Differenzierungs- und Abstraktionsvermögen voraussetzt. Sie gerät daher leicht in den Verdacht einer nicht konsequenten, halbherzigen Absage an den gegenstands- und

und Beseitigung der mittelalterlichen Messe, der Frömmigkeitsbilder und heiligen Gegenstände gerade einfachen Menschen als *der* klare, konsequente und eindeutiger befreiende Bruch mit dem alten Kirchenwesen und seiner Priesterherrschaft einleuchten. Schließlich hängt die Neigung des ›Gemeinen Manns‹ zu Zwingli wohl auch mit den sozialpolitischen Komponenten seines Reformationsverständnisses - als einer Reformation von Kirche *und* Gesellschaft - zusammen. Er kam den kleinen Leuten - zumal im und nach dem Bauernkrieg - mit der stark sozialethischen Ausrichtung seiner Theologie und der größeren Nähe seines Denkens zur genossenschaftlichen Kommunalisierung[312] mehr entgegen als Luther, der die politische, soziale und wirtschaftliche Ordnung nicht an einem christlichen Gestaltungsmaßstab von politisch-kirchlicher ›Gemeinde‹ und ›göttlichem Recht‹ orientierte.

Grundsätzlich ist gegenüber solchen Kombinationen Skepsis angebracht, solange man sie nicht eindeutig aus den Quellen belegen kann. Aus nordwestdeutschen Städten weiß man, wie eng sich das Luthertum mit bürgerlichen sozialen Aufstandsbewegungen[313], aus der Schweiz, wie eng sich der Zwinglianismus mit dem obrigkeitlichen Kirchenregiment einer Oligarchie verbünden konnte. Kurzgeschlossene Verbindungen zwischen einer bestimmten reformatorischen Theologie und bestimmten sozialen Gruppen sind in der Regel heikel, weil die beschriebene Überschreitungsfähigkeit von Theologie[314] im Wirkungs- und Rezeptionsprozeß zu berücksichtigen ist. Andererseits aber ist es eine Tatsache, daß - gerade in diesem theologischen Zeitalter

priesterbezogenen Sakramentszauber des Spätmittelalters. Diese Überlegungen verdanke ich meiner Assistentin Petra Seegets.

312 Womit das starke Gewicht, das bei Zwingli auf das Abendmahl als Gemeinschaftsmahl fällt, zusammenhängt; vgl. Moeller 1987 (1962), S. 48 Anm. 96.

313 Vgl. Lau 1959, Schilling 1975 und weitere Literatur oben Anm. 92.

314 Siehe oben S. 127.

– Menschen ihre soziale Unsicherheit, Entrechtlichung und Angst religiös-theologisch klären wollen und daß sich deshalb eine bestimmte Theologie wie die Luthers, Zwinglis, Bucers, Karlstadts oder Müntzers mit einem bestimmten sozialen Aufbegehren, aber auch mit bestimmten Stabilisierungs-, Herrschafts- und Unterordnungsbedürfnissen eng verbinden kann. Sowohl eine Mentalität der Mündigkeit als auch eine Mentalität der Hörigkeit drängen zur Theologie und werden von ihr verstärkt oder verändert. Dies in differenzierter Weise wahrzunehmen und doch zugleich die Eigendynamik von Theologie, Frömmigkeit und Kirchenreform, die oft quer zu sozialen Gruppeninteressen und Mentalitäten verläuft, ernstzunehmen, ist die Aufgabe der künftigen Erforschung von ›Religion und Gesellschaft‹ im Zeitalter der Reformation.

2. Kapitel

Ein Stadtschreiber als Theologe: bürgerliche Religion und christlicher Glaube bei Lazarus Spengler (1479–1534)

2.1 Zur Themenstellung

In der Formulierung des Themas ist eine Spannung angezeigt, zwar nicht unbedingt ein Gegensatz, aber eine Art von Polarität: Einer - durchaus christlich geprägten - städtischen und bürgerlichen Religiosität, die vom ausgehenden Mittelalter z. T. ganz bruchlos in das Zeitalter der Reformation hinüberführt, wird das Andersartige jenes Glaubens gegenübergestellt, der in der reformatorischen Theologie und Verkündigung zur Sprache kommt und in den konkreten reformatorischen Veränderungen des Kirchenwesens seine Gestalt findet. Der Nürnberger Ratsschreiber Lazarus Spengler steht, wie wir sehen werden, inmitten dieser beiden Koordinaten von reichsstädtischem Denken oder Bürgerreligion einerseits und reformatorischem Glauben und Bekennen, das diesen städtischen Rahmen sprengt, andererseits.

2.2 Die Person des Ratsschreibers Lazarus Spengler

Bevor ich aber diese Spannung am Quellenmaterial vor Augen führe, seien kurz einige Informationen zur Person des Nürnberger Ratsschreibers vorausgeschickt[1]. Lazarus Spengler wurde 1479 in eine Nürnberger Schreiberfamilie hineingeboren (vgl. Abbildung 6 u. 7). Schon sein Vater Georg hatte zwanzig Jahre lang das hohe reichsstädtische Amt des Ratsschreibers inne und war damit - zusammen mit dem zweiten Ratsschreiber - Chef der Regierungskanzlei Nürnbergs. Nach dem Besuch der Lateinschule und einem anderthalbjährigen Studium an der Universität Leip-

1 Zur Biographie Lazarus Spenglers vgl. grundlegend von Schubert 1934 (1971); dazu Grimm 1978, Pfeiffer 1984.

Abbildung 6

Kinderverzeichnis des Ratsschreibers Georg Spengler (1423–27. Dez. 1495), des Vaters von Lazarus Spengler, mit dem Titel: ›Die geburt Jorgen Spenglers Ratschreibers zu Nuremberg Eeliche kinder‹; Stadtarchiv Nürnberg E 1 Gen. Pap. Spengler Nr. 1. Die abgebildete Seite 11 des Verzeichnisses zeigt den eigenhändigen Eintrag Georg Spenglers über Geburt, Taufe und Firmung seines Sohnes ›Lasarus‹, des neunten von 19 Kindern aus seiner Ehe mit Agnes Ulmer: »Nach Cristi gepurt xiiii C vnd in dem lxxviiii ten iare amm Sambstag vor dem Sontag Oculi in der vasten, der do was der nehst tag nach Sant Gregorien tag vnd der dreyzehend tag des Monats Martii [am 13. März 1479], des abends nach der Complet, als die glogk nach gemeyner hore sibene vnd nach Nuremberger hore ein stund in die nacht, in der Stadt Nuremberg in dem obern hauß meins swehers [Schwiegervaters Daniel Ulmer], an der Zistelgassen gelegen, ward geporen mein Newnd eelich kind vnd durch den obgenanten hannsen imm Hof Ratherren zu Nuremberg [den Patrizier und Ratsherrn Hans Imhoff] zu der Tawff versprochen vnd Lazarus genennet. Er ist nach Cristenlicher ordnung gefirmet vnd im die firme vmbgepunden vnd abgewaschen durch hannsen Fuchs am freitag Sant franciscen tag imm lxxxii Jar [am 4. Oktober 1482].«
Vgl. von Schubert 1934, S. 66 f. Lazarus Spengler wurde also im kleineren, höher (der Burg zu) gelegenen der beiden Ulmerschen Häuser in der Zistelgasse (dem ehemaligen Haus der Geiselherrin), das Daniel Ulmer seinem Schwiegersohn Georg überlassen hatte, geboren. Ulmer selbst bewohnte das angrenzende untere Haus ›Zum Rosenbusch‹. Zu den Häusern vgl. Abbildung 7.

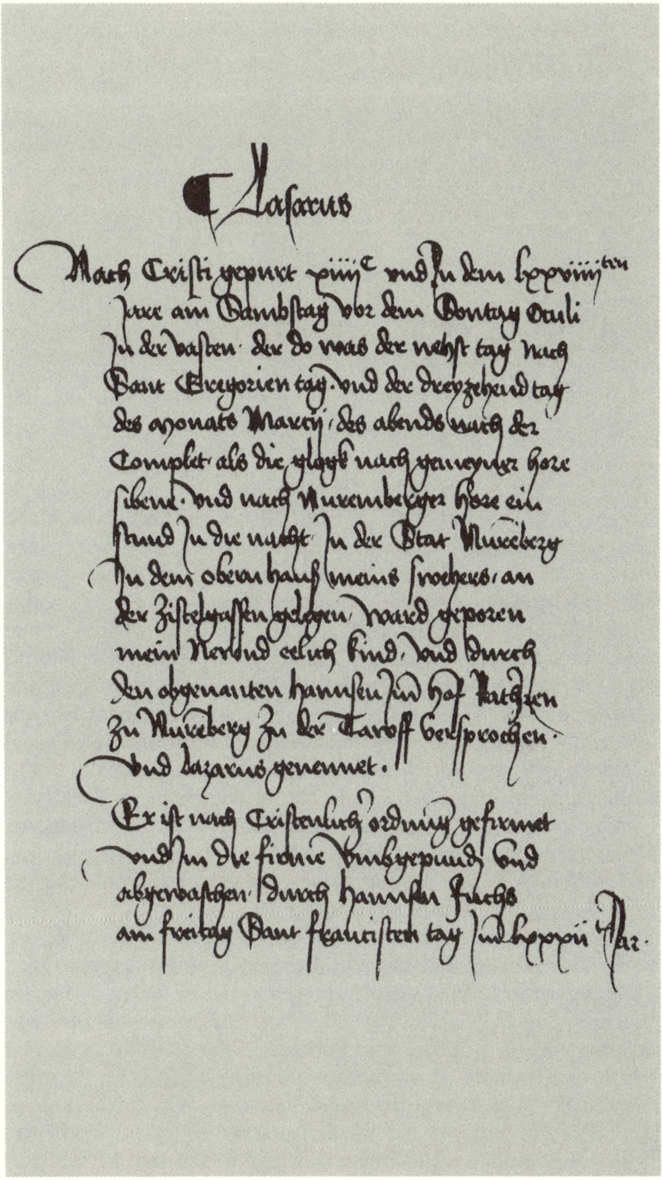

Lasarus

Nach Cristi gepurt xiiii^{c} und in dem lxxviiii^{ten}
jare am Sambstag vor dem Sontag Oculi
in der vasten. der do was der nechst tag nach
Sant Gregorien tag. und der dreyzehend tag
des monats Marcij. des abends nach der
Complet als die glock nach gemeiner hore
siben. und nach Nurembergers hore ein
stund in die nacht in der Stat Nurenberg
in dem obern hauß mains swehers. an
der Zistelgassen gelegen. ward geporen
mein [illegible] eelich kind. und durch
den obgenanten hannsen und Hof Katzen
zu Nurenberg zu der Tauff versprochen.
und Lazarus genennet.

Er ist nach Cristenlich ordnung gefirmet
und im die firme umbgepunden und
abgewaschen. durch hannsen Fuchs
am freitag Sant Franciscen tag im lxxxvii jar.

Abbildung 7

Lazarus Spengler bewohnte in der Nürnberger Zistelgasse (auch Zisselgasse) zwischen Sebalduskirche und Burg zwei von seinen Eltern ererbte, aneinandergrenzende Häuser (das spätere, durch eine Tafel gekennzeichnete, Anwesen »Spenglerhaus«, Albrecht-Dürer-Straße 19). Die beiden Häuser, sowohl das größere, untere (südliche), zur Sebalduskirche hin gelegene (›Zum Rosenbusch‹) als auch das kleinere, obere (nördliche), zur Burg hin gelegene (das früher »der Geiselherin gewest ist« und wohl identisch war mit dem ›Zum Einhorn‹ genannten), waren im Besitz von Daniel Ulmer, des Vaters von Spenglers Mutter Agnes. Spenglers Eltern wohnten nach ihrer Heirat zunächst im oberen, nach dem Tode Ulmers auch im unteren Haus, dem Geburtshaus ihrer jüngeren Kinder seit 1489. Lazarus wurde noch im oberen Haus geboren (siehe Abbildung 6). Zu den beiden Häusern vgl. von Schubert 1934, S. 55 f. und (korrekter) Mulzer 1974, S. 50 f.

Die Abbildung zeigt den Innenhof des Spengleranwesens, dessen Südseite (rechts) und Ostseite (links hinten) mit zweigeschossigen Holzgalerien und Maßwerkbrüstungen versehen waren (genauere Beschreibung bei Schulz 1933, S. 85 f.); Aufnahme von Else von Schubert, April 1923. Die Spenglerhäuser Dürer-Straße 19 wurden durch den Luftangriff am 3. Oktober 1944 weitgehend zerstört, die Reste 1964 durch die Stadt beseitigt (vgl. Mulzer S. 50 Anm. 10). Abbildungen der Vorderfront des Anwesens in ehemaligem, zerstörtem und heutigem Zustand finden sich bei Mulzer: Abb. 1, 13, 14, 17, 18, 19.

zig trat Lazarus bereits 1496, unmittelbar nach dem Tod seines Vaters, in den Schreiberdienst seiner Heimatstadt. Auf der Karriereleiter emporsteigend erklomm er schließlich 1507 die Spitzenposition des Ratsschreibers. Bis zu seinem Tode 1534 wirkte er in diesem Amte, indem er alle Möglichkeiten, die es ihm bot, ausschöpfte und großen Einfluß auf die Innen- und Außenpolitik, vor allem aber den kirchlichen Kurs der Reichsstadt ausübte. Was Spengler aus seinem Amt machte, war nicht nur Ergebnis seiner hohen verwaltungstechnischen, juristischen und diplomatischen Fähigkeiten, sondern auch eines heißhungrigen, weit über die Grenzen des Amtlichen hinausgreifenden Bildungsstrebens. Er öffnete sich zunächst zu Beginn des Jahrhunderts einem stark stoisch geprägten Humanismus mit dem Leitideal der Tugend und der Zentralstellung der Vernunft als der »meisterin und regulirerin ... alles menschlichen lebens«[2]. Dieser humanistische Weg gewinnt dann bei Spengler in den Jahren 1510 bis 1515 eine intensive religiöse Ausrichtung durch seine Begeisterung für den Kirchenvater Hieronymus, den weltüberwindenden Büßer und beschaulichen Büchergelehrten - eine Begeisterung, die der Ratsschreiber mit seinem Freund und Nachbarn Albrecht Dürer teilt[3]. Es folgt 1516/17 unter dem packenden Eindruck der Predigten des Johannes von Staupitz die Wendung zum gnadentheologischen Augustinismus[4]; und das heißt: das

2 So die Eingangsformulierung in der nicht sicher zu datierenden Tugendschrift Spenglers, die das wichtigste Zeugnis seines frühen Humanismus ist; ediert in: Spengler: Schriften, Bd. 1, Nr. 2: Ermahnung und Unterweisung zu einem tugendhaften Wandel, S. 6–55; Zitat S. 12,4. Zur Eigenart des Spenglerschen Humanismus vgl. von Schubert 1934, S. 108–123 und Hamm 1989, S. 122–133.

3 Zur Hieronymus-Frömmigkeit Spenglers vgl. Hamm 1990, S. 203–211.

4 Zeugnis davon geben besonders Spenglers Nachschriften der Predigten, die Staupitz während der Fastenzeit 1517 in Nürnberg gehalten hat, ferner seine gleichzeitigen Aufzeichnungen von Aussprüchen des Augustinervikars bei Tisch während der

Lebensideal des tugendhaft-vernünftigen Selbstbesitzes wird zwar bei Spengler keineswegs außer Kraft gesetzt, aber zurückgedrängt und begrenzt durch die religiösen Leitbegriffe Gnade, Liebe und Vertrauen[5]. Damit war der Boden bereitet für die Faszinationskraft, die seit 1518 die Theologie und Person des Staupitzschülers Martin Luther auf Spengler ausübte und ihn seit 1519 zu einem der Wortführer der Reformation machte[6]. Nun ist es die Heilige Schrift allein und der vertrauende Glaube allein, die für ihn zur leitenden Norm der Christenheit aufsteigen.

Es gibt wenige Gestalten der Reformation, bei denen die Bildungseindrücke und Lesefrüchte, die schrittweise von der spätmittelalterlichen Kirchlichkeit in die neue Lebenssicht und Veränderungsdynamik der Reformation hineinführen, quellenmäßig so reich dokumentiert sind wie bei Lazarus Spengler. Was dabei von den frühesten, vorrefor-

gemeinsamen Mahlzeiten im Nürnberger Augustinerkloster; Edition der Predigtstücke und Tischreden in: Staupitz: Sämmtliche Werke 1, S. 13–42 und 42–50. Zum Charakter dieses Spenglerschen Augustinismus vgl. Hamm 1986b, S. 125–131 und Hamm 1989, S. 133–143.

5 Die Schriften Spenglers nach seiner Wendung zur Theologie Luthers zeigen wiederholt, daß die rationale humanistische Tugendebene für ihn durchaus auch weiterhin ihre Gültigkeit behält. Allerdings ist die normative Gültigkeit dieses Vernunftethos zurückgenommen auf den horizontalen Bereich des ehrbaren Bürgerverhaltens, während in religiöser Hinsicht, im Verhältnis ›coram deo‹, die Vernunft nun als verderbt und blind gilt. Schon durch die Staupitzsche Theologie wurde Spengler diese radikal negative Qualifikation der natürlichen Vernunft im Blick auf den Transzendenzbezug des Sünders nahegebracht.

6 Vgl. von Schubert 1934, S. 147–200 und Hamm 1986b, S. 131–136. In der zweiten Hälfte des Jahres 1519 schrieb Spengler seine erste Reformationsschrift, die ›Schutzrede für Luthers Lehre‹, die in der Öffentlichkeit den Beginn der Reformation in Nürnberg signalisiert; ediert in: Spengler: Schriften, Bd. 1, Nr. 6, S. 75–102; dazu von Schubert 1934, S. 189–200. Siehe Abbildung 8.

Abbildung 8

Titelblatt der Flugschrift von Lazarus Spengler: ›Schutzred und christenliche Antwort eins ehrbarn Liebhabers göttlicher Wahrheit der heiligen Geschrift auf etlicher Widersprechen, mit Anzeigung, warum Doctor Martini Luthers Lehr nicht sam [= als] unchristenlich verworfen, sondern mehr [= eher] als christenlich gehalten werden soll etc. Apologia‹, Abbildung des Erstdrucks: [Augsburg: bei Silvan Otmar] 1519; Exemplar: Germanisches Nationalmuseum Nürnberg, Sign.: 8° Rl. 1740. (Post.Inc.); vgl. Druckbeschreibung in Spengler: Schriften, Bd. 1, S. 79 Druck A. – Spenglers Schutzrede für Luther (deren Titelformulierung auf die Zugehörigkeit ihres Verfassers zur sozialen Oberschicht der reichsstädtischen ›Ehrbarkeit‹ verweist) ist seine Programmschrift des reformatorischen ›sola scriptura‹. Sie eröffnet die Parteinahme zur Person und Lehre Luthers in der Flugschriftenliteratur. Zusammen mit der vom Augsburger Domprediger Ökolampad ebenfalls 1519 lateinisch abgefaßten Antwort der ›ungelehrten lutherischen Domherren‹ stellt Spenglers Schutzrede mit ihren sieben Ausgaben (1519/20) die erste massenwirksame Apologie für Luther dar, ja die erste deutschsprachige reformatorische Flugschrift, die außerhalb des kursächsischen Theologenkreises entstand. Damit ist sie zugleich die erste Reformationsflugschrift eines Laien. Signalhaft bringt sie die Bedeutung des Laien-Engagements für den Verlauf der Reformation zum Ausdruck. Aufgrund dieser Schrift veranlaßte Luthers Erzgegner Johannes Eck, daß Spenglers Name in die Bannandrohungsbulle und Bannbulle gegen Luther aufgenommen wurde, so daß der Ratsschreiber Anfang 1521 exkommuniziert war.

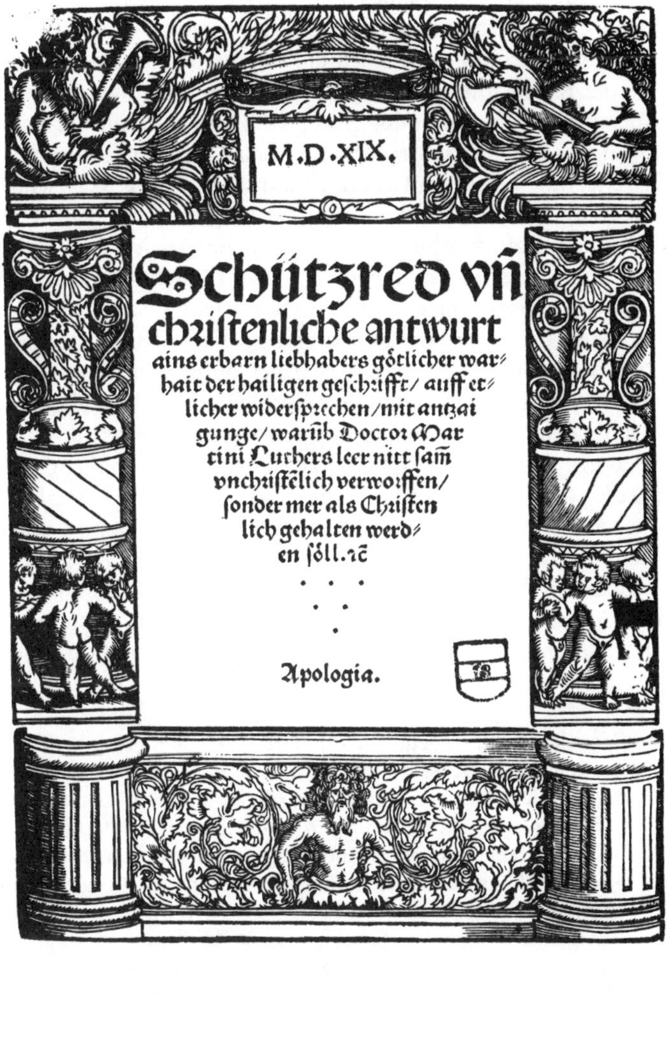

M.D.XIX.

Schützred vñ
christenliche antwurt
ains erbarn liebhabers götlicher war⸗
hait der hailigen geschrifft/ auff et⸗
licher widersprechen/ mit antzai
gunge/ warūb Doctor Mar
tini Luthers leer nitt sam
vnchristēlich verworffen/
sonder mer als Christen
lich gehalten werd⸗
en söll. rc̄

Apologia.

matorischen Zeugnissen an ungemein lebhaft in Erscheinung tritt, ist die leidenschaftliche, außergewöhnlich ernste und sehr persönliche Religiosität des Schreibers, sein Streben nach intensivierter Frömmigkeit, geistlicher Verinnerlichung und tröstender Stärkung des beunruhigten Gewissens, zugleich ein waches und eifriges Interesse an den kirchlichen Verhältnissen und scharfe Kritik an den Mißständen – besonders im Blick auf Klerus und Klosterwesen –, eine Kritik, die dann in einen heftigen reformatorischen Antiklerikalismus mündet[7]. Eng verbunden damit ist das Drängen des Ratsschreibers und Laien in den Raum der Kirche hinein: Stets plädiert er dafür, daß der Magistrat der Stadt seine kirchliche Verantwortung im Sinne von Reform und Reformation ausweitet und intensiviert[8].

Nimmt man all die angesprochenen Gesichtspunkte zusammen, die exponierte, viele Steuerungsmöglichkeiten eröffnende Position des Ratsschreibers, die brillante literarische Versiertheit, die begierige Aneignung humanistischer und frömmigkeitstheologischer Bildung sowie den religiös-kirchlichen Reformeifer, und berücksichtigt man die einzigartige Stellung der Reichsstadt Nürnberg in politischer und kultureller Hinsicht und die besonders engen Kontakte zwischen Nürnberg und Wittenberg, erst zu Staupitz und dann zu Luther – vergegenwärtigt man sich all diese verschiedenen Faktoren, die bei dem Nürnberger Ratsschreiber Spengler zusammenkamen, dann kann man verstehen, weshalb ihm in den frühen Jahren der Reformation eine

7 Spengler belegt so deutlich, wie stark von Anfang an innerhalb der reformatorischen Öffentlichkeit das Element und Movens des Antiklerikalismus gegen die ›Pfaffen‹ und Ordensleute, Schultheologen, Kirchenjuristen und Agenten römischer Finanzpraktiken präsent ist und wie wenig man die rechtfertigungstheologische Dimension der Frühreformation gegen ihre antiklerikale Stoßrichtung ausspielen darf; vgl. Hamm/Moeller/Wendebourg 1995, S. 123f. (meine Kritik an den gegensätzlichen Positionen in der Sicht des reformatorischen Antiklerikalismus bei Hans-Jürgen Goertz und Bernd Moeller).

8 Vgl. Hamm 1984; vgl. auch oben S. 68–71.

ausstrahlende Pionierrolle und eine paradigmatische Bedeutung zuwuchs.

Ich erwähne nur, daß Spengler zu den allerersten und erfolgreichsten reformatorischen Flugschriftenverfassern gehörte. Seine signalhafte ›Schutzrede für Luthers Lehre‹ von 1519, mit der er sich weit vorwagte[9], war die erste deutschsprachige Reformationsflugschrift außerhalb des Wittenberger Theologenkreises; sein berühmt gewordenes, sogar in der Konkordienformel wiederholt zitiertes Lied ›Durch Adams Fall ist ganz verderbt menschlich Natur und Wesen‹ von 1524 gehört zum Urgestein des reformatorischen Liedgutes[10]. Spengler war damit der erste Laie, der sich in Flugschrift und Lied für die Reformation einsetzte, und verkörpert so wirkungsvoll wie vielleicht kein zweiter das für die Frühreformation so charakteristische Laien-Engagement (wobei zu berücksichtigen ist, daß er schon vor der Reformation Laientheologe war). Er war der Theologe unter den Politikern der Reformation. Vor allem Luthers, aber etwa auch Melanchthons, Osianders[11] und Zwinglis[12] Denken hat er sich verständnisvoll und zugleich selbständig angeeignet; theologisches Rezipieren heißt bei ihm zugleich: transponieren und umformen in die reichsstädtische Lebenswelt hinein und dient dem Bemühen des Ratsschreibers, einen normativ verdichteten ›Begriff‹ des Glaubens und Handelns für alle städtischen Lebensbereiche zu gewinnen. So dürfen einige seiner Flugschriften dank ihrer summierenden Konzentration auf das Wesentliche als her-

9 Vgl. oben Anm. 6 und Abbildung 8. Die Schutzrede erfuhr nach der Erstausgabe 1519 noch sechs weitere Ausgaben im Jahr 1520, darunter zwei in den Sammelausgaben von Luther-Schriften, die bei Andreas Cratander in Basel und Matthias Schürer in Straßburg erschienen.

10 Ediert in: Spengler: Schriften, Bd. 1, Nr. 22, S. 398–405; zu den drei Zitaten in der Konkordienformel (1577) siehe S. 398 mit Anm. 5.

11 Vgl. Gerhard Müller 1982, S. 171 und 182, ferner das Register der Zitate in: Spengler: Schriften, Bd. 1, S. 493.

12 Vgl. Hamm 1984, S. 726 f. Anm. 67.

ausragende Meisterleistungen unter den reformatorischen Programmschriften der zwanziger Jahre gelten[13].

Zugleich war Spengler einer der einflußreichsten Religionspolitiker auf Reichsebene. Die Vorreiterrolle, die den Reichsstädten und namentlich Nürnberg in der Reformationsfrage zeitweilig - nach dem Wormser Reichstag 1521 bis zum Speyrer Reichstag 1526 - zukam[14], verbindet sich vor allem mit dem unermüdlichen Wirken Spenglers, mit seinen Initiativen, Gutachten und Entwürfen. Seine Formulierungen fanden Eingang in die Dokumente der Städtetage und der Städteeingaben auf den Reichstagen[15]. Er repräsentiert jenen gegen Ende des Mittelalters aufsteigenden Typ des akademisch gebildeten Rats und Beamten aus dem Laienstand, dem bei der Durchsetzung der Reformation und im Zuge der Konfessionalisierung eine zentrale Rolle zukam[16]. Charakteristisch für diese Schlüsselfunktion war besonders die noch viel zu wenig untersuchte Zwischenrolle des gelehrten Ratsschreibers, wie sie Spengler virtuos beherrschte, d.h. die Vermittlung zwischen Rat und Untertanengemeinde, zwischen der eigenen Stadt und anderen Städten und zwischen Reichsstadt und fürstlichen Residenzen[17], aber auch die Vermittlung zwischen Predigern und

13 Zu denken ist insbesondere an folgende vier Flugschriften: Ein kurzer Begriff und Unterrichtung eines ganzen wahrhaften christlichen Wesens (1522), ediert in: Spengler: Schriften, Bd. 1, Nr. 16, S. 280–297; Die Hauptartikel, durch welche gemeine Christenheit bisher verführt worden ist (1522), ediert ebd. Nr. 17, S. 298–339; Verantwortung und Auflösung vermeintlicher Argumente, die zu Widerstand und Unterdrückung des Wortes Gottes gebraucht werden (1523), ediert ebd. Nr. 20, S. 354–396; Ein kurzer Begriff, wie sich ein wahrhafter Christ in allem seinem Wesen und Wandel gegen Gott und seinem Nächsten halten soll (1525), ediert ebd. Nr. 26, S. 411–426.

14 Vgl. oben S. 106–110.

15 Dieser Einfluß Spenglers bedarf noch einer gründlichen Analyse; speziell zu seinem Anteil am Brief der Reichsstädte an den Kaiser vom 12. Dez. 1524 vgl. unten S. 174f.

16 Vgl. oben S. 93f. und 100f.

17 Vgl. Hamm 1993b, S. 267–270 und Hamm/Moeller/Wende-

Ratsherren und zwischen Theologie und Politik. Luther wußte, was er den Stadtschreibern verdankte. In einer Tischrede aus dem Jahre 1542 bemerkt er: »Es liget mechtig viel an einem gutten stadtschreyber in einer stadt, wenn etwas sol ausgerichtet werden. Ich halte, wenn Lazarus Spengeler zu Nurmbergk gethan hette [gemeint wohl: es darauf angelegt hätte], das euangelion were so bald nicht auffgangen. Die stadtschreiber thun, wie es die propheten vorzceitten thetten bey den konigen.«[18]

2.3 *Die politisch-religiöse Mentalitätsprägung des Ratsschreibers*

Fragt man, welche Mentalität für einen Ratsschreiber charakteristisch ist, welche kontinuierliche Haltung vom Spätmittelalter in die Reformationszeit hinein seine Amtsführung bestimmt, dann wird man wohl besonders sein betont städtisches Denken und dabei vor allem seine kommunale Wertorientierung hervorheben müssen. Es waren in erster Linie die Ratsschreiber, die eine wert- und prinzipienorientierte Ebene städtischen Denkens pflegten und die Sprache der Werte argumentativ und beschwörend einsetzten[19]. Sie appellierten – selbstverständlich im Sinne des Magistrats – an den ›Gemeinen Nutzen‹, d.h. an das Gemeinwohl als Ziel aller anderen städtischen Werte, unter denen besonders Friede und Ruhe, Einheit und Eintracht, Recht und Gerechtigkeit, Hilfe für die sozial Schwachen, Gehorsam und ehrbar-disziplinierte Lebensführung zu nennen sind. Dieses Ethos der bürgerlichen Werte, Tugenden und Verhaltensnormen, ein von der ›Ehrbarkeit‹ der vornehmen Familien

bourg 1995., S. 109–113 (zum Zusammenhang zwischen der Schlüsselrolle der gebildeten Vermittler und der Durchlässigkeit des Reformationsgeschehens, die wiederum seine relative Kohärenz verständlich macht).

18 Luther: WA TR Nr. 5426: Bd. 5,132,30–133,2.

19 Vgl. oben S. 59.

her postuliertes und praktiziertes Ethos[20], hat Lazarus Spengler als Luft seiner Kindheits- und Jugendjahre eingeatmet, denn nicht nur das Ratsschreiberamt seines Vaters war prägend, sondern auch seine Mutter stammte aus einer angesehenen reichsstädtischen Schreiberfamilie[21]. Lazarus war vom geistigen Erbe städtischen Wertedenkens durchdrungen, und es bündelte sich bei ihm vor allem in seinen Lieblingsbegriff der Ordnung, einer wahren christlichen Ordnung des bürgerlichen Gemeinwohls und Gemeinsinns[22]. Dabei betont er besonders, daß die äußere Ordnung des politischen Gemeinwesens nur dann tragfähig ist, wenn sie aus der inneren Ordnung des Gemüts, aus der wohlgeordneten, ehrbar-christlichen Gesinnung der Bürger, hervorwächst; denn nur so kann ein zuchtvolles Leben nach Gottes Geboten in der Stadt begründet werden, und nur dann ruht Gottes Segen auf der Stadt, ohne den auf Dauer kein weltliches Gedeihen möglich ist. Spengler bewegt sich ganz im Mentalitätshorizont seiner bürgerlichen Welt, wenn er alle gemeinschaftstragenden und -bewahrenden Werte sakral verankert sieht[23] und wenn für ihn zwischen Innen und Außen, Privatem und Öffentlichem, Geistlichem und Weltlichem, christlicher Zucht und ehrbaren Bürgertugenden ein fließendes Kontinuum herrscht. Das Gemeinwohl der Stadt hat gemäß dieser Vorstellung eine geistliche Grundlage und ein geistliches Ziel, das alle Bewohner zu einer Gemeinschaft der Frömmigkeit und des Heilsstrebens, des Rituals und des Segens verbinden soll.

Der in späterer Zeit von dem lutherischen Aristoteliker und Juristen Hennig Arnisaeus (gest. 1636) formulierte

20 Vgl. Hamm 1989, S. 122–126 (über die Verbindung von reichsstädtischem Humanismus und Ethik der Ehrbarkeit in Nürnberg).

21 Zum Notars- und Schreiberamt des Großvaters und des Vaters der Agnes Ulmer, die Georg Spengler am 4. Okt. 1468 heiratete, vgl. von Schubert 1934, S. 46–55. Schon vor der Heirat bestanden intensive berufliche Kontakte zwischen Spenglers Vater und der Familie Ulmer. Vgl. auch Abbildung 7.

22 Vgl. Hamm 1984.

23 Vgl. oben S. 62f.

Grundsatz »Religio vinculum societatis«[24] ist bei Spengler in die – aus Zwingli übernommenen – Worte gekleidet: »Die frömmsten Regimente sind die festesten und beständigsten.«[25] Das Gedeihen des Staatswesens hängt von gestalteter Kirchlichkeit und Frömmigkeit ab. Frömmigkeit garantiert Herrschaft, so wie umgekehrt alle Herrschaft dem Seelenheil ihrer Untertanen förderlich sein soll. Mit dieser fromm kalkulierenden Mentalität des Stadtpolitikers ist Spengler zeitlebens der typische Vertreter einer ›bürgerlichen Religion‹, einer frühneuzeitlichen Form von »civil religion« oder »civic religion« – wenn man darunter die politisch-soziale Funktion von Religion versteht, die Stabilität und Vitalität einer bestimmten städtischen Ordnung von den ideellen Werten bis zu den realen Verantwortungs- und Unterordnungsverhältnissen zu gewährleisten.

So ist es auch nur verständlich, daß Lazarus Spengler alle seine geistigen und geistlichen Bildungseindrücke in die Begründung der städtischen Werte, Tugenden und Normen und damit in seine Sicht einer wohlgegründeten Ordnung für die Stadt hineinnimmt: das humanistische, vornehmlich aus Seneca und Hieronymus schöpfende Tugendverständnis ebenso wie die Staupitzsche Theologie der Liebe und das lutherische ›sola fide‹. Sorgfältig notierte sich der Ratsschreiber die Worte aus Staupitz' Fastenpredigten vom Frühjahr 1517: Nicht Furcht und Härte, sondern Vertrauen und Liebe (die Gottes Gnadengabe sind) erhalten und festigen die Patrizierherrschaft des Rats. Freundlichkeit und Liebe stiften »frucht, nutz und guts« zum Gemeinwohl der

24 So zitiert bei Schilling 1988c, S. 12 f.; Schreiner 1980, S. 354 zitiert die Übersetzung: »Nichts verbindet die Gemüter der Menschen inniger und festigt das Gemeinwesen stärker als die Religion.«

25 Ein christlicher Ratschlag und Unterrichtung (1526), zitiert bei Hamm 1984, S. 716 und 726 Anm. 67 (mit Verweis auf Zwinglis ›Auslegen und Gründe der Schlußreden‹ von 1523, die Spengler in diesem Zusammenhang ausführlich zitiert).

Stadt[26]. Das ist – in einem kleinen Ausschnitt – geistlich vertiefte Bürgerreligion, »civic religion«, Religion mit der Perspektive des städtischen Wohls, die bruchlos-harmonisch in die Zielperspektive des himmlischen Heils eingebettet ist[27]. Was zum Heil führt, begründet auch irdisches Gedeihen.

2.4 *Präzisierung der Fragestellung*

Diese spätmittelalterliche städtische Religion ist selbstverständlich nicht ausschließlich städtisch, denn als gängige politische Religion gab es sie mit ähnlichen Begründungszusammenhängen auch auf dem territorialen Boden von Fürstentümern. Sie ist auch nicht spezifisch spätmittelalterlich, denn sie verbindet sich, wie schon deutlich wurde, auch mit der reformatorischen Theologie – man denke etwa an Zwingli in Zürich, Bucer in Straßburg oder Blarer in Konstanz. Deutlich ist aber auch, daß sowohl die spätmittelalterliche Theologie eines Staupitz als auch die Theologie der Stadtreformatoren eine Dimension haben, welche jenseits aller politischen Vereinnahmung liegt und die Enge einer auf die städtischen Werte zugeschnittenen Bürgerreligion hinter sich läßt. Wie ist das bei Spengler, dem Repräsentanten städtischen Wertebewußtseins? Wir wollen auf die Jahre nach 1518, nach seinem Bekanntwerden mit Luthers Theologie und Person, blicken. Wie setzt er die Predigt des Gotteswortes, das Evangelium des befreienden und bindenden Glaubens, in Beziehung zu seinem weltlich-geistlichen Ordnungs- und Einheitsdenken?

26 Staupitz: Sämmtliche Werke 1, S. 25, 38 f. und 36 f. (Spenglers Predigtnachschriften).

27 Vgl. dazu auch die intensive Aufnahme des patrizisch-ehrbaren Wertedenkens bei Staupitz in der Nachschrift Spenglers ebd. S. 37 f.

2.5 *Gutachten zur Veränderung der Predigtzeit (Anfang 1519)*

Aus dem gerade erschienenen ersten Band unserer Erlanger Spengler-Edition, der die Schriften des Ratsschreibers von 1509 bis Juni 1525 umfaßt, wähle ich drei Stücke. Ihnen ist gemeinsam, daß sie nur handschriftlich überliefert sind; alle drei sind halbamtliche Schriften, d.h. Spengler hat sie zwar in amtlicher Funktion als Ratsschreiber und für den Rat verfaßt, aber aus eigener Initiative und als selbständiger Autor, ohne daß ihm der Rat – wie bei amtlichen Schreiben – inhaltliche Vorgaben gemacht und die Richtung seiner Formulierungen abgesteckt hätte; und in allen drei Schriften geht es um Fragen der Kirchen- und Religionspolitik.

Die erste Schrift ist Ende 1518 oder Anfang 1519 entstanden. Sie konnte erst jüngst durch eine glückliche Entdeckung Spengler zugeschrieben werden. Es handelt sich um ein Gutachten zur Veränderung der Predigtzeit[28]. Bislang wurde in den Nürnberger Kirchen sonntags und an den hohen Festtagen erst nach dem Mittagstisch gepredigt[29]. Spengler wendet sich nun mit dem Vorschlag an den Rat, diesen Predigtgottesdienst auf den Morgen zu verlegen. Der wesentliche Gesichtspunkt ist dabei für ihn, daß morgens das Gotteswort am ehesten in das »gemain volck

28 Spengler: Schriften, Bd. 1, Nr. 5: Gutachten zur Veränderung der Predigtzeit (vor 4. Januar 1519), S. 67–74. Das Gutachten ist in einer zeitgenössischen Abschrift von unbekannter Hand überliefert und liegt im v. Scheurlschen Familienarchiv Nürnberg-Fischbach. Christoph Scheurl d.J. hat im ältesten Bibliothekskatalog seines Archivs die Verfasserschaft Spenglers vermerkt. Meine Doktorandin Christine Rießbeck, die über Christoph Scheurl promoviert, hat mich sowohl auf das Gutachten als auch auf die Katalognotiz aufmerksam gemacht, wofür ich ihr herzlich danke. Schon Gottfried Seebaß hat in einem anderen Zusammenhang auf dieses Gutachten hingewiesen, ohne es allerdings Spengler zuzuschreiben; Osiander: Gesamtausgabe, Bd. 3, S. 490f. Anm. 62.

29 Vgl. Einleitung zur Edition des Gutachtens: Spengler: Schriften, Bd. 1, S. 67.

zu pflanzen« sei und der Christenheit am meisten Frucht bringen könne[30]. So argumentiert er vor allem damit, daß der menschliche Geist nach Mittag längst nicht so aufnahmefähig sei wie am frühen Morgen[31]. Sehr wichtig ist ihm auch der disziplinierende Effekt der Vorverlegung. Er macht dem Rat gegenüber geltend, daß zum Frühgottesdienst viel mehr Leute, besonders aus der einfachen Bevölkerung der Handwerker, Knechte und Dienstboten, kämen als mittags[32]. Was ihm aber vor allem Anstoß bereitet, ist die Beobachtung, daß von denen, die gleichwohl mittags kommen, die meisten sehr bald wieder die Kirche verlassen, weil sie sehr Ungeistliches im Schilde führen: Sie bleiben gar selten während der ganzen Predigt, oft hören sie nicht einmal die Evangelienlesung, sondern laufen weg, spazieren vor die Tore und an andere Orte, auf den Markt zu den Verkaufstischen, zum Vogelmarkt auf die Schütt, in die Weinhäuser und anderswohin. Das aber könnte zur Zeit der Frühpredigt, auch wenn sie sich das vornähmen, nicht geschehen, weil sie so früh morgens dazu keine Gelegenheit fänden (es ist noch kein Markt, die Weinhäuser sind noch geschlossen usw.), und so würden sie notgedrungen die Kirche und das Gotteswort besuchen müssen. Denn die Handwerksleute und andere ehrbare Personen gestatten ihren Knechten und Mägden nicht, am Morgen im Bett liegen zu bleiben (aufstehen müssen sie also sowieso). Auch wenn dann einer von ihnen anderes als den Kirchgang im Sinne hätte, z.B. zum Wein, auf den Markt und spazieren zu gehen oder dergleichen, so wäre es ihnen um diese Tageszeit nicht möglich[33]. Spengler zieht daraus den Schluß, daß

30 Spengler: Schriften, Bd. 1, S. 70,7–9.

31 Ebd. S. 69,19–70,5.

32 Ebd. S. 71,1–6.

33 »Und obgleich etliche derselben in die kirchen geen, pleiben sie gar selten bey der ganzen predig, auch yezuzeitten allain [dazu, um] das ewangelium zu horn, sondern lauffen, spacirn fur die thor und andere ort, an den marckt fur die wechsel, an vogelmarckt uff die Schut [= die Insel Schütt im ummauerten Stadtgebiet zwischen zwei Pegnitzarmen], in die wein-

mit der Frühpredigt mehr Nutzen geschafft und dem gemeinen wie dem ehrbaren Volk mehr Ursach gegeben würde, das Gotteswort zu hören, als mit dem bisherigen Mißstand der späten Predigt[34]. Er gibt auch zu bedenken, daß es ohnehin schimpflich ist und Gott dem Allmächtigen mißfällt, wenn ein Christenmensch sonntags so lange im Bett liegt. Es ärgert ihn, daß ausgerechnet an den Sonntagen, wenn sich die Christen besonders sorgfältig auf den Gottesdienst vorbereiten sollten, der größte Teil alles Volks länger und mehr schläft als an anderen Tagen, weil sie sich der Predigt nach dem Essen vertrösten[35].

Man sieht, wie sich in Spenglers Initiative der reformerische, im Ansatz bereits reformatorische Eifer für die Predigt des Gotteswortes mit einem rigiden städtischen Disziplinierungsstreben verbindet. Sorge für das Heil der Seelen und Sozialdisziplinierung[36], die alle Lebensbereiche vom Schlafzimmer über die verdächtigen Wege des Spaziergängers bis zum Kirchgang zu regulieren sucht, bilden in seinem umfassenden christlichen Ordnungsverständnis eine Einheit. Vor uns steht in diesem Gutachten der arbeitsame und tugendhafte, etwas säuerliche Ratsschreiber, der unermüdliche Anwalt eines strengen, zuchtvollen Lebens, dem

hewser und anderswo. Das aber zu zeiten der fruepredig, ob sie das gleich zu thun vorhetten, nit beschehen mag, dieweil sie am morgen der kains zu thun stat finden mogen und dorumb aus der not die kirchen und das gotswort besuchen mussen; dann die handtwercksleut [d. h. die Handwerksmeister und ihre Frauen] und ander erber personen gestaten iren eehalten nit, am morgen im petten zu ligen. Ob dann gleich ainer derselben gern ain anders, als zum wein, an den marckt und spacirn zu geen oder dergleichen, furnemen wollte, konnen sie derselben weil darzu nit komen.« Ebd. S. 71,6–16.

34 »Dorumb diese ursach allemaln nit wenig zu bedencken ist, das mit der fruepredig mer nutz geschafft und dem gemainen und erbern volck mer ursach gegeben wirdet, das gotswort zu horen, dann [mit] dem alten misprauch.« Ebd. S. 71,17–19.

35 Ebd. S. 73,1–12.

36 Zum von Gerhard Oestreich in der Forschung etablierten Begriff der ›Sozialdisziplinierung‹ vgl. Winfried Schulze 1987.

alle Langschläferei, Faulheit[37] und Bequemlichkeit, das Vergnügen des ›nutzlosen‹ Herumschlenderns in Gassen und Herumsitzens in Weinhäusern tiefen Widerwillen verursacht. Nichts ist zu erkennen, was über die gängige Begrenztheit bürgerlicher Religion und ihrer Perspektive des Gemeinen Nutzens hinausführte. Dies hängt freilich auch mit der begrenzten Thematik und Stoßrichtung der Schrift zusammen. Die moralische Strenge ist nur eine Seite von Spengler, immerhin eine sehr wichtige. Sie tritt in veränderter Form auch später - nach 1525 vielleicht noch stärker - hervor, wenn er sich scharf gegen die »Freiheit des Fleisches« als Perversion evangelischer Freiheit wendet, die Freiheit eines Christenmenschen mit maßvoller Zurückhaltung gepredigt, hingegen das Gesetz und seine Strafe »stattlich getrieben« haben will[38] und gegen die Widerstände des Rats auf eine christliche Zucht- und Bannordnung drängt[39].

2.6 *Stellungnahme zum rechten Verhalten angesichts der Türkenbedrohung (Frühjahr 1522)*

Wenden wir uns der nächsten Schrift zu. Wir befinden uns nun im Frühjahr 1522, in einer Zeit, in der Spengler die Grundbegriffe des lutherischen Rechtfertigungsverständnisses bereits intensiv verarbeitet hatte und sie zum Inhalt

37 Vgl. besonders Spengler ebd. S. 71,20–24.

38 So Spengler in einem sehr grundsätzlichen Brief an Andreas Osiander, der an den Anfang seines Kirchenordnungsentwurfs einen Traktat über die christliche Freiheit stellte, was Spenglers Unwillen hervorrief: Brief vom März 1530, ediert in Osiander: Gesamtausgabe, Bd. 3, S. 680–688 Nr. 134, besonders S. 684,5–14; dazu Hamm 1982b, S. 63 f. Vgl. auch das – allem Anschein nach von Spengler formulierte – Ratsmandat über die Zehntleistung vom 20. Mai 1524, ediert bei Pfeiffer 1968, S. 259 Br. 1.

39 Vgl. Hamm 1984, S. 718–721.

seiner eigenen Botschaft von Freiheit und Trost machte[40]. In Nürnberg tagte der Reichstag und befaßte sich gleich zu Beginn mit der Gefahr, die dem Heiligen Römischen Reich durch den Einfall der Türken in Ungarn drohte, und mit der kontrovers diskutierten Frage, wie dieser Bedrohung am besten zu begegnen sei. Adressat der Spenglerschen Stellungnahme waren offensichtlich die politisch Verantwortlichen seiner Stadt, denen er eine Orientierungshilfe aus Gottes Wort geben wollte[41]. Ausgangspunkt für alle Lösungsansätze und so auch für Spenglers Vorschlag war der gängige Deutungsansatz der politischen Religion dieser Zeit: Politische Katastrophen wie der Türkeneinfall sind Gericht und Strafe Gottes, der über die Sünden der Menschen zürnt. Die Frage ist also, auf welchem Wege man Gott versöhnen, seine Gnade und Barmherzigkeit wiedererlangen und so die Wohlfahrt des Landes sichern kann[42]. Ein Mandat des kaiserlichen Reichsregiments vom 28. März verordnete den Ständen, einen allgemeinen Bußtag auszuschreiben und die Geistlichen dazu anzuhalten, daß sie Gebetsmessen »pro peccatis« singen, Bittprozessionen veranstalten, die Gläubigen durch ein besonderes Mittagsgeläut zum Bußgebet rufen und dergleichen mehr[43]. Dies entsprach dem eingespielten Ritual der öffentlichen Religiosität. Lazarus Spengler war damit nicht einverstanden.

In seinen Augen konnte der erste Schritt, um Gottes gnädiges Wohlgefallen zu erlangen und weiterer Strafe zu-

40 Vgl. in Spengler: Schriften, Bd. 1 besonders Nr. 8 (S. 106–133: Widerfechtung und Auflösung unbegründeter Argumente gegen Luther, 1520) und Nr. 13 (S. 224–243: Eine tröstliche christliche Anweisung und Arznei in allen Widerwärtigkeiten, 1521).

41 Spengler: Schriften, Bd. 1, Nr. 14: Stellungnahme zum rechten Verhalten angesichts der Türkenbedrohung (nach 28. März 1522), S. 244–254; zur Türkenbedrohung und zur Reaktion auf dem ersten Nürnberger Reichstag vgl. Einleitung S. 244.

42 Spengler: Schriften, Bd. 1, S. 245,2–9 und 245,20–22.

43 Edition des Mandats in: Deutsche Reichstagsakten, Bd. III, S. 56–59 Nr. 6.

vorzukommen, nicht das Gebet, das »christenlich bitten, flehen und schreien zu Gott«, sein[44]. Als ersten, unbedingt gebotenen Schritt forderte er die Abstellung jener schamlosen ›öffentlichen Laster‹, die »wurtzel und ursach« seien für Gottes Zorn und Strafe. Er nennt eigens Hurerei, Ehebruch, Jungfrauen Verführen, Wuchern, Gotteslästern, Völlerei und Zutrinken und beklagt, daß diese Laster nicht nur verbreitet seien, sondern daß man sie »on alle scham und straff« durchgehen lasse[45]. Charakteristisch für Spenglers Vorschlag ist allerdings, daß er bei dieser Öffentlichkeitsdimension der Laster und der Sittenzucht nicht stehenbleibt, sondern vor allem die innere Haltung der Glaubenden zur Sünde thematisiert. Es geht ihm um die richtige Abfolge innerhalb des Glaubens[46]: Am Anfang muß die Erkenntnis der Sünde, der Reueschmerz des zerschlagenen Herzens, die Abkehr vom Bösen und die Wendung zu einem neuen Leben unter Gottes Geboten stehen. Erst wer diesen Weg der Buße und Umkehr gegangen ist, kann mit der festen Glaubensgewißheit des Gebets Zuflucht zu Gottes Barmherzigkeit nehmen und so der verschuldeten Strafe entgehen. Wer diese christliche Ordnung des Glaubens umkehrt, in seinen schamlosen Lastern verharrt und Gott um Hilfe anfleht, der macht sich eine lästerliche Vorstellung von Gott – als ob Gott nur barmherzig und nicht auch gerecht sei[47]. Er ist im tiefsten Herzen ungläubig, kann er doch gar nicht die gewisse Zuversicht des Vertrauens haben: »Dann wie konndt [= dürfte] ich doch glauben, das mir der, den ich so groblich on unnderlaß belaidig und davon auffzuhören nit willens pin, sollt gnad mittailen und die straff der ubertrettung nachlassen, der ich nit gedenck abzusteen [= von der ich nicht abzulassen gedenke]?«[48]

44 Spengler: Schriften, Bd. 1, S. 246,6–10 und 246,19–25.
45 Ebd. S. 245,23–246,6.
46 Zum folgenden siehe ebd. S. 247,21–254,14.
47 Ebd. S. 248,22 und 253,13 f.
48 Ebd. S. 248,18–20. Die richtige Ordnung des Glaubens und Betens beschreibt Spengler abschließend so: »..., das der ainig [= einzige] recht und furnemlich wege sey, Got wolzugefal-

Lebensumkehr und Erhörungsgewißheit gehören also zusammen; unbußfertiges Weitersündigen und Erhörungsgewißheit schließen sich aus!

Indem Spengler derart zu den inneren Wurzeln von Buße, Vertrauen und Gewißheit vorstößt, verwirft er das traditionelle Buß- und Gebetsritual zur Besänftigung Gottes, all »die offenlichen procession, wallfarten, kirchgenge, glogken, heylthumb, fannen [= Fahnen] und monstranntzen tragen, das singen und schreien der gaistlichen und was dergleichen eusserliche ceremonien sein«[49]. Nichts als Äußerlichkeiten, die Gott nicht geboten, vielmehr durch die alttestamentliche Kultkritik verboten hat![50] – so lautet Spenglers Verdikt, der hier ganz im Zuge reformatorischer Desakralisierung des öffentlichen Lebens argumentiert[51]. Zugleich aber geht es ihm um eine intensivierte Heiligung des inneren und äußeren Lebens.

len, sein gnad zu erlangen und ine zu parmhertzikait zu bewegen: anfengklich unnser sund zu erkennen, davon abzusteen und das ubel zu verlassen und dann mit ainem gediemutigten, zerprochnen hertzen, in ainem warhafften vertrauen zu ime zu schreien und ennderung seins zorns zu bitten und gar nit zweifeln, er werd uns erhörn.« Ebd. S. 253,25–254,4. Das »erst und nötigst« sei »ain rewig, glaubig, gut hertz gegen Got, durch welchs wir allain fromm, gerecht und Got angeneme werden«; ebd. S. 252,26–28. Wie diese Zitate zeigen, bewegt sich Spengler in seiner Schrift an der Grenze eines evangelischen Rechtfertigungsverständnisses (vor allem wenn man Luthers reformatorische Gegenüberstellung von Reue und rechtfertigendem Glauben danebenhält – vgl. Bayer 1971, S. 164–202). Allerdings ist zu bedenken, daß Spengler gut lutherisch an den Anfang seiner Ausführungen den Hinweis auf Gottes »verhaissung« und »zusagung« stellt und betont: »das niemandt auß wirdikait seins gepetts, sonnder auß abgrund göttlicher gutikait, die unns verhörung [= Erhörung] zugesagt und verhaissen hat, was [= etwas] von Got erlangt«; ebd. S. 247,26–248,14.

49 Spengler ebd. S. 249,11–15.

50 Ebd. S. 249,15–251,11.

51 Vgl. oben S. 82–84 (Nr. 5).

Wieder steht der Ratsschreiber vor uns als Anwalt strenger Zucht. Diesmal aber wird anders als drei Jahre vorher deutlich, inwiefern seine Aneignung reformatorischen Denkens über die Grenzen einer bürgerlichen Religion des Gemeinen Nutzens und ihres öffentlichen Kultes hinausführt. Zwar ist gerade diese Schrift mit ihrer politischen Thematik auf das öffentliche Wohl des Reiches und der Stadt bezogen. Umso bemerkenswerter ist es dann freilich, wie Spengler alle vordergründigen Überlegungen über Schaden und Nutzen hinter sich läßt und zu grundlegenden Aussagen über die Existenz des Sünders und Christen vor Gott gelangt. Ganz in der Art seiner reformatorischen Programm- und Trostschriften dieser Jahre formuliert er allgemein-existentielle und zugleich persönlich-verinnerlichende Einsichten über Glaube und Buße, über Umkehr und Vertrauensgewißheit, über die Gebote und Verheißungen des biblischen Wortes. Von daher sind ihm schlimme Widerfahrnisse wie Krankheit, Hunger, Krieg, Sterben oder Teuerung weniger Strafe des gerechten und zürnenden Gottes als vielmehr Kreuz, das uns der liebende Vater als Prüfung unseres Glaubens schickt[52]. Hier zeigt sich die Über-

52 Spengler ebd. S. 247,5–20: Das »creutz täglicher verfolgung und widerwertikait alls [= wie] kranckhait, hunger, krieg, sterben, teurung und dergleichen« schickt uns Gott aus zwei Ursachen: zum einen, weil er uns unserer Sünden wegen als getreuer, liebender Vater züchtigt, »uff das wir in einem rechten, ordenlichen, gotsforchtigen leben erhallten und nit mit der wellt verdampt werden« (mit Verweis auf Spr. 3,12 und Hebr. 12,6: Wen Gott liebt, den züchtigt er); zum andern, damit er unseren Glauben auf die Probe stelle, »ob wir bey ime bestendigklich verharren und in der zeit der not bey ime allain hilff und trost suchen und unnser ainige [= einzige] zuflucht zu ime haben wöllen«, denn »das creutz ist die ainig recht prob unnsers glaubens«. – Der Gedanke, daß die Widerwärtigkeiten des Lebens aus der Hand des liebenden Gottes kommen und in der Nachfolge Christi als Kreuz willig und freudig angenommen werden sollen, während Abwesenheit von Leiden und glückliches Ergehen ein Indiz der Ferne des zürnenden Gottes seien, zieht sich als zentrales Motiv

schreitungs- und Durchdringungsfähigkeit von Theologie quer zu bestimmten Rollenfixierungen[53]. Gewiß, es ist ein *Ratsschreiber*, der Theologie treibt; aber indem er sich in die *Theologie* vertieft, tritt die sozial und politisch festgelegte Rolle des Ratsschreibers und seiner bürgerlichen Mentalität zurück.

2.7 *Vermahnung an den Rat zum Schutz der Prediger (Februar 1523)*

In ganz anderer Weise noch zeigt sich uns dies auch in der Schrift des folgenden Jahres 1523. Wieder fand ein Reichstag in den Mauern Nürnbergs statt, der zweite Nürnberger Reichstag, der mit dem Reichstagsabschied am 9. Februar endete. Der 3. Januar hatte die Nürnberger in höchste Aufregung versetzt: Der päpstliche Nuntius Chieregati verlas nicht nur das berühmte Schuldbekenntnis Hadrians VI., sondern schloß daran die Forderung, das Wormser Edikt zunächst einmal in Nürnberg selbst durchzusetzen und der lutherischen Ketzerei auf den Kanzeln ein Ende zu bereiten, d.h. konkret: die vier Prediger an den beiden Hauptkirchen St. Sebald und St. Lorenz, bei den Augustinern und am Spital gefangen zu setzen, zu einem Exempel für alle anderen Städte. »So liefen«, wie Hans von Schubert kom-

durch das gesamte Werk Spenglers. Schon in seiner humanistischen, nicht im mindesten reformatorisch angehauchten Frühschrift ›Ermahnung und Unterweisung zu einem tugendhaften Wandel‹ (vor 1520) wird es breit entfaltet: Spengler: Schriften, Bd. 1, Nr. 2, S. 21–23. Vgl. z. B. auch die beiden letzten Texte in diesem Band der Spengler-Edition: Brief Spenglers an die Nonne Dorothea Mock (12. Mai 1525), Nr. 30b, S. 450,1–452,6, sowie Sendbrief Spenglers »Contra vitam monasticam« an die Nonne Barbara von Ploben (Mai/Juni 1525), Nr. 31, S. 475,23–476,17.

53 Vgl. oben S. 127 und Hamm/Moeller/Wendebourg 1995, S. 106–108.

mentiert, »in dieser entscheidenden Stunde das Geschick der Reformation im Reich und in der Stadt zusammen«[54].

In dieser Situation, in der es darauf ankam, ob der Rat der Stadt seine schützende Hand über die bedrohten Prediger halten wollte und konnte, wandte sich Spengler mit einer eindringlichen Bittschrift an die beiden Bürgermeister und alle Ratsherren[55]. Unverblümt spricht er vom Dissens innerhalb des Magistrats, weil - wie er hört - ein Teil der Ratsherren »dem wort Gottes stracks widerwertig« sei. Vor allem beeindrucke sie das Argument, daß die evangelische Predigt bei den Nürnberger Untertanen Aufruhr, Empörung und Ungehorsam schüre[56]. Dabei sei es doch, wie ihm der Umgang mit ehrbaren Personen wie mit einfachen Bürgern und Handwerkern zeige, gerade umgekehrt: Er habe sie »bey hochstem glauben, so eins erbern cristenlichen gemuets, auch so einer willigen gehorsam befunden, das ich des sonder frewd empfangen hab, ungezweifelt, die teglich verkhundung des hellen wort Gottes sey solicher cristenlichen naygung und gehorsam die höchst ursach«[57]. Nicht aufrührerisch macht die Verkündigung des Gotteswortes die städtischen Untertanen, sondern aus innerstem Herzen heraus friedlich, einig und untertänig: »Und ist gewiß, weyl das heilig evangelium den innerlichen gaistlichen, auch den eusserlichen zeitlichen frid mit sich bringt, das auch die verkhundung desselben alle ainigkeit, willige gehorsam und unterthenigkeit bey yederman, der das annymbt, verursacht.«[58] Spengler ist bei einem seiner Lieblingsthemen. Stets

54 v. Schubert 1934, S. 380; vgl. Spengler: Schriften, Bd. 1, Nr. 18 Einleitung, S. 340 f.

55 Spengler: Schriften, Bd. 1, Nr. 18: Vermahnung an den Rat zum Schutz der Prediger (Februar 1523), S. 340–350. Spengler als Autor verbirgt sich in der Schrift hinter dem Pseudonym eines Doktors vom Reichskammergericht; zur zweifelsfreien Verfasserschaft Spenglers siehe ebd. S. 343.

56 Spengler: Schriften, Bd. 1, S. 345,15–28.

57 Ebd. S. 345,4–14.

58 Ebd. S. 348,10–13. Vgl. auch die Fortsetzung dieses Textes bis Zeile 20.

betont er – ganz in der Weise Zwinglis –, daß glaubende Christen als Regenten wie als Untertanen die besten Bürger sind und daß daher das Evangelium nicht nur Garant des ewigen Seelenheils, sondern auch des zeitlichen Gedeihens der Stadt ist. Wir befinden uns hier in dem bereits erwähnten Traditionsstrom der politischen, auf die Stabilität der bürgerlichen Werte bezogenen Religion[59] – nur daß sie nun reformatorisch-exklusiv auf die Predigt des Evangeliums bezogen wird: Wer sie schützt, dem wird »götlicher gnaden ewig und zeitlich nymermer mangln«[60].

Diese wertrationale, auf den Gemeinen Nutzen der Kommune bezogene Argumentation des Ratsschreibers ist freilich nur die eine Seite seiner Schrift. Sie tritt sogar eher in den Hintergrund, wenn man auf jene breiten Passagen achtet, in denen er sich – getrieben von seinem evangelischen Eifer für Gottes Wort[61] – von allen städtischen Nützlichkeitserwägungen, allem politischen Kalkül und aller taktischen Rücksicht löst und ganz prinzipiell wird, radikal und rücksichtslos in dem, was er Christen zumutet. Dieses inhaltliche Zentrum der Schrift beginnt mit einer Ermahnung an die Ratsherren: »Darumb ermane und bithe ich ewr hochachtbarkeit [...] in der liebe unsers Herrn Jhesu Cristi, die wöllen mit vleys und nit obenhin zw hertzen furen, was nit allein einem landt, einem commun, sonder einem yeden cristenmenschen, der selig zu sein begert, an dem wort Gottes gelegen ist.« Ausdrücklich eröffnet Spengler also eine allgemein-christliche, existentielle Perspektive. Worauf es jedem Christen unabhängig von Land oder

59 Siehe oben S. 156f. mit Anm. 25; zu Zwingli vgl. Hamm 1988, S. 113–120, besonders 117f.

60 Spengler: Schriften, Bd. 1, S. 349,27–350,2.

61 Wiederholt verweist Spengler in seinen reformatorischen Schriften auf seinen leidenschaftlichen Eifer für Gottes Wort. Entsprechend fordert er; daß man sich voll »eifer«, »begirig« und »hitzig« für die Wahrheit des biblischen Wortes einzusetzen habe und dabei keine Rücksicht auf weltliche Nachteile nehmen dürfe. Vgl. z. B. ebd. S. 260,1–24; 322,16–19; 443,20–22; 445,16f.; 457,18–23.

Kommune ankommen muß, ist Gottes Wort allein: »Dann sovil die sele kostlicher und edler ist dann der leyb, sovil hoher und mer ubertrifft das wort Gottes alle schetz, reichthumer und anders im hymel und erden. Und wöllen demnach alls frumm cristenlewt an dem wort Gottes hangen und bleyben.«[62]

Von diesem heilbringenden Wort, fährt Spengler fort, sollen sich die Ratsherren um Christi willen nicht abschrecken lassen – nicht durch Ungnade der großen Häupter und nicht um Gunst von Menschen willen oder aus Furcht vor Menschen. Scharf formuliert er die Alternative: »Dann wir konnen ye nit [= keinesfalls] zweyen herrn dienen. Wir mussen aintweder Gottes huld haben und uns menschengnad in erhalltung des wort Gottes verzeyhen [= verzichten] oder, so wir der menschen gnad und gunst fur Got setzen, uns seiner gnaden und huld gewislichen entschlagen; und do ist auch kein mittel zwischen. Got ist, wie der prophet sagt, ein eyfferer, der keinen andern menschlichen trost oder vertrawen neben ime leyden kan.«[63] Aus Spengler selbst spricht die Glut prophetischen Eifers[64] – und man wird bei seinen leidenschaftlichen Worten an Luthers Tischrede über Spengler und die Stadtschreiber erinnert, die sich so verhielten wie seinerzeit die Propheten vor den Königen[65].

Spengler steigert seinen Ton noch und drängt die Ratsherren zum offenen Bekennen: »Lieben herrn, nembt umb Gottes willen zu hertzen die erschrockenlichen und doch hoch trostlichen wort unsers seligmachers Cristi [...]: ›Wer mich verlaugent vor den menschen und sich mein schembt und meiner lere, des wurde ich auch verlaugnen und mich sein schämen vor meinem Vater, der im hymel ist, und sein engln.‹[66] Es ist ein groß ding, Got zu bekennen, herwiderumb das erschrockenlichst, verdambst [= verdammteste] werck, Gottes und seines worts zu verlawgnen. Die prob

62 Spengler ebd. S. 346,8–15.
63 Ebd. S. 346,18–28.
64 Vgl. oben Anm. 61.
65 Vgl. oben S. 155 bei Anm. 18.
66 Matth. 10,33 kombiniert mit Luk. 9,26.

ist warlich vor augen, das wir uns fur cristen mussen bekennen, Gottes wort annemen oder verlawgnen.« Niemand, sagt Spengler weiter, kann sich der Verantwortung entziehen, denn Gottes Wort ist offenkundig: »Nun hat uns Gott ye [= gewiß] das fenster auffgethan und den glanz seins gotlichen worts [schon] ein zeitlang gar helle in unser hertz scheinen lassen. Er gibt uns verstendige prediger, man schreybt uns, man predigt uns, ja man sagt uns auff der gassen Cristum. Darumb last uns die gnad Gottes nit verachten, halltend [eure schützende Hand] trewlich und mit dem hochsten ernst ob [= über] den evangelischen hirten und verkhundigern des wort Gottes, ewrn predigern!«[67]

Der Ratsschreiber beschwört und warnt seine Herren, ja nicht die Prediger und damit Gottes Wort preiszugeben: »Werden aber ewr achtbarkeit sich dahin bereden lassen, dise oder andere cristenliche prediger nit zu gedulden, des ich mich nymmermer will versehen, was ist es dann anderst thun, dann dem wort Gottes die stat [= Stätte, Raum] verbieten? Verlassen wir dann [= nämlich] das wort Gottes, so ist es warlichen umb uns gethan. Dann sowenig der mensch one die leiplichen speyß mag [= kann] erhallten werden, so unmuglich ist es, das die sele one das gaistlich prot des wort Gottes leben mag[68]. Werden wir Cristum und sein heiligs wort faren lassen, so verliern wir gewißlichen den ancker[69], daran wir uns alls unser ainigs hayl erhalten und, do wir fallen, wider hetten aufsteen, auch zu dem sichern port raichen mugen [= den sicheren Hafen erreichen können].«[70] Spengler mutet seinem Magistrat schließlich auch die Aussicht zu, daß man um der Wahrheit des Gotteswortes willen Verfolgung und Kreuz auf sich nehmen muß – ein Gedanke, der bei ihm in der Folgezeit immer wiederkehrt[71]: Christenglaube führt unter das Kreuz, ja kann auch eine ganze Stadt und ihre Regenten unter das

67 Spengler: Schriften, Bd. 1, S. 347,9–24.
68 Vgl. Matth. 4,4.
69 Vgl. Hebr. 6,19.
70 Spengler ebd. S. 348,1–9.
71 Vgl. bereits oben S. 166 mit Anm. 52.

Kreuz führen. Es kann nicht ausbleiben, daß man um Christi willen Anfeindung und Verfolgung erleidet. Hier besonders zeigt sich, wie weit Spenglers reformatorischer Glaube die konventionelle Mentalität der städtischen Religion hinter sich zurücklassen kann, jene Zusammenschau von Sakralität und Prosperität, himmlischem und irdischem Nutzen, göttlicher und sozialer Ehre. Er mutet seinen Ratsherren die Worte zu: »Es kan sich keiner fur einen cristen rümen, der allein [= nur solange] in Gottes wort und dem evangelio hangen und bey Cristo bleyben will, solang er im friden sitzt, weyl [= solange] es ime nutzet, weyl [= solange] ime kein unfal und widerwertigkeit zuhanden geet [= zustößt], sonder der ist ein crist, der verfolgung umb der warheit willen leydet, der Gottes ere seinem nutz fursetzet und an Cristo bestendig bleybet, ungeachtet alles unfals [= Schadens] des leybs, des guts und der eeren, den man einen ketzer schillt etc.[72] Dann das creutz ist die ainig prob [= die einzige Prüfung, der einzige Erweis] eines cristenmenschen.«[73]

2.8 *Spenglers religionspolitischer Kurs der Folgezeit – die Spannungen in seiner Haltung*

Freilich, man darf solche Sätze, wie ich sie zuletzt zitiert habe, nicht gegen Spenglers Wertehorizont von weltlichem Gemeinwohl ausspielen. Er ist durchaus der Meinung, daß Schutz und Förderung des Gotteswortes einer Stadt und einem Land letztlich – auch nach vorübergehender Gefährdung und Drangsal – zum Segen und so auch zum irdischen Gedeihen, zu Friede, Ehre und Wohlstand, gereichen. Gott wird den Ratsherren, die sich durch Drohungen der Feinde des Evangeliums nicht erschrecken lassen, zu passender

72 Vgl. Matth. 5,10f.
73 Spengler ebd. S. 348,27–349,4; vgl. oben Anm. 52.

Zeit ein Helfer sein und die Seinen nicht verlassen[74]. Offenkundig ist aber auch, daß diese Aussicht auf zeitlichen ›Gemeinen Nutzen‹ nicht das entscheidende Movens für Spenglers religionspolitischen Kurs der zwanziger Jahre ist. Ihn treibt, wie es unsere Bittschrift von 1523 so eindrücklich zeigt und andere Zeugnisse aus seiner Feder wiederholt bekunden, ›Eifer‹ für Gottes Wort und ›Begierde‹ nach dem Evangelium[75]. Von daher nur kann man sein Drängen zu einem offenen Bekenntniskurs der politisch Verantwortlichen richtig einschätzen. Tatsächlich gelang es ihm zusammen mit den reformatorischen Predigern[76] – und mit der

74 Vgl. Pfeiffer 1968, S. 176, Rschl. 12 (= Stellungnahme Spenglers zum Edikt von Burgos und zum Prozeß des Bischofs von Bamberg gegen die Nürnberger Pröpste, nach 26. Okt. 1524): »Und ist meinen herrn in allweg zu raten, das sie sich in diser sachen [d. h. angesichts drohender Maßnahmen des Bischofs von Bamberg gegen die Nürnberger Pröpste und die Stadt wegen der evangelischen Veränderungen des Gottesdienstes], die doch nit allain ainen rate, sonder alle underthanen deß reichs belangt, die auch nit sonder personen, sonder Gottes ist, nit so klainmutig erzaigen, sich auch nit [durch] ain yede faßnachtlarven, der man inen täglich vil furbilden wurdet, erschrecken lassen, sonder als christenleut Got hierin vertrauen und sich Gottes gnaden und der gerechtikait vertrosten, dhweil sie doch nichtzit anders dann Gottes eer, irer underthanen nutz und deß gantzen christenlichen haufen wolfart und garnit sich selbs suchen. Wo man sich dann auf Got verlässt und den mer dann menschen forcht, so wurdet er auch zu bequemer [= gelegener, passender] zeit ain helfer sein und die, so in ine hoffen, nymmermer verlassen. So ist auch auß gnaden des allmechtigen dise sach nit so färlich, das sich ain rate bey ainer christenlichen, guten sach, die sie so getreulich mainen, gefangen geben [gemeint: in die Gefangenschaft des Bischofs begeben] und etwas hierin furnemen [ergänze sinngemäß: dürften], das inen vor Got und der weltlich [ergänze ein weggefallenes Wort wie: gemain] verkerlich und nachtailig, auch vil andern ain offenwar exempel und ursach unchristlichs abfals sein wurd.«

75 Siehe oben Anm. 61.

76 Dabei ist freilich nicht nur an die Nürnberger Prädikanten,

drängenden Unruhe der evangelischen Bewegung im Rükken[77] – in den folgenden Jahren 1524/25, den Rat Nürnbergs und durch Nürnbergs Einfluß auch andere süddeutsche Reichsstädte soweit zu bringen, daß sie ihre vorsichtig taktierende Zurückhaltung und ihr ausweichendes Dissimulieren aufgaben und reichspolitisch den Weg des öffentlichen Bekenntnisses zur Reformation beschritten, den höchst risikoreichen Weg des Sich-Exponierens[78]. Von Spenglers Bittschrift führt die Linie weiter bis zu jenem Brief der reformationsgesinnten Reichsstädte, den sie im Dezember 1524 vom Städtetag zu Ulm aus an Kaiser Karl V. nach Spanien sandten[79]. Man darf annehmen, daß die Formulierungen im wesentlichen aus Spenglers Feder stam-

sondern auch an die anderer Städte zu denken, etwa an Johannes Brenz in Schwäbisch Hall; vgl. z.B. jenes Gutachten Brenzens, das vermutlich in den Zusammenhang der Vorbereitungen des Ulmer Städtetags am 6.–12. Dez. 1524 (von dem gleich die Rede sein wird) gehört: Brenz: Frühschriften 1, S. 32–42; dazu Brecht 1977, S. 199. Auch die Impulse mancher Ratsschreiber andernorts sind zu berücksichtigen, besonders die eines Jörg Vögeli in Konstanz (dazu unten Anm. 78).

77 Vgl. Vogler 1982 und Heinrich Richard Schmidt 1986, S. 152–180.

78 Man muß allerdings den Einfluß Nürnbergs mit den Initiativen anderer Städte zusammensehen. Eine entschiedene Reformationspolitik trieb in den Jahren 1524/25 neben Nürnberg vor allem der Konstanzer Rat, beeinflußt durch seinen Ratsschreiber Jörg Vögeli und die Konstanzer Theologen Ambrosius Blarer, Jakob Windner, Bartholomäus Metzler und Johannes Wanner; vgl. Moeller 1961, Sammelband: Der Konstanzer Reformator Ambrosius Blarer, 1964, Rublack 1971 und Hamm 1978. Beispielhaft ist der Konstanzer Reformationsratschlag auf dem Ulmer Städtetag 1524, ediert in: Vögeli: Schriften II/I, S. 643–659, besonders S. 656; dazu Brecht 1977, S. 199f. – Zur ausstrahlenden Vorbildrolle des reformatorischen Nürnberg für andere Städte aus der Sicht Spenglers vgl. Spengler: Schriften, Bd. 1, S. 349,9–13.

79 Der Brief vom 12. Dez. 1524 ist ediert bei Pfeiffer 1968, S. 308–310, Br. 81a; zu den religionspolitischen Umständen seiner Entstehung vgl. oben S. 107–110.

men[80]. In Anknüpfung an Luthers Unterscheidung der beiden Reiche erklären die Städte dem Kaiser, daß sie ihm in zeitlichen Dingen – »sovil unser leib und gut belangt« – gehorsam sein wollen, nicht aber, wo es um Gottes Wort, das »hail unser seelen« und das Gewissen geht[81]. Sie bekennen um ihrer Taufverpflichtung willen, daß sie dem Wort und Evangelium Christi bis in die ›Grube‹ anhangen und es in Schutz nehmen wollen[82].

Diese Haltung bedeutet einen Bruch mit der traditionellen reichsstädtischen Religion, sofern in ihr die religiöse Kaiseridee eine zentrale Rolle spielte – gerade für Nürn-

80 In seiner – nach dem 26. Oktober 1524 verfaßten – Stellungnahme (zitiert oben Anm. 74) rät Spengler dem Nürnberger Rat, er möge auf dem bevorstehenden Ulmer Städtetag durch seine Gesandten die anderen Städte dazu bewegen, daß sie gemeinsam »ain tapfere schrift an k.mt. stellen [= formulieren] und außgeen lassen, darin sie ir undtertenikait und gehorsam gegen k.mt. und dem reich und dann ir christenlich gemute und naigung zum wort Gottes mit bester beschaidenhait anzaigen, wie das die federn ungeverlich geben wurdet [= wie man das ungefähr in Worte fassen könnte]«; Pfeiffer 1968, S. 174, Rschl. 12. Spengler hat hier bereits die wesentliche Aussage des Ulmer Städte-Briefs mit ihrer charakteristischen Unterscheidung der beiden Loyalitätsbereiche vorweggenommen. Spengler war es wohl auch, der bereits einen Entwurf dieses von ihm dringend empfohlenen gemeinsamen Briefes der evangelisch gesinnten Städte verfaßte, den dann die Nürnberger Gesandten mit nach Ulm brachten. Dies geht aus dem Nürnberger Ratsverlaß vom 28. Nov. 1524 hervor, in dem es heißt: »Die verordenten zum stettag gein Ulm sollen fur das principalstuck diß außgeschriben stettags darthun und arbaiten, das der gestelten schrift gemeß [d. h. dem in Nürnberg formulierten Entwurf des Briefs der Städte an den Kaiser gemäß] in gemainer stat namen an k.mt. geschriben werd.« Pfeiffer 1968, S. 28, RV 209. Inhaltlich und stilistisch würde der Brief des Städtetags sehr gut zu Spengler als Hauptverfasser passen, wenn man seine Schriften der Jahre 1523 bis 1525 danebenhält.

81 Siehe oben S. 110.

82 Siehe oben S. 107–110, Anm. 230.

berg, den Ort der sakralen Reichsinsignien[83]. Noch 1521, auf dem Wormser Reichstag, allerdings vor dem Wormser Edikt, preist Spengler Kaiser Karl V. um seines »christenlichen, gaistlichen und gotsforchtigen gemüts«[84]. Er vermag daher als ein »spiegel christenlichs wandels« alle dazu anzuspornen, »sich alls die glider und undterthanen dem haupt und oberen gleichmessig [= konform] zu hallten«[85]. Der Allmächtige möge diesen Herrscher »alls ainen gemainen prunnen, auß dem alle menschen das hayl irer wolffart schopffen und trincken sollen, gnedigklich bewaren«[86]. Für den Reichsstädter ist das weltliche Haupt der Christenheit

83 Vgl. Katalog: Nürnberg – Kaiser und Reich, 1986, darin besonders die Beiträge von Günther Schuhmann über ›Die Reichsinsignien und Heiltümer‹ und Franz Machilek über ›Die Heiltumsweisung‹; vgl. auch oben Abbildung 3 (Erläuterung).

84 Spengler: Schriften, Bd. 1, Nr. 12: Bericht und Luther-Apologie vom Wormser Reichstag (April/Anfang Mai 1521), S. 161,13–15; vgl. 161,24–162,2: Karl V. habe in seinem Betstuhl »ain sonndere andacht mit inwenndiger, hertzlicher beraitung und außwenndigen cristenlichen geperden yedesmals erzaigt [...] solchergestallt, das es auch allen umbsteenden von ainem so großmechtigen herrn zu sehen freudenreich und ain anraitzung und exempel vil guts gewest«.

85 »Insonderhait aber hat ir K.Mt. die zeit der heiligen vassten in ainem solchen christenlichen, gotsforchtigen wesen zugepracht, das solchs allermenigklich billich [= gebührenderweise] zu ainem sondern spiegel [= Vorbild, vgl. Anm. 84: exempel] christenlichs wandels hat bewegen und dahin raitzen sollen, sich alls die glider und undterthanen dem haupt und oberen gleichmessig zu hallten.« Ebd. S. 168,11–15. Man beachte, wie hier die traditionellen christologischen Topoi der Konformität der Glieder mit dem Haupt und der Nachfolge des Vorbilds (Spengler zitiert in seinen Schriften dieser Zeit wiederholt 1. Petr. 2,21) auf den König des Heiligen Römischen Reiches übertragen werden. Zur Tradition der christomorphen Vorstelllung vom König vgl. Kantorowicz 1990.

86 Spengler, ebd. S. 162,25–27. Der Kontext, der Karl V. als repräsentative und vorbildhafte Sakralgestalt mit intensiven Bezügen zu Gottesdienst und Frömmigkeit stilisiert und ihm dabei – besonders in der Szene der Fußwaschung am Gründon-

zugleich eine Art von geistlichem Haupt – der Kaiser, nicht der Papst!

Von *dieser* sakral-weltlichen Einheitsschau einer reichsstädtischen Religiosität, von einer *derartigen* politischen Religion löste sich Spengler nach Worms, indem er Gehorsam gegen den Kaiser und Treue zu Gottes Wort in zwei Bereichen zu sehen begann – so wie er überhaupt durch die Art seines reformatorischen Denkens, Glaubens und Bekennens die Dimension der bürgerlichen Religion seiner Stadt und seines Standes durchbrach. Zugleich aber bewegte er sich, wie wir sahen, weiterhin innerhalb der Mentalität städtischen Denkens und ihrer typischen religiösen Verstrebungen[87], auch wenn er die traditionell-katholischen Rituale der städtischen Religion als heidnisch preisgab. Ich sehe darin eine Spannung, die für Spengler charakteristisch ist (derer er sich aber wohl kaum bewußt war): Er pflegt die bürgerliche Religion und überschreitet sie zugleich. Er treibt Religionspolitik aus heißer Hingabe an Christi Evangelium und setzt doch mit kühler Überlegung alle diplomatischen Mittel ein, um die Reformation seiner Stadt und im Reich zu sichern. Er ist Eiferer und doch Taktiker[88].

nerstag S. 163,14–164,10 – geradezu christomorphe Züge beilegt, nötigt dazu, den Begriff »hayl irer wolffart« nicht nur säkular auf irdisches Wohl, sondern auch auf das himmlische Heil zu beziehen – im Sinne jenes weltlich-geistlichen Einheitsdenkens einer politischen Religiosität, die ich oben S. 156–158 skizziert habe.

87 Insofern bleibt er auch dem sakral-profanen Einheitsdenken treu, ja er intensiviert es sogar durch die stark normativ-zentrierenden Impulse seiner Wort-Gottes-Frömmigkeit; vgl. Hamm 1984.

88 Durch seine taktierende Behutsamkeit und Vorsicht, die durchaus zur religionspolitischen Linie der Nürnberger mit ihrer Distanz zum Schmalkaldischen Bund paßt, unterscheidet sich Spengler – bei aller religiösen Leidenschaft – doch z. B. sehr deutlich vom risikoreichen Kurs des Konstanzer Ratsschreibers Jörg Vögeli und des Konstanzer Ratsherrn Konrad Zwick, deren reformatorischer Eifer in den vierziger Jahren politische Vorsicht und Taktik außer Kraft setzte und so die

Er hat die Armseligkeit alles Irdischen und die verheißene Freude des Himmels vor Augen und ist doch ganz weltzugewandt im Einsatz für das politische Wohl seiner Stadt. Er sucht überall nach dem Vernünftigen und ist doch der festen Überzeugung, daß der christliche Glaube nicht aus der Quelle der Vernunft kommt und von ihr nie zu fassen ist[89]. Er ist von beklemmender Enge und Unduldsamkeit gegenüber Andersdenkenden und zugleich von einer befreienden Klarheit, Entschiedenheit und Unabhängigkeit.

Es ist nicht leicht, dem Spannungsreichtum Spenglers gerecht zu werden. Ich hoffe, daß unsere Edition, deren erster Band nun vorliegt, ihren Teil dazu beiträgt[90].

Bodenseestadt in die politische und konfessionelle Niederlage führte; vgl. oben S. 124, Anm. 272.

89 Vgl. Spengler: Schriften, Bd. 1, Sachregister s.v. ›Vernunft‹. Was Spengler nach seiner Wende zur Theologie Luthers, also seit 1518/19, im theologischen Sinne als vernünftig, als das seiner Vernunft Einleuchtende, bezeichnet, ist nicht mehr – wie in seiner humanistischen Denkweise – das in der Vernunft Begründete und aus ihr Kommende, sondern das der Vernunft Entsprechende, d. h. das der Vernunft a posteriori als zuträglich und förderlich Einsichtige und daher Plausible.

90 Die Edition des ersten Bandes durch Wolfgang Huber und mich knüpfte an Vorarbeiten Hans von Schuberts an. Seine Tochter Dr. Erika Dinkler-von Schubert hat unsere Arbeit finanziell und ideell reich gefördert. Dafür haben wir ihr bei der nachträglichen Feier ihres 90. Geburtstages am 17. Oktober 1994 in Heidelberg gedankt. In diesem Rahmen wurde eine Vorform dieses zweiten Kapitels als Vortrag gehalten.

3. Kapitel

Ein Handwerker als Theologe: soziale und friedliche Reformation bei Hans Sachs (1494–1576)

3.1 *Sachs' Stellung als Handwerker und Autor in der Reformation Nürnbergs*

Am 5. November 1494, vor 500 Jahren also[1], wurde Hans Sachs als Sohn eines Schneidermeisters in Nürnberg geboren. Schon das heutige Reformationsfest aber wäre – vom Sachs-Jubiläum einmal ganz abgesehen – Anlaß genug, unsere Aufmerksamkeit dem Nürnberger Schuhmacher und Poeten zu schenken. So selbstverständlich ist die Verbindung von Hans Sachs und Reformation freilich nicht, ist er doch heute weithin nicht mehr als religiöse Gestalt der Reformations- und Kirchengeschichte bekannt, sondern als »Meistersinger von Nürnberg«, vielleicht noch einigen als Verfasser von Schwänken und Fastnachtsspielen. Umso überraschender ist es dann, wenn man auf Werk und Wirkung von Hans Sachs im 16. Jahrhundert blickt und feststellen muß, welch zentrale Rolle in ihnen die Frage nach dem rechten Glauben und dem frommen Leben spielt. Seine früheste öffentlichkeitswirksame Ausstrahlung über Nürnberg hinaus gewann Sachs als Wortführer der Reformation, als Poet, der seine literarische Virtuosität ganz in den Dienst des Evangeliums stellte. Er war ein faszinierter Anhänger Luthers. Im Juli 1523 veröffentlichte er das Spruchgedicht »Die Wittenbergisch Nachtigall«, in dem er Luther mit einer »wunnigklichen«, »lieblichen« Nachtigall ver-

1 Der folgende Text ist die erweiterte Fassung eines Vortrags, den ich zum Reformationsfest und Sachs-Jubiläum am 31. Oktober 1994 in den Nürnberger Kirchen St. Sebald und St. Lorenz gehalten habe. Das Thema des Vortrags lautete: »›Ist das gut evangelisch?‹ – Hans Sachs als Wortführer und Kritiker der Reformation«. Werktitel und Zitate im Text sind in modernisierter Schreibweise wiedergegeben, während die Zitate in den Anmerkungen, falls nicht anders vermerkt, immer dem Originaltext folgen. Für hilfreiche Kritik danke ich Siegfried Ziegler.

gleicht, die mit ihrer hell tönenden Stimme den Tag des klaren Evangeliums ankündigt und die schlafenden Menschen aus der Finsternis der römischen Verführung aufweckt[2]. Die Metapher der »Wittenbergisch Nachtigall« wurde zu einem geflügelten Wort in Deutschland. Es geht Sachs dabei und in den folgenden Jahren aber nicht um die Person Luthers, sondern um die Gestalt, auf die Luther hinweist, um Christus als den wahren Hirten, um die Frage also: Wie können wir wahre evangelische Christen sein?, und gerade nicht um die Frage: Wie können wir gute Lutheraner sein? Darum endet sein Spruchgedicht mit den eindringlichen Worten:

»Darumb ihr Christen, wo ihr seid,
Kehrt wieder aus des Papstes Wüste
Zu unserm Hirten Jesu Christe.
Der selbig ist ein guter Hirt,
Hat sein Lieb mit dem Tod probiert
[= erwiesen],
Durch den wir alle sein erlost.
Der ist unser ainiger Trost
Und unser ainige Hoffnung,
Gerechtigkeit und Seligung
All [denen], die glauben in seinen Namen.
Wer das begehr[t], der spreche: Amen.«[3]

Als Hans Sachs im Sommer 1523 in dieser Weise seine Stimme für die Reformation Luthers erhob, war die Situation in Nürnberg noch offen. Zwar neigte eine Mehrheit im Rat und erst recht in der Bevölkerung der neuen Lehre

2 Edition der ›Wittenbergisch Nachtigall‹ in der kritischen Ausgabe von Seufert 1974, S. 9–40. Diese Edition, aus der ich auch die Sachsschen Reformationsdialoge zitiere, bietet zwar einen zuverlässigen Text, allerdings keine Quellennachweise – nicht einmal die der zahlreichen Bibelzitate – und sehr lückenhafte Worterklärungen.

3 Die Wittenbergisch Nachtigall, Vers 690–700, Ausgabe von Seufert S. 40. Es folgen noch die beiden Zeilen: Christus amator/Papa peccator.

zu, doch war noch nichts entschieden. Der Meinungsstreit erreichte jetzt und im folgenden Jahr 1524 erst seinen Siedepunkt, ehe sich dann der Rat im Frühjahr 1525 offen auf die Seite der Reformation stellte und das Kirchenwesen in der Folgezeit zielstrebig umgestaltete. Vorher aber, in der brisanten Unruhephase 1523/24, war nicht der obrigkeitliche Rat das vorantreibende Element, sondern zum einen die Prediger auf den städtischen Kanzeln, allen voran Andreas Osiander[4], zum andern der Ratsschreiber Lazarus Spengler[5], vor allem aber auch die Handwerker, die durch ihre Parteinahme zugunsten der evangelischen Lehre einen starken, ja zeitweilig bedrohlichen Druck auf die vorsichtig zögernde und lavierende Stadtobrigkeit ausübten[6]. Ein hervorstechender Vertreter dieser Reformationsbewegung des ›Gemeinen Manns‹[7], die auch rege Kontakte zu den Bauern im Landgebiet Nürnbergs unterhielt, war Hans Sachs.

Die Frage ist freilich, wieweit er noch als normaler Handwerker gelten kann. Sachs war von seinen Eltern her, aber auch dank eigenen Geschicks als vielbeschäftigter Schuhmachermeister, recht wohlhabend[8], wobei zu beden-

4 Vgl. Osiander: Gesamtausgabe, Bd. 1 (1522 bis März 1525).

5 Vgl. oben 2. Kapitel, insbesondere S. 149–155.

6 Vgl. Vogler 1982 und H.R. Schmidt 1986, S. 152–180.

7 Berücksichtigt man, daß unter ›Gemeinem Mann‹ alle die Männer und Frauen zu verstehen sind, die von der Herrschaft der Stadt ausgeschlossen waren, also weder zu den Patriziern noch zu den Ehrbaren im weiteren Sinne (die immerhin im Größeren Rat der Stadt vertreten und durch Ehrenämter ausgezeichnet waren – vgl. Hamm 1989, S. 75–85) gehörten, dann bekommt man einen Eindruck davon, wie weit gefächert und spannungsreich die Reformation des ›Gemeinen Manns‹ von den reichen Handwerksmeistern und kleineren Kaufleuten über die Handwerksgesellen bis hinab zu den Verarmten, Bettlern und Fürsorgeempfängern war. Primär war sie allerdings kein Phänomen der Armut, sondern der nach Mitwirkung drängenden handwerklichen Mittelschicht. Zu den Nürnberger Mittelschichten im 15. Jahrhundert vgl. Schultheiß 1972, Toch 1978 und Willax 1981.

8 Zu biographischen Angaben über Hans Sachs hier und im

ken ist, daß es in Nürnberg eine recht breite obere Mittelschicht wohlsituierter Handwerksmeister gab. Zugleich freilich nahm die Zahl der Meister zu, die in die Armut absanken, ihre Selbständigkeit verloren und als sog. ›Stückwerker‹ ihre Produkte an kapitalkräftige Auftraggeber ablieferten[9]. Immerhin gehörte Sachs nicht zum Stand dieser reichen Kaufleute, die Handwerker für sich arbeiten ließen, sondern blieb in der sozialen Position des Handwerksmeisters, der in seinem Betrieb mit Gesellen und Lehrlingen die Waren selbst herstellte und verkaufte[10]. Er war ein sehr gebildeter, vielseitig belesener Mann, der sich, von humanistischem Bildungsstreben ergriffen, auch mit antiken Stoffen vertraut machte[11]. Acht Jahre hat er die Lateinschule besucht. All dies war zwar bei einem Handwerkersohn nicht gerade das Übliche[12], doch gab es gegen Ende des Mittelalters in Nürnberg viele Handwerker, die eine gediegene Schulbildung an den deutschen Schulen und Lateinschulen der Stadt genossen hatten[13]; und manche von ihnen

folgenden vgl. die neueste Biographie von Bernstein 1993, die zuverlässig informiert und in den Fußnoten sowie der Bibliographie auf frühere Arbeiten verweist; vgl. auch neuerdings die Skizze von Brunner 1994. Über Sachs' Besitzverhältnisse informiert Stahl 1982, S. 265.

9 Zur sozialen und wirtschaftlichen Lage der Nürnberger Handwerkerschaft zur Zeit von Hans Sachs vgl. Endres 1977. Bei Berücksichtigung aller Gewerbe läßt sich schätzen, daß etwa jeder dritte Meister und Geselle als Stückwerker tätig war; vgl. Kellenbenz 1971, S. 186.

10 Zu Hans Sachs als Schuster vgl. Brunner 1977.

11 Insbesondere Sachsens Tugendlehre zeigt den Einfluß eines stoisch gefärbten Humanismus; vgl. Brandt 1979 und M.E. Müller 1985, besonders S. 213–242 (ohne Berücksichtigung der stoischen Hintergründe); zum eklektischen Phänomen der humanistischen Rezeption ›stoischer‹ Tugendlehre vgl. Hamm 1990, S. 183–186.

12 Nach Stahl 1982, S. 266, waren die acht Jahre »für einen Handwerkersohn eine ungewöhnlich lange Schulzeit«.

13 Zum Nürnberger Schulwesen in der ersten Hälfte des 16. Jahrhunderts vgl. Endres 1984.

pflegten literarische Neigungen. Außergewöhnlich hingegen war die poetische Begabung des Schuhmachers, aber auch hier wird man zugleich betonen müssen: Ihr Nährboden war die Pflege des Meistergesangs in den Nürnberger Handwerkerkreisen[14], und diesen Boden hat Sachs – so genial manche seiner Dichtungen waren – nie verlassen. Bei ihm vereinigt sich also das Handwerker-Typische mit dem Besonderen. Das Außergewöhnliche seines Schaffens ist eine Zuspitzung des Typischen.

Genau dies kann man auch über seine engagierte Parteinahme für die Reformation sagen. Viele Handwerker, auch ihre Frauen und ihre Gesellen, strömten seit 1522 zu den evangelischen Predigern. Durch die Predigten wurden sie dazu angeregt, selber in der Bibelübersetzung Luthers zu lesen, sich seine Flugschriften und die anderer reformatorischer Autoren zu verschaffen und sich in der neuen Botschaft kundig zu machen. Sie diskutierten darüber auf den Straßen und in den Wirtshäusern, sie bedrängten polemisch mit Wort und Tat den altgläubigen Klerus, besonders die Mönche, und verlangten nach einer Veränderung des Gottesdienstes. Hans Sachs war Teil dieser breiten Reformationsströmung, aber er schwamm nicht einfach im Strom mit, sondern war Wortführer und – wie wir gleich sehen werden – auch Kritiker der Gemeindereformation[15]. Er wurde nicht nur von der Theologie Luthers ergriffen, sondern war selbst theologisch aktiv; er gehörte zu jenen vereinzelten, aber doch für die frühe Reformation so be-

14 Zur Definition von ›Meistergesang‹ vgl. Brunner 1994, S. 18 (hier auch in Anm. 10 Literaturhinweise).

15 Mit dem Begriff ›Gemeindereformation‹ bezeichnet Blickle 1985 die Reformation des ›Gemeinen Manns‹ in den Städten und auf dem Lande. Das Gewicht fällt damit auf die kirchliche und politische Gemeinde im Gegenüber zur kirchlichen und politischen Herrschaft. Mit Recht wird so herausgestellt, daß der Lebensnerv der Reformationsbewegung der einfachen Leute ein neues Kirchenverständnis »von unten« mit stark antiklerikalem Impetus war. Vgl. Hamm/Moeller/Wendebourg 1995, S. 82 f.

zeichnenden Handwerkern und Handwerker-Künstlern, die selbst zur Feder griffen und als Laientheologen Flugschriften und Flugblätter verfaßten[16]. Unter ihnen erreichte er die höchsten Auflagenzahlen[17] und damit eine außergewöhnliche Breitenwirkung im Meinungsbildungsprozeß der Entscheidungsjahre 1523 bis 1525. Er schrieb als Laie für Laien. An ihm erweist sich klar, wieviel der Erfolg der Reformation damit zu tun hatte, daß Laien verschiedener Stände und Berufe die Fragen von Theologie, Frömmigkeit und Kirchenreform als ihre drängenden Lebensfragen erkannten und sich darin ein selbständiges Urteilsvermögen aneigneten.

3.2 Der religiöse Entwicklungsgang des Schusters

Wer freilich die frühen Jahre der Reformation als eine einzigartige Phase der theologischen Laienbildung, eines Heraustretens der Theologie aus dem Expertenkreis der Gelehrten versteht, der sollte nicht übersehen, daß die Grundlagen dafür bereits im Spätmittelalter gelegt wurden. Schon vor

16 Vgl. die zehn Handwerkerautoren der Jahre 1523–1525, deren Flugschriften Arnold 1990 analysiert hat. Die bildenden Künstler hat er aus seiner Untersuchung ausgeklammert.

17 Am erfolgreichsten war sein Reformationsdialog ›Disputation zwischen einem Chorherren und Schuchmacher‹ von 1524 (siehe unten Anm. 40), der allein im Jahr des Erstdrucks (bei Georg Erlinger in Bamberg) noch mindestens elf weitere Ausgaben erfuhr: in Bamberg, Augsburg, Wien, Eilenburg, Erfurt und Straßburg. Vgl. Arnold 1990, S. 79 mit Anm. 162. Ein Vergleich der bei Arnold genannten Ausgaben der Sachsschen Flugschriften mit den Ausgabenzahlen der anderen wichtigsten Handwerkerautoren, die Arnold berücksichtigt, belegt, daß Sachs deutlich an der Spitze steht und überhaupt zu den erfolgreichsten Flugschriftenverfassern der Frühreformation (einschließlich der Fachtheologen und akademisch gebildeten Laien) zählt.

der Reformation gab es eine blühende frömmigkeitstheologische Literatur in deutscher Sprache für Laien und auch von Laien[18], Schriften, in denen es besonders um die bange Frage nach der Barmherzigkeit Gottes und einer frommen, zum Heil führenden Lebensgestaltung ging. Hans Sachs und sein Kreis der Nürnberger Meistersinger sind ein Beispiel dafür, wie bereits im ausgehenden Mittelalter Themen einer frömmigkeitsbezogenen Theologie von Handwerkern in ihren Horizont und ihre Sprache transponiert werden. So finden wir unter den frühen Meisterliedern Sachsens bis 1518[19] vorwiegend solche mit geistlichem Inhalt, darunter zahlreiche Marienlieder[20], aber auch solche, die sich mit theologischen Problemen wie der Trinität Gottes[21], dem Wandlungsgeheimnis in der Eucharistie[22] oder der Lehre von den zwei Naturen Christi[23] beschäftigen. Auffallend ist der Ton von Angst und Gewissensqual, der – im Blick auf Tod und Gericht – gelegentlich hervortritt, so in einem Meisterlied von 1517, das mit der Klage beginnt:

> »Ach weh mir armem Sünder, weh,
> wie steh' ich so in jämmerlicher Not,
> mit Schmerzen ich umfangen bin,
> hin ist Herz, Mut und Freud,

18 Die wichtigste Fundgrube ist das seit 1978 erscheinende, mittlerweile bei Buchstabe U angelangte Lexikon: Die deutsche Literatur des Mittelalters. Verfasserlexikon. Zum Begriff ›Frömmigkeitstheologie‹ / ›frömmigkeitstheologisch‹ vgl. oben S. 74 mit Anm. 141.

19 Sie liegen in der kritischen, gut kommentierenden Ausgabe von Ellis 1974 vor.

20 Ebd. S. 47–85, Nr. 8–18.

21 Ebd. S. 21–23, Nr. 1: über die göttliche Trinität und die Unmöglichkeit, die Geburt des Sohnes aus dem Vater zu ergründen.

22 Ebd. S. 24–26, Nr. 2: über die Eucharistie: Wirkung, Gegenwart Gottes und Wandlung der Elemente.

23 Ebd. S. 40–43, Nr. 6; vgl. auch S. 29f., Nr. 3, Str. 3, Z. 12–32: über die Frage nach der Leidensfähigkeit der Gottheit und Menschheit Jesu.

frecher [= lebhafter] Sinn,
ich seh' vor mir den grimmen Tod [...].«[24]

Als Gegengewicht zu Sündennot und Verzweiflung empfiehlt Sachs den armen Sündern die Bekehrung in inniger Buße und die Zuflucht zum gnädigen Verzeihen des Gekreuzigten wie zur Fürsprache der erbarmungsreichen Jungfrau Maria[25]. Die angstvolle Sündenerkenntnis und der Schrei nach Erbarmen führt uns an die Schwelle zur Reformation, die Antwort Luthers wird freilich eine wesentlich andere sein[26].

Im Sommer des Jahres 1516 war Hans Sachs von seiner fünfjährigen Wanderschaft als Schustergeselle nach Nürnberg zurückgekehrt, 1519 begründete er durch seine Heirat einen eigenen Hausstand, und dies war die Voraussetzung dafür, daß er im Jahr darauf Handwerksmeister werden und nun selbständig einen florierenden Schuhmacherbetrieb führen konnte. Während gleichzeitig in Nürnberg die Kunde vom Auftreten Luthers die Gemüter zu erhitzen begann, seine Schriften Verbreitung fanden, die ersten Nürnberger Reformationsflugschriften erschienen[27] und die Predigten von den Hauptkanzeln der Stadt evangelisch wurden[28],

24 Ausgabe von Ellis, S. 31, Nr. 4, Str. 1, Z. 1–8: »Ach we mir armen sünder ... ich sÿ vor mir den grimen dot.«

25 Vgl. ebd. S. 34f., Nr. 4, Str. 3, Z. 13–53; vgl. auch S. 30, Nr. 3, Str. 3, Z. 32–38 (Passionsmeditation).

26 Die Andersartigkeit wird vor allem darin liegen, daß die Zueignung der rechtfertigenden Vergebung Gottes, d. h. der stellvertretenden Gerechtigkeit Christi, eine heilsvermittelnde Fürsprache Mariens und anderer Heiliger ausschließt und auf Seiten des Sünders nicht die Bedingung einer wahren Buße (Reue) voraussetzt, sondern in ihm den Glauben – nicht als Leistung, sondern als reines Empfangen – schafft.

27 Die erste Flugschrift eines Nürnberger Autors war bezeichnenderweise nicht die eines Theologen, sondern die deutschsprachige ›Schutzrede für Luthers Lehre‹ des Ratsschreibers Lazarus Spengler von Ende 1519: siehe Spengler: Schriften, Bd. 1, Nr. 6; vgl. oben S. 150f.: Abbildung 8.

28 Im Frühjahr 1522 wurde Andreas Osiander Prediger an St.

hüllte sich der Schuster in Schweigen. Nichts war von ihm über den religiösen Umbruch zu vernehmen. Von Sommer 1520 bis Sommer 1523, nahezu drei Jahre lang, versiegte sein literarisches Schaffen völlig[29]. Das ist bei Hans Sachs höchst ungewöhnlich, ja alarmierend, denn Leben bedeutete ihm immer Schreiben und Dichten[30]. Und wer meint, in den ersten Jahren nach Geschäftsgründung sei er eben mit der Schuhmacherei so überlastet gewesen, daß er sich keine Zeile abringen konnte, unterschätzt die Produktivität eines Sachs, der inmitten größter Arbeitsfülle seine geistige Energiequelle stets im Schreiben fand und sich entsprechende Nischen einzurichten verstand. Es gibt nur eine plausible Erklärung für das dreijährige literarische Verstummen des Meisters: Er vertiefte sich in die Schriften Luthers und wohl auch anderer reformatorischer Autoren[31], vor allem aber sehr gründlich in die Heilige Schrift, wobei wir besonders

Lorenz und Dominikus Schleupner Prediger an St. Sebald; vgl. Osiander: Gesamtausgabe, Bd. 1, S. 45 f. Nr. 1.

29 Vgl. Werkverzeichnis in der Sachs-Ausgabe von v. Keller/Goetze, Bd. 25, S. 9 f., Nr. 78–82. Bereits vor der Schaffenspause schrieb Sachs 1520 ein (wie alle Meisterlieder nicht publiziertes) Meisterlied, in dem man die Abkehr von der Hoffnung auf die Heilsmittlerschaft Mariens und die Hinwendung zum reformatorischen ›solus Christus‹ erkennen kann; vgl. Otten 1993, S. 36–43.

30 Dichten war für Sachs nicht einfach nur sinnvolle Freizeitbeschäftigung, sondern Berufung im Sinne einer das ganze Leben beanspruchenden göttlich inspirierten Sendung zu Gottes Ehre, zur Förderung der Tugend und zur »ergetzung trauriger gemüt«. Dieses Bewußtsein bringt Sachs besonders in einem – auf seine existentielle Wende zum Dichter-Beruf im Jahre 1513 zurückblickenden und sie als Berufung durch die neun Musen stilisierenden – Gedicht des Jahres 1536 zum Ausdruck. Vgl. Bernstein 1993, S. 26–28 (Zitat S. 28).

31 Bis zum Jahre 1522 hatte Sachs bereits vierzig lutherische ›Sermone und Traktätlein‹ gesammelt und in einem Konvolut einbinden lassen. Dazu gehörten vermutlich nicht nur Schriften Luthers, sondern auch Flugschriften von Lutheranhängern wie Lazarus Spengler. Vgl. Otten 1993, S. 2 und Arnold 1990, S. 61.

an die im September 1522 erschienene Luther-Übersetzung des Neuen Testaments denken müssen[32]. Diese drei Jahre waren für Sachs sozusagen seine ›stillen Jahre‹ der Reformation[33], in denen er sich – aufgerüttelt durch Luthers Art, die Bibel zu lesen und kritisch anzuwenden – tiefgehende Kenntnisse und Klarheit über die neue Lehre verschaffte, ehe er sich dann mit eigenen Schriften in das Getümmel der stürmischen Jahre der Reformation 1523 bis 1525 stürzte. Nur so kann man auch verstehen, wie es zur erstaunlichen Meisterschaft des Schusters im Umgang mit der Bibel und der reformatorischen Lehre gekommen ist[34].

Seine Fähigkeit, das Wesentliche der Lehre Luthers auf den Punkt zu bringen, sie selbständig argumentativ einzusetzen und dabei stets die Bibel selbst in die aktuelle Situation hinein zum Sprechen zu bringen, zeigt sich in all seinen publizierten Reformationsschriften: in den 700 Verszeilen der ›Wittenbergisch Nachtigall‹ von 1523[35], in seinen packenden vier Prosadialogen des Jahres 1524[36] sowie in fünf Flugblättern[37] und acht geistlichen Liedern von

32 In seinen Reformationsschriften 1523/24 zitiert Sachs bereits konsequent das Neue Testament nach Luthers ›Septembertestament‹ (oder einem Nachdruck) und den ersten Teil des Alten Testaments (Pentateuch) nach der Übersetzung Luthers, die zuerst im Sommer 1523 in Wittenberg erschien. Vgl. Arnold 1990, S. 62 mit Anm. 50.

33 Von einer »ersten ›stillen Phase‹« in der Verbreitung von Luthers Schriften und Gedanken spricht Oberman 1977, S. 347.

34 Zur dreijährigen Unterbrechung von Sachs' literarischem Schaffen vgl. neuerdings die gute Zusammenfassung und Weiterführung der Diskussion bei Otten 1993, S. 1–18. Er verweist auch auf die Krise der Nürnberger Meistersingergesellschaft in jenen Jahren, die sich neben anderen Faktoren hemmend auf Sachsens Meisterliedproduktion vor Mitte 1523 ausgewirkt haben könnte, ohne doch wohl der entscheidende Grund für das gänzliche schriftstellerische Verstummen des Meisters zu sein.

35 Siehe oben Anm. 2.

36 Siehe unten Anm. 40 und 50.

37 Von den fünf Spruchgedichten, die jeweils gemeinsam mit ei-

1524/25[38]. Auch später noch hat sich Sachs für die Reformation eingesetzt, vor allem hat er anhand der Übersetzung Luthers fast das gesamte Alte Testament und einen beträchtlichen Teil des Neuen Testaments in Verse gebracht[39] und damit das Zentrale der Reformation, ihre Konzentration auf die Norm der Heiligen Schrift allein und auf ›die Ausbreitung des heilsamen Gotteswortes‹, zur Mitte seines dichterischen Schaffens gemacht. Doch beschränke ich mei-

nem Holzschnitt (der Nürnberger Künstler Sebald Beham, Erhard Schön und Peter Flettner) als Flugblätter erschienen, gehören wohl vier in das Jahr 1524 (›Ein neuer Spruch, wie die Geistlichkeit und etlich Handwerker über den Luther klagen‹; ›Der Schafstall Christi‹; ›Das Haus des weisen und das Haus des unweisen Manns, Matth. 7‹; ›Der zwölf reinen Vögel Eigenschaft, zu den ein Christ vergleichet wird [...]‹) und eins in das Jahr 1525 (›Der arm gemein Esel‹); bibliographische Nachweise bei Arnold 1990, S. 56 f. und Otten 1993, S. 91–94 und – zum Esel-Flugblatt – S. 258–260. Zum Medium des reformatorisch-polemischen Flugblatts vgl. Beyer 1994.

38 Das 1525 bei dem Nürnberger Drucker Jobst Gutknecht erschienene Sachssche Achtliederbüchlein (›Etliche geistliche in der Schrift gegründte Lieder für die Laien zu singen‹) enthält mindestens zwei Lieder, die bereits 1524 entstanden sind; vgl. Otten 1993, S. 95–100 (dort auch bibliographische Nachweise). Die Lieder sind ediert in der Ausgabe von v. Keller/Goetze, Bd. 22, S. 85–108. Zu diesen im Druck veröffentlichten Reformationsgedichten, -dialogen und -liedern kommt im Zeitraum 1523 bis 1525 noch das unveröffentlichte Meisterlied ›Das walt Gott‹, eine Vorstufe der ›Wittenbergisch Nachtigall‹, hinzu; ediert in der Ausgabe von Seufert S. 5–8. Sachs' Reformationsdichtung der Jahre 1523–1525 ist am besten erschlossen in der gründlichen Dissertation von Otten 1993, die auch einen guten Überblick über die ältere Literatur gibt. Insbesondere die problematische Monographie von Balzer 1973 über Sachs als Reformationspropagandisten ist damit endgültig überholt. Störend an Ottens Arbeit ist generell, daß manche (durchaus sinnvolle) Hypothesen allzu schnell als gesicherte Ergebnisse erscheinen, z. B. die Umdatierung der vier Reformationsdialoge (siehe unten Anm. 40).

39 Vgl. Könneker 1971, S. 17.

nen Blickwinkel im folgenden überwiegend auf jene Jahre 1523 bis 1525, in denen Sachs als der bekannteste und sprachmächtigste Wortführer der Reformation aus dem Handwerkerstand seine größte Breitenwirkung dank der neuen Möglichkeiten einer billigen Massenpublikation von Druckwerken entfaltete.

3.3 Antiklerikalismus, Rechtfertigung und Nächstenliebe

Vertieft man sich in die ›Wittenbergisch Nachtigall‹ und in die – nach gängiger Zählung – ersten beiden Reformationsdialoge des Schusters, in die ›Disputation zwischen einem Chorherrn und Schuchmacher‹ und in das ›Gespräch von den Scheinwerken der Geistlichen und ihren Gelübden‹[40], so fällt zweierlei ins Auge: Zum einen zieht sich

40 Dialog 1 (siehe Abbildung 9): ›Disputation zwischen einem Chorherren und Schuchmacher, darin das Wort Gottes und ein recht christlich Wesen verfochten wird‹ (Text in der Ausgabe von Seufert S. 41–71, bibliographische Nachweise und Interpretation bei Arnold 1990, S. 78–82 und Otten 1993, S. 108–142.302–305); Dialog 2: ›Ein Gespräch von den Scheinwerken der Geistlichen und ihren Gelübden, damit sie zu Verlästerung des Bluts Christi vermeinen selig zu werden‹ (Seufert S. 73–92 bzw. Arnold S. 82–85 und Otten S. 179–189. 307–309). – Die chronologische Abfolge der vier Sachsschen Reformationsdialoge innerhalb des Jahres 1524 ist nicht gesichert. Nur der Druck des Dialogs über den Geiz (bei Seufert Nr. 3) enthält ein genaues Datum: Die Vorrede ist auf den Michaelstag (29. September) 1524 datiert (Seufert S. 97). Die Anordnung der anderen Dialoge, die alle drei die Jahreszahl 1524 enthalten, ist für meine Darstellung unerheblich. Ich folge der üblichen Reihung, an der sich auch die Ausgabe Seuferts orientiert. Eine andere Anordnung (Dialog 4 wird zu Dialog 2, die bisherigen Dialoge 2 und 3 werden zu 3 und 4) schlägt neuerdings mit guten, aber nicht zwingenden Gründen Otten S. 100–108 und 148–179 vor. Er kann überzeugend zeigen, weshalb der bisher an letzter Stelle placierte Dialog

durch die Schriften ein radikaler *Antiklerikalismus*, der deutlich macht, wie tiefgehend Hans Sachs mit dem gebrochen hat, was der bisherigen Kirche als besonders heilig gegolten hat: mit der klerikalen, hierarchischen Heiligkeit des Papstes, der Bischöfe, Priester und Mönche und mit der Heiligkeit jener Werke, die von diesen Klerikern besonders praktiziert und empfohlen wurden, z. B. Gelübde, Fasten, Wachen, Chorgebet, Prozessionen, Wallfahrten, Ablaßkauf, Stiftungen von Messen, Kirchen, Bildern, Gewändern usw. Entscheidend ist dabei für Sachs, daß diese Art von Heiligkeit keinen Grund in der Hl. Schrift hat. Sie ist nicht von Gott geboten, sondern Erfindung von Menschen, die sich selbst in ihrer Schein-Heiligkeit zu produzieren suchen. Die wahre Heiligkeit des Lebens hingegen, die Gott in seinem Wort geboten hat, komme so gerade nicht zum Zuge.

Zum andern zeigt sich in Sachs' Reformationsschriften von Anfang an, wie stark ihn Luthers *Rechtfertigungsbotschaft* angesprochen und wie sachkundig er sie aufgenommen hat[41]. Von der angstvollen Heilssorge sieht er sich nun befreit und

sehr gut im Frühjahr 1524 geschrieben und publiziert sein könnte; seine Argumente vermögen aber nicht auszuschließen, daß der Dialog möglicherweise auch erst im Herbst 1524 von Sachs verfaßt wurde (zu Dialog 4 in traditioneller Zählung vgl. unten Anm. 50 und S. 215–218). Sollte Otten recht haben, dann käme dies meiner Auffassung entgegen, daß man im Jahr 1524 nicht zwischen einer (noch) scharf antiklerikalen und einer (schon) irenischen Reformationshaltung Sachsens unterscheiden kann, sondern daß bei ihm eine bestimmte Art von religiöser Polemik (gegen die klerikalen Verführer der einfachen Leute) und eine bestimmte Art von religiöser Duldung (im Umgang mit den Verführten) zusammengehören. Vgl. unten Anm. 53 und S. 227 f.

41 Ausführliche rechtfertigungstheologische Passagen finden sich besonders in: Wittenbergisch Nachtigall, Vers 343–439, Ausgabe von Seufert S. 28–30; Disputation zwischen einem Chorherren und Schuchmacher, Seufert S. 62 f., Z. 517–548; Ein Dialogus [...] den Geiz [...] betreffend, Seufert S. 113, Z. 504–516 und S. 114 f., Z. 540–565; Ein Gespräch eins evan-

Abbildung 9

Titelholzschnitt von Barthel Beham zur Flugschrift von Hans Sachs: ›Disputation zwischen einem Chorherren und Schuchmacher, darin das Wort Gottes und ein recht christlich Wesen verfochten wird‹, Abbildung des Erstdrucks: [Bamberg: bei Georg Erlinger] 1524; Exemplar: Stadtbibliothek Nürnberg, Sign.: Nor. 14.4°/Rar.; vgl. Druckbeschreibung in der Sachs-Ausgabe von Seufert 1974, S. 145 f. und bei Otten 1993, S. 302 f. Nr. 1.1. – Der Holzschnitt stellt die Ausgangssituation des Gesprächs dar: Der Schuster bringt dem Chorherrn die Pantoffeln, Sinnbild für das bequeme Leben des Klerus. In der Tür des Hauses steht die Köchin, Hinweis auf das den Leibesgenüssen hingegebene klerikale Wohlleben (am Ende des Dialogs wird sie vom Chorherrn zum Markt geschickt, um für ein Bankett Geflügel zu kaufen). An der unteren Leiste des Holzschnitts wird das Jesuswort Luk. 19,40 zitiert: »Ich sage euch: Wo diese (die Jünger) schweigen, so werden die Steine schreien.« Dieses Bibelzitat gewinnt in der frühen Reformationszeit eine stereotype antiklerikale und antigelehrte Stoßrichtung: Wenn jetzt, wo die Priester und Gelehrten das Wort Gottes unterdrücken, auch noch die Laien und Ungelehrten die Wahrheit verschweigen, dann werden die Steine schreien (vgl. Hamm 1993 a, S. 410). Sachs läßt gegen Ende des Dialogs den Schuster zum Chorherrn sagen: »Laßt euchs nicht verwundern, denn im alten Gesetz hat Gott die Hirten sein Wort lassen verkünden. Also auch jetzt müssen (euch Pharisäer) die Schuster lehren. Ja es werden euch noch die Steine in die Ohren schreien!«

Disputation zwischen einem Chorherren vnd Schuchmacher dariñ das wort gottes/ vnd ein recht Christlich wesen verfochten würdt.

Hanns Sachs.

M D XXiiij.

Jch sage euch/wo dise schweygen/so werdē die stein schreyen. luc. 19.

damit auch entlastet von der zwanghaften Nötigung, eine bestimmte Herzensqualität der Buße und die Heiligkeit guter Werke vorlegen zu müssen, um von Gott zum ewigen Leben angenommen werden zu können. Seine Angriffe auf die Werk-Heiligkeit des Klerus wurzeln in der reformatorischen Zentral-Entdeckung, daß alle Werke, die dem Heilserwerb dienen sollen, von Grund auf verkehrt sind. Es ist die Freilegung des Evangeliums, daß Jesus Christus der einzige Mittler und Versöhner zwischen Gott und Mensch ist, der für uns Sünder ein für allemal genug getan hat, der uns von der Hölle erlöst und den Himmel verdient hat. So bedarf es keiner menschlichen Anstrengungen mehr, um der Seligkeit teilhaftig zu werden. Im Glauben, d.h. im Vertrauen auf Christus, darf der Sünder nun die Gewißheit haben, vor und unabhängig von allen eigenen Werken Kind Gottes und Erbe der Seligkeit zu sein. Zwar ist dieses Vertrauen nicht nur empfangender, sondern auch tätiger Glaube, aus dem die Werke der Liebe hervorströmen, doch liegt für Sachs wie für Luther das Befreiende des Evangeliums darin, daß solche christlichen Werke nicht mehr Heilsbedingung, sondern Folge des bereits zugeeigneten Heils, Folge der letztgültigen Annahme des Sünders zur Seligkeit sind. So sagt er prägnant über die Werke der Barmherzigkeit:

> »Hie merk, daß dieses allein sind
> die wahren christlich guten Werke.
> Hie muß man aber fleißig merke[n],
> daß sie zur Seligkeit nit dien[en],
> die Seligkeit hat man vorhin
> durch den Glauben in Christum.
> Dies ist die Lehr kurz in der Summ,
> die Luther hat an Tag gebracht.«[42]

gelischen Christen, Seufert S. 129, Z. 203–217; Flugblatt ›Der Schafstall Christi‹, Abbildung im Katalog: Flugblätter der Reformation und des Bauernkrieges, 1976, S. 34 Nr. 12 (dazu Text S. 116 f.).

42 Die Wittenbergisch Nachtigall, Vers 432–439, Ausgabe von Seufert S. 30; vgl. V. 415: »Der selbig mensch, der ist schon sellig.«

In all dem und in vielen anderen Aussagen seiner Flugschriften tritt Hans Sachs in die Fußstapfen Martin Luthers. Er ist für ihn – als Ausleger des Gotteswortes – der wahre christliche Lehrer schlechthin. Man darf sich jedoch auch keine falschen Vorstellungen von der Nähe des Schuhmachers zu Luther machen. Er ist keine Kopie Luthers in Kleinformat oder Handwerkerausgabe. Rezeption Luthers bedeutet bei ihm sogleich Umformen und Weiterdenken. Er sieht sich durch Luther dazu angeregt, mit der Bibel in der Hand selbständig Gottes Wort zu entdecken, von daher andere Akzente zu setzen und das Evangelium auf andere Problemstellungen hin auszulegen. Schon in der Beschreibung der Rechtfertigung des Sünders sind bei ihm wichtige Veränderungen gegenüber Luther zu bemerken[43]. Vor allem fällt nun das Gewicht ganz und gar auf die Früchte des Glaubens, auf die Liebe und ihre Werke der Barmherzigkeit. Steht für Luther im Zentrum des Evangeliums der empfangende *Glaube*, aus dem die Früchte der tätigen Nächstenliebe hervorwachsen, so ist für Sachs das Zentrale die *Nächstenliebe*, deren barmherziges Tun aus der Lebendigkeit des Glaubens hervorwächst. Alles zielt bei ihm auf die Früchte, auf die brüderliche Liebe als Bewährung des Glaubens. »Die Liebe ist«, wie er sagt, »die rechte Probe eines Christen«[44]. »Allein

43 Aus dem zentralen Bereich der Rechtfertigungstheologie, wie sie Luther in seinen deutschsprachigen Druckschriften der Jahre 1518 bis 1522 einer breiten Öffentlichkeit zugänglich machte, fehlt bei Hans Sachs z. B. die gesamte imputative Thematik der angerechneten Gerechtigkeit Christi, der Gerechtigkeit ›außerhalb des Menschen‹ (extra nos), der sich mitteilenden Gerechtigkeit Gottes, des freisprechend-zueignenden Verheißungswortes (Evangelium als zueignende Zusage), des fröhlichen Wechsels und der Simultaneität von Gerecht- und Sündersein des Menschen. Die Rechtfertigungstheologie Luthers im Spiegel seiner publikumswirksamen Schriften bis 1522 ist dargestellt bei Hohenberger 1996, S. 12–151. Hohenberger weist auch nach, wie deutlich die erwähnte Thematik in Flugschriften von Luther-Rezipienten während der Jahre 1521/22 präsent ist.

44 Ein Gespräch eins evangelischen Christen, Ausgabe von Seufert S. 127, Z. 148 f.; vgl. unten Anm. 89.

an der Liebe« kann man »die rechten Kinder Gottes«, die der Geist Gottes treibt, erkennen[45]. Besonders auf zwei Bibelstellen beruft sich Sachs, wenn er die brüderliche Liebe als Inhalt aller Gebote Gottes und Summe des Christenlebens kennzeichnet: auf die ›Goldene Regel‹ Matth. 7,12: »Alles, was ihr wollt, daß es euch die Menschen tun, das tut auch ihnen!«[46] und auf die »Werke der Barmherzigkeit« von Matth. 25, die – wie es dort heißt – Christus selbst erwiesen werden, wenn sie einem seiner geringsten Brüder getan werden: Hungrige speisen, Durstige tränken, Arme beherbergen, Nackte kleiden, Kranke besuchen, Gefangene trösten[47]. »So ist«, wie Sachs emphatisch unterstreicht, »das neue Gesetz [Christi] allenthalben voll Lieb, Lieb, Lieb«[48]. Und das Schlimmste, was der Christenheit widerfahren kann, ist in seinen Augen der Verlust der Liebe. Um 1535 veröffentlichte der Schuhmacher ein bewegendes Klagegedicht mit dem Titel »Die brüderliche Liebe hat keine Füße mehr«. Es erschien als Flugblatt zusammen mit einem Holzschnitt, der die Liebe als furchtbar verstümmelte Frau darstellt[49]. Sie liegt hilflos in der Wildnis, fernab von mensch-

45 Ebd. S. 139, Z. 499–502.

46 Z. B. Die Wittenbergisch Nachtigall, Vers 427 f., Ausgabe von Seufert S. 30; Disputation zwischen einem Chorherren und Schuchmacher, ebd. S. 61, Z. 486–488; Ein Dialogus [...] den Geiz [...] betreffend, ebd. S. 100, Z. 90–92; Ein Gespräch eins evangelischen Christen, ebd. S. 130, Z. 227–229.

47 Z. B. Die Wittenbergisch Nachtigall, Vers 422, Seufert S. 30; Disputation zwischen einem Chorherren und Schuchmacher, ebd. S. 61, Z. 488–491 und 504–506; Ein Gespräch von den Scheinwerken der Geistlichen, ebd. S. 81, Z. 140–144 und 151–153. Den zu beherbergenden »Gast« der Lutherübersetzung (Matth. 25,35 ff.) ersetzt Sachs durch den »Armen« (vgl. das im folgenden über Sachs' Sozialbotschaft Gesagte).

48 Ein Dialogus [...] den Geiz [...] betreffend, Ausgabe von Seufert S. 106, Z. 275 f.; vgl. Joh. 13,34 f. und Gal. 6,2.

49 Abbildung 10. Der Einblattholzschnitt von Peter Flettner (?) mit dem Spruchgedicht von Hans Sachs findet sich als Faksimile in der Ausgabe: Flugblätter der Reformation und des Bauernkrieges, 1976: Blatt Nr. 9 (Die Parabel von dem Eigen-

lichen Behausungen, mit abgeschlagenen Füßen und blutigen Beinstümpfen – Sinnbild der durch die Selbstsucht (den ›Eigennutz‹) der Menschen vertriebenen und mißhandelten Liebe, die erst dann wieder in ihre Gemeinschaft zurückkehrt, wenn Gott sie heilt. So wichtig Sachs der befreiende, von Gewissensnot entlastende Glaube auch ist, so findet er doch die Glaubwürdigkeit des Glaubens und des Evangelischseins allein in der Liebe.

Wie selbständig hier Sachs den Ansatz Luthers weiterdenkt, verändert und seine besondere Erfahrungsweise als Handwerker einbringt, wird deutlicher, wenn man darauf achtet, in welche Richtung er sein Verständnis von brüderlicher Liebe konkretisiert und welches eigensüchtige Fehlverhalten er dabei im Blick hat. Man kann zwischen *zwei Hauptaspekten* unterscheiden und sie durch die Begriffe ›soziale Reformation‹ und ›friedliche Reformation‹ kennzeichnen. Zur Sprache kommen sie besonders in jenen zwei Reformationsdialogen des Schusters, die nach bisher üblicher Reihung die beiden späteren des Jahres 1524 sind[50]. Blicken wir zunächst auf die Art und Weise, wie Hans Sachs das Evangelium als Sozialbotschaft vorträgt und damit zum Politikum ersten Ranges macht.

nutz und der Caritas), Katalog S. 54 und 82; Text auch in der Ausgabe von v. Keller/Goetze, Bd. 3, S. 302–305.

50 Dialog 3 (29. Sept. 1524, siehe Abbildung 11): ›Ein Dialogus, des Inhalt ein Argument der Römischen wider das christlich Häuflein, den Geiz, auch ander offenlich Laster etc. betreffend‹ (Text in der Ausgabe von Seufert S. 93–117, bibliographische Nachweise und Interpretation bei Arnold 1990, S. 85–89 und Otten 1993, S. 189–202.310); Dialog 4: ›Ein Gespräch eins evangelischen Christen mit einem lutherischen, darin der ärgerlich Wandel etlicher, die sich lutherisch nennen, angezeigt und brüderlich gestraft wird‹ (Seufert S. 119–141 bzw. Arnold S. 90–93 und Otten S. 142–179.305–307). Zur Frage der zeitlichen Anordnung der vier Dialoge vgl. oben Anm. 40. Nach der neuen Reihung Ottens handelt es sich also nicht um die Dialoge 3 und 4, sondern um 4 und 2.

Abbildung 10

Einblattholzschnitt von Peter Flettner (?): Parabel von dem Eigennutz und der Caritas, Nürnberg: bei Anthony Corthois d. Ä. [um 1535]; unter dem Titel ›Die brüderliche Liebe hat keine Füße mehr‹ erschien er als Flugblatt zusammen mit einem Gedicht von Hans Sachs (dazu S. 198f. mit Anm. 49); Abbildung nach dem Faksimile in der Ausgabe: Flugblätter der Reformation und des Bauernkrieges, 1976: Blatt Nr. 9; vgl. dazu Katalog S. 82: »In einem Wald liegt am Fuße eines Baumes eine Frauengestalt mit abgeschlagenen Füßen, an der Brust zwei Kinder nährend. Zu ihr beugt sich der Dichter herab, während rechts eine geflügelte männliche Gestalt – der Eigennutz – mit langem Schwert und Kapuzenmantel in den Wald eilt. Im Hintergrund wird eine Stadtsilhouette an einem See sichtbar. Die verwundete Frau verkörpert die Caritas, die Liebe unter den Menschen, die vor dem Eigennutz, der zur Zeit das Volk beherrscht und ihr ärgster Feind ist, in den Wald geflohen ist [...] Klagend berichtet sie dem Dichter, der sie gefunden hat, daß der Eigennutz ihr die Füße abgeschlagen habe, so daß an eine baldige Rückkehr unter die Menschen nicht zu denken sei.«

Die brůderlich lieb hat keyn Fůß mer.

3.4 Soziale Reformation

3.4.1 Gegen die Habgier der Reichen

Die *soziale Zuspitzung des Liebesgebots* tritt einem bei Sachs bereits in den erwähnten früheren Reformationsschriften und ihrer antiklerikalen Haltung entgegen. Den Priestern und besonders den Mönchen wirft er vor, daß ihr ganzes Verhalten eigennützig und gemeinschaftsfeindlich sei. Sie bekämpfen das Wort Gottes, weil es ihnen an den Bauch und den Geldbeutel geht[51]. Sie sind faul und lassen sich wie Parasiten von der armen, hart arbeitenden Bevölkerung ernähren. Sie weiden die Schafe Christi nicht, sondern scheren, melken und fressen sie[52]. Mit solchen Attacken bewegt sich Sachs auf der Ebene des üblichen reformatorischen Antiklerikalismus[53]. Dabei zeigt er sich dem städtischen

51 So beschließt Sachs die Disputation zwischen einem Chorherren und Schuchmacher mit dem auf den Chorherrn und ähnlich wohllebende und gaumenfreudige Kleriker gemünzten Zitat aus Phil. 3,19: »Ihr Bauch ihr Gott.« Ausgabe von Seufert S. 71. Vgl. Die Wittenbergisch Nachtigall, Vers 308–314, ebd. S. 26 f.:
»Die Schlangen, so die Schäflein saugen,
Seind Mönch und Nonnen, der faul Haufen,
Die ihre gute[n] Werk verkaufen
Um Geld, Käs, Eier, Licht und Schmalz,
Um Hühner, Fleisch, Wein, Korn und Salz,
Damit sie in dem Vollen leben
Und sammeln auch groß Schätz daneben.«
Am Rand stehen die Stichwörter »Käsjäger« und »Bauchheilige«.

52 Vgl. Die Wittenbergisch Nachtigall, Vers 193–314, Ausgabe von Seufert S. 22–27: gegen die ›Tyrannei‹ des Papstes, der Bischöfe, Prälaten, Pfarrer und Ordensleute, die als ›Wölfe‹ die armen Leute wie Schafe scheren (V. 216), melken (V. 234) und fressen (V. 286) sowie als ›Schlangen‹ aussaugen.

53 Allerdings will Sachs von Anfang an der antiklerikalen Polemik nur soweit Raum geben, sofern sie sich gegen die Verführer wendet und allein aus dem Beweggrund »brüderlicher Liebe« geschieht. Ziel der Polemik soll es sein, »ohn' allen

Grundwert der Gemeinnützigkeit verpflichtet, indem er ihn gegen den ›Eigennutz‹ der Kleriker setzt[54]. Seinen eigenen Ton aber findet Sachs insbesondere dort, wo er die sozialethische Stoßrichtung des Liebesgebots gegen die Reichen der Stadt richtet. Auf das Argument der Franziskaner, sie erhielten doch als Bettelmönche ihren Lebensunterhalt nicht von den Armen, sondern von den großen Herren und reichen Bürgern, läßt Sachs die Handwerker entgegnen: Schon gut, woher aber nehmen es die Reichen? Allein von uns. Sie saugen uns, die »armen Christen«, bis aufs Blut aus[55]. Man sieht, wie schnell sich die Front bei Sachs ver-

Neid und Haß« die Gewissen der Verführten zu befreien und die Kleriker – falls sie nicht völlig verstockt sind – zur Selbsterkenntnis zu führen, »wie elend, blind, hartselig [= jammervolle] Leut« sie sind. So in: Ein Gespräch von den Scheinwerken der Geistlichen, Ausgabe von Seufert S. 91, Z. 460–489 (Zitate Z. 462 f. 474 f. 486); vgl. – zusammenfassend zur Sachsschen Polemik und Irenik – unten S. 222 f. und 227 f. Zum gängigen reformatorischen Antiklerikalismus vgl. Goertz 1987 und Anticlericalism 1993.

54 Das besonders Skandalöse am klerikalen ›Eigennutz‹, am Machtstreben und an der Habgier der Säkularkleriker und Ordensleute, ist für Sachs wie für viele seiner Zeitgenossen, daß hier Verheißung und Anspruch von Seelsorge im Blick auf das ewige Heil zum Deckmantel für gänzlich ungeistliche Interessen und Praktiken wird. Im übrigen aber ist – wie aus dem folgenden hervorgeht – der ›Eigennutz‹ in Sachs' Augen weder eine Spezialität der Kleriker noch eine der Wohlhabenden, sondern das Grundübel aller gesellschaftlichen Stände und Gruppen. Vgl. auch oben S. 198 f. bei Anm. 49. Zum städtischen Wertekanon mit der Zentralstellung des ›Gemeinen Nutzens‹ vgl. oben S. 58.

55 Ein Gespräch von den Scheinwerken der Geistlichen, Ausgabe von Seufert S. 79 f., Z. 83–100. Der Bäcker Peter hält dem Franziskanermönch Heinrich vor: »Ist gů̊t. Wo nemen es die selbigen [d. h. grosse herren und reiche bürger und kauflewt]? Allain bey uns! Wir, die aylff tausent mertrer [= 11 000 Märtyrer], mů̈ssen's zalen, da sy uns betriegen, ubernö̊tten [= vergewaltigen], dringen, zwingen, d[a]z offt das plů̊t hernach mö̊cht gan [= daraufhin fließen könnte]. Da speisen sy dar-

schiebt. Eben noch galt sein Angriff dem altgläubigen Klerus, schon aber richtet er den Vorwurf gemeinschaftsfeindlichen Verhaltens an die Adresse der Reichen.

Besonders nimmt er dabei die evangelischen Kaufleute und Unternehmer Nürnbergs, die Vertreter des frühneuzeitlichen Kapitalismus[56], ins Visier. Ihrer Raffgier (›Geiz‹) widmet er einen eigenen Dialog, eine der erstaunlichsten Schriften der gesamten Reformationszeit[57]. Frappierend ist die Schärfe, mit der ein gutbürgerlicher und lutherischer Schuster, der keineswegs zu sozialrevolutionärem Radikalismus neigt, seinen reichen Glaubensgenossen ins Gewissen redet[58]. Sie nennen sich ›evangelisch‹ und polemisieren gegen die Habsucht der Kleriker, doch verstoßen sie selbst in schamloser Weise gegen die Gebote Christi. Von Früchten eines evangelischen Lebens der brüderlichen Liebe ist bei ihnen nichts zu spüren. Sachs prangert sehr detailliert die sozialfeindlichen, ausbeuterischen Finanz- und Unter-

nach euch hailosen vatter [= Väter] - hailige vatter sol ich sagen - mit, die starck [= feist] und faul seind und selber wol arbaiten und andere arme, krancke Christen mit inen [= sich selbst] ernören möchten [= ernähren könnten].« Ebd. Z. 94–100.

56 Vgl. Vogler 1982, S. 12–29 (ökonomische Situation und soziale Struktur in Nürnberg).

57 Dialog 3 (29. Sept. 1524, siehe Abbildung 11): Ein Dialogus [...] den Geiz [...] betreffend; voller Titel und Literatur siehe oben Anm. 50. Der Begriff ›Geiz‹ ist bei Sachs und seinen Zeitgenossen nicht auf die heutige, spezielle Bedeutung von Knauserei und übertriebener Sparsamkeit eingegrenzt, sondern hat den allgemeineren Sinn von Habsucht und Raffgier und ist für Sachs einer der zentralen Begriffe, mit denen er verdeutlicht, was er unter ›Eigennutz‹ und Lieblosigkeit versteht.

58 Er hat dabei gewiß nicht nur die ganz Reichen, d. h. die auch als ›Verleger‹ und gewerbetreibende Unternehmer tätigen, vor allem auch im Montanwesen Mitteldeutschlands und Österreichs engagierten Großkaufleute, im Blick, sondern auch die vermögenden Handwerksmeister und kleineren Kaufleute - eben jene zu Wohlstand gekommenen, der evangelischen Lehre zuneigenden Bürger, die unter den Käufern seiner Reformationsdialoge besonders stark vertreten gewesen sein dürften.

nehmerpraktiken der reichen Oberschicht an: besonders die Bildung von Monopolen und die damit verbundene Preistreiberei, den Aufkauf von Lebensmitteln, die dann in Zeiten des Mangels zu überhöhten Preisen verkauft werden, die wucherischen Kreditzinsen, die den Armen in die Not treiben, die betrügerische Manipulation von Waren und Rechnungen, Maßen und Gewichten. Stereotyp konfrontiert Sachs die angeblich Evangelischen jeweils mit der Frage: »Ist das gut evangelisch?«[59]

Besonders ausführlich geht er auf die Not der ›Stückwerker‹ ein, indem er ihre Abhängigkeit von den ›Kaufherren‹ schildert, die ihnen Material und Kapital für die Produktion vorgeschossen haben und nun den Preis für die Handwerksstücke herunterdrücken können. Sie haben die Arbeiter in der Hand und springen mit ihnen nach Belieben um. Mit erregten Worten gibt Sachs diesem Druck, unter dem die verarmten Handwerker leiden, Sprache[60]: »Gewaltiglich regiert die Habgier unter den Kaufherren und Verlegern, die da drücken ihre Arbeiter und Stückwerker. Wenn sie ihnen ihre fertigen Stücke, die nur den Wert von Pfennigen haben, bringen[61] oder nach Hause tragen, da mäkeln die Unternehmer aufs hinterhältigste[62] an ihrer Arbeit herum; dann steht der arme Arbeiter zitternd an der Tür mit ineinandergepreßten Händen, stillschweigend, damit er nicht die Gunst des Kaufherrn verliert. Hat er vielleicht vorher Geld auf die Arbeit entliehen, dann rechnet der Kaufherr mit ihm ab, wie er will. Büßt der Arme außer dem Lohn für seine Arbeit auch sein eigenes Geld ein[63],

59 Ein Dialogus [...] den Geiz [...] betreffend, Ausgabe von Seufert S. 100 ff., Z. 89.101.109 f.141.153.230 f.234.427.

60 In den folgenden Zitaten weiche ich gelegentlich bei schwer verständlichen Wendungen vom frühneuhochdeutschen Originaltext (der Ausgabe von Seufert) ab – mit dem Ziel, gerade so den Sinn der Sachsschen Formulierung genau zu treffen.

61 Originaltext: »Wenn sie inen ir arbeyt und pfenwerdt bringen«.

62 Originaltext: »auffs hinderst«.

63 Originaltext: »Bůst der arm sein aygen gelt ein zů seiner arbeyt«.

Abbildung 11

Titelholzschnitt von Sebald Beham zur Flugschrift von Hans Sachs: ›Ein Dialogus, des Inhalt ein Argument der Römischen wider das christlich Häuflein, den Geiz, auch ander offenlich Laster etc. betreffend‹, Abbildung des Erstdrucks: [Nürnberg: bei Hieronymus Höltzel] 1524; Exemplar: Stadtbibliothek Nürnberg, Sign.: 3 an Solg. 761.4°/Rar.; vgl. Druckbeschreibung in der Sachs-Ausgabe von Seufert 1974, S. 146 und bei Otten 1993, S. 310 Nr. 4.1. – Rechts am Tisch sitzt der Kaufmann Reichenburger, der reiche evangelische Bürger Nürnbergs, dessen pelzbesetzte Kleidung ebenso wie der Geldbeutel und die Münzen Vornehmheit und Reichtum zum Ausdruck bringen. Der links stehende katholische Priester Romanus prangert mit seiner ausgestreckten Hand, deren Zeigefinger auf das Geld weist, die Habgier der Reichen an. Am unteren Rand des Bildes wird Eph. 5,3 zitiert: »Hurerei und Unreinigkeit oder Geiz laßt nicht von euch gesagt werden, wie den Heiligen zusteht.« Das Bibelwort ist bei Sachs ebenso an den altgläubigen Klerus wie an die Anhänger der evangelischen Lehre gerichtet.

Ein Dialogus/des inhalt/ein argument der Römischen/wider das Christlich heüflein/den Geytz/auch ander offenlich laster rc. betreffend.

Ephesios.v.

Hůrerey vnd vnrainigkait/oder geytz/laßt nit von euch gesagt werden/wie den heyligen zů steet.

dann freut sich der Reiche des guten, wohlfeilen Kaufs und meint, er verfahre mit dem Arbeiter rechtens.«[64] Wehrt sich der Arbeiter, dann zeigt es ihm der Unternehmer, besonders in Zeiten der zurückgehenden Konjunktur: »Der Widerstand der Stückwerker kann nicht lange währen, alsdann wird's ihnen zwiefältig vergolten. Wenn der Handel stockt oder im Winter, wenn allenthalben Mangel herrscht, da müssen sie euch«, sagt Sachs den Reichen, »die Waren gegen geringere Entlohnung abgeben. Im Sommer habt ihr ihnen die Haut abgezogen, im Winter saugt ihr ihnen[65] das Mark aus den Beinen. Ist das gut evangelisch, daß die Armen also Tag und Nacht über und über arbeiten und sich doch vor lauter Hunger mit Weib und Kindern kaum ernähren[66] können? Meint ihr, Gott erhöre nicht das Weh-

64 Ein Dialogus [...] den Geiz [...] betreffend, Ausgabe von Seufert S. 101 f., Z. 113–123. Eine poetisch verknappende, z. T. wörtliche Parallele zu diesem Text findet sich in dem 1527 verfaßten Spruchgedicht Sachsens ›Der Eigennutz, das greulich Tier mit seinen zwölf Eigenschaften‹:
»So dann der arm sein pfenwart [wie Anm. 61: pfenwerdt] bringt,
Alsdenn er in auffs hinterst [wie Anm. 62] tringt.
Die war nam er [der Stückwerker] auff borg und zil [= Termin, Zahltag],
Die arbeyt gilt im [dem Verleger] kaum so viel,
Weyl eygner nutz macht solchen kauff.«
Zitiert nach Otten 1993, S. 195 Anm. 356. Ist die bibliographische Überlieferung richtig, dann hat Sachs diese Sozialkritik an den Ausbeutungspraktiken reicher Großkaufleute (an ihrem »Wolfsmagen«) einmal irgendwann vor Dez. 1546 und dann nochmals um 1553 publiziert. Man sieht an diesem Beispiel, daß eine derartige sozialkritische Umsetzung der reformatorischen Botschaft bei Sachs keine Episode des Jahres 1524 blieb, sondern – worauf ich weiter unten noch Nachdruck legen werde – für ihn ein Lebensthema war, auf das er wiederholt in seinen Publikationen zurückkommt.

65 Statt des zweimaligen »ihnen« in diesem Satz steht im Originaltext das singularische »jm« = ihm (dem Stückwerker).

66 Originaltext: »des hungers [...] kaum erneren«; Seufert erläutert irreführend: erwehren.

klagen, wie Exodus 6 [V. 5]: ›Ich habe erhört das Wehklagen der Kinder Israel, die die Ägypter mit Fronarbeit beschwerten‹?«[67]

Hier erhebt einer die Stimme, der zwar selbst kein Stückwerker und kein Armer ist, aber auf der Seite des ›Gemeinen Manns‹ steht und aus der Perspektive der bedrängten Handwerker – also nicht aus der Perspektive des patrizischen und ehrbaren Bürgertums und auch nicht aus dem Blickwinkel der sozial hochgestellten evangelischen Prediger[68] – argumentiert. Klar kommt diese Position des Hans Sachs zum Ausdruck, wenn er die armen Arbeiter gegen die Vorwürfe der selbstgerechten Reichen in Schutz nimmt. Er sagt: »Wenn ein Armer selten genug einmal Wein trinkt, dem es vielleicht auch nottut, dann sagt ihr Reichen: Was soll man Armen geben? Sie verfressen's und versaufen's alles«[69] – mit heutigen Worten: ›Ihr Gutverdienenden sagt: Die Arbeitslosen und Sozialhilfeempfänger lassen es sich gut sein in ihrer sozialen Hängematte!‹ Sachs sieht durchaus, daß auch die einfachen Leute, Handwerker und Bauern, in ihren Herzen selbstsüchtig sind und eigennützig denken[70], aber sie sind die Opfer, die Reichen die Nutznießer. Darum ergreift er mit biblischen Argumenten die Partei der Armen.

67 Ein Dialogus [...] den Geiz [...] betreffend, Ausgabe von Seufert S. 102, Z. 136–146.

68 Zur sozialen Position der Nürnberger Prediger und Gelehrten auf seiten der ›Ehrbarkeit‹ vgl. Hamm 1989, S. 86 f.

69 Ein Dialogus [...] den Geiz [...] betreffend, Ausgabe von Seufert S. 110, Z. 414–417.

70 »Paulus haißt den geytz ein abgötterey, Eph. 5 [V. 5], und ist eben recht benent, wann [= denn] im dienen nit allain die reichen an gütern, sunder allerley stendt. Secht, wie pawren, hantwercksleüt so aygennützig seind und zeucht yeder in seinen sack und ist des neyden, hassen, rechten, fechten kain endt bey in [= ihnen]. Wöllen dannocht all gůt ewangelisch sein, und ist alles vol geytz (wie vor geredt) vom minsten biß zum maisten.« Ebd. S. 110 f., Z. 421–429. Vom ›Geiz‹ und ›Eigennutz‹ der Handwerker (die durch den Rückgang des katholischen Zeremonienwesens ihre Einkünfte schwinden sehen) handelt Sachs in seinem – wohl 1524 zusammen mit einem Holzschnitt Sebald Behams als Flugblatt erschienenen –

Die soziale und wirtschaftliche Oberschicht, die Sachs – zusammen mit den ihr nahestehenden Wohlhabenden der Mittelschicht[71] – anredet, meint nicht nur, im Besitz der rechten biblischen Lehre zu sein, sondern auch, daß in ihren Händen die städtischen Werte Gemeinwohl und Gemeinsinn, Gerechtigkeit, Friede und Eintracht am besten aufgehoben sind. Sachs steht auf dem gleichen Boden städtischen Wertedenkens. Aber er polt die Werte als Handwerker und von der Bibel her um. Er deutet sie nicht von oben, sondern von unten und entlarvt den brutalen Hintersinn der schönen Worte: Der ›Gemeine Nutzen‹ der Reichen ist die Maske ihres ›Eigennutzens‹. Die »Ordnung des Rechts«, auf die der Reiche pocht[72], wird zum Deckmantel der Unterdrückung des Armen. Der Reiche sonnt sich in der Gerechtigkeit, weil er genug Geld hat, um sich einen Rechtsbeistand zu leisten und so Recht zu bekommen; der Arme aber bleibt im Unrecht[73].

Spruchgedicht ›Ein neuer Spruch, wie die Geistlichkeit und etlich Handwerker über den Luther klagen‹; abgebildet im Katalog: Martin Luther und die Reformation in Deutschland 1983, S. 82, dazu ebd. S. 251 Nr. 318 und Otten 1993, S. 91 f.

71 Vgl. oben Anm. 58.

72 Ein Dialogus [...] den Geiz [...] betreffend, Ausgabe von Seufert S. 105, Z. 232 f.: »ordenung des rechten«. Indem Sachs die Norm der Nächstenliebe an die oberste Stelle setzt, nimmt er nicht, wie Otten (1993, S. 197) meint, einen Standpunkt »jenseits bürgerlicher Normen« ein. Vielmehr interpretiert er auf dem traditionellen Boden der städtischen Solidargemeinschaft (vgl. oben S. 57 f.) die bürgerlichen Werte von der ›brüderlichen Liebe‹ her. Die Normen der Stadt werden biblisch revitalisiert und provokant aktualisiert. Man vergleiche damit die städtisch-reformatorische Argumentation mit der christlichen Liebe (der Frucht des evangelischen Glaubens) als dem idealen Band und stabilisierenden Fundament der Bürgerschaft bei Stadtreformatoren wie Martin Bucer oder Huldrych Zwingli und Ratsschreibern wie Jörg Vögeli und Lazarus Spengler (vgl. oben S. 131 f. und 156–158). Sachs als Handwerker setzt andere Akzente, aber sein Bezugsrahmen bleiben die genannten städtischen Werte.

73 Ein Dialogus ebd. Z. 234–242. Es folgen mehrere biblische Be-

Die Parteinahme für die Armen, der Ruf nach brüderlicher Gerechtigkeit ist eine *Lebenslinie* von Sachs, die sich durch sein Werk bis in seine späteren Jahre hinein – er starb erst 1576 – zieht[74]. Er bleibt seiner evangelischen Sozialbotschaft des Jahres 1524 treu, obwohl er mit seiner Kritik an den unchristlichen Geschäftspraktiken der Reichen offensichtlich Aversionen des gleichen Besitzbürgertums weckte, das seiner Kleruskritik beifällig zustimmte. Jedenfalls ist auffallend, daß der Dialog vom Geiz mit ›nur‹ vier Ausgaben[75] längst nicht an den Erfolg der anderen drei Reformationsdialoge herankam, obwohl er vielleicht »das interessanteste und sprachmächtigste« unter den vier Zwiegesprächen ist[76]. In einem Spruchgedicht des Jahres 1539 gibt Sachs deutlich zu verstehen, wie man sich die Feindschaft der Reichen zuzieht: indem man ihnen die unbequeme Wahrheit sagt, daß die »kleinen Diebe« verfolgt und gehenkt werden, während die »großen Diebe«, die »Finantzer« und Wucherer, unangefochten »groß Herren« bleiben, daß es hingegen um die Welt besser stünde und dem Wachstum des ›Gemeinen Nutzens‹ förderlich wäre, wenn man auch die großen Diebe mit der Strenge der wahren Gerechtigkeit richtete[77].

lege, z. B. Spr. 22,22 f. (nach Vulgata): »Nicht thů gewalt dem armen, darumb das er arm ist, noch zerknirsch den durfftigen vor gericht; wann [= denn] der herr urtailt sein sach [= die Rechtssache des Armen] und peiniget, die da haben peyniget sein seel.« Ebd. S. 106, Z. 256–259.

74 Vgl. oben Anm. 64.

75 Vgl. Otten 1993, S. 200 f. mit Anm. 373 und S. 310; zum Vergleich die Zahlen der Frühdruck-Ausgaben der anderen drei Dialoge (nach der gängigen Anordnung): Dialog 1: 13; Dialog 2: 11; Dialog 4: 11 (nach Otten S. 302–309).

76 So das Urteil von Brunner 1994, S. 24, der aus der Sicht des Germanisten sogar meint, der Dialog sei »vielleicht eines der besten Prosastücke unserer Literatur überhaupt«.

77 Spruchgedicht ›Das wütend Heer der kleinen Dieb‹ (29. Jan. 1539); bibliographischer Nachweis und Textauszüge bei Otten 1993, S. 201 f. Otten hat treffend die Verbindungslinie vom Dialog des Jahres 1524 zu diesem Spruchgedicht gezogen:

3.4.2 *Gegen die tyrannische Unterdrückung der Bauern*

Bemerkenswert ist in diesem Zusammenhang auch Sachsens Stellungnahme zur Lage der Bauern. Schon im Sommer 1523 prangerte er in der ›Wittenbergisch Nachtigall‹ den harten Druck an, den der Klerus auf die Landbevölkerung mit seinen unnachgiebigen, durch kirchliche Sanktionen verschärften Forderungen des Zehnten, des Pachtzinses und Frondienstes ausübe: »Man spielt ihnen gegenüber den Herrgott!«[78] Im Jahr 1525, wohl unmittelbar vor oder während des Bauernkriegs, ließ der Schuster auf einem Flugblatt zusammen mit dem Holzschnitt eines Nürnberger Künstlers ein Spruchgedicht erscheinen, das von der Unterdrückung des »armen gemeinen Esels« handelt[79]. Gemeint ist damit der notleidende, erbarmungswürdig geknechtete ›Gemeine Mann‹, d.h. gewiß auch die arme städtische Handwerkerbevölkerung und ihre Ausbeutung durch den »finanzischen Wucher« der Reichen, besonders aber die Bauern, die sowohl unter dem Wucher als auch unter der »tyrannischen Gewalt« ihrer Grund- und Leibherren zu leiden haben. Diese quälen und schinden den armen Esel und sagen ihm:

»Der Dichter, der sich mit der *armen Rott* in ihrem Verlangen nach Gerechtigkeit identifiziert, erfährt Ablehnung, ja Feindschaft ›etlicher‹ Reicher.«

78 Die Wittenbergisch Nachtigall, Vers 217–222, Ausgabe von Seufert S. 23, mit der Formulierung: »Da man mit in des herrgots spilt«.

79 Den Holzschnitt des Flugblatts gegen »geistliche Gleisnerei«, »tyrannische Gewalt« und »finanzischen Wucher« (1525) hat wahrscheinlich Peter Flettner geschaffen, der auch sonst durch sozialkritische Schnitte hervortrat (vgl. auch oben Anm. 49). Zusammen mit dem entsprechenden Spruchgedicht von Hans Sachs auf der unteren Blatthälfte ist der Holzschnitt abgebildet im Katalog: Flugblåtter der Reformation und des Bauernkrieges, 1976, S. 52f.; vgl. dazu S. 57 und 121f. (TA 23); Text auch in der Ausgabe von v. Keller/Goetze, Bd. 23, S. 12–15. Zur Bibliographie vgl. Otten 1993, S. 258–260 (hier auch Nachweise zu Flettner/Flötner). Zum vermuteten Entste-

»Esel, du bist dazu geborn,
Daß du sollst bauen Weiz' und Korn
Und du doch essen Distel, Dorn,
Darum geh hin ohn alles Morn [= Murren].
Willst nicht mit Lieb', so mußt mit Zorn.
Denn ich sitz gwaltig auf dir vorn
Und schlag dich tapfer [= fest] um die Ohrn,
Stupf [= Stoß] dich dazu mit scharfen
Spor[e]n.
Du bist mein eigen und geschworn,
Du mußt tanzen nach meinem Horn.«

Voll Mitgefühl mit der Not- und Unrechtssituation der Bauern läßt Sachs den bis aufs Blut gepeinigten Esel ausrufen:

»Kein ärmer Tier auf Erd' man find,
Ich muß arbeiten [bei] Regen, Wind
Und g[e]winnen, was all Welt verschlin[g]t.
Des Haberstrohs man mir kaum gint [=
gönnt].«[80]

In seiner Bedrängnis wendet sich der arme Esel an die personifizierte ›natürliche Gerechtigkeit‹, d.h. an die der Schöpfung von Gott eingestiftete Norm eines geordneten menschlichen Zusammenlebens.[81] Die aber gibt zwar dem Esel recht – was bedeutet, daß Sachs die gegen ihre ›Ty-

hungszeitraum im Frühjahr 1525 vgl. ebd. S. 290f.; das ungewöhnliche Profil der evangelischen Sozial- und Friedensbotschaft dieses Blattes ist freilich von der Datierungsfrage unabhängig.

80 Der Esel schließt seine Klage mit den Worten: »Das bluet tåglichen von mir rint.«

81 ›Natürlich‹ ist nicht etwa im Gegensatz zu ›göttlich/gottgegeben‹ zu verstehen, da nach mittelalterlich-frühneuzeitlicher Vorstellung gerade auch das Recht für den natürlichen Bereich göttlichen Ursprungs ist. Insofern meint hier Sachs durchaus die gleiche Rechtsautorität, die in den bäuerlichen Beschwerdeartikeln mit dem Begriff »göttliches Recht« geltend gemacht wird. Von der natürlichen Gerechtigkeit ist im Sinne Sachsens

rannen‹ aufbegehrenden Bauern im Recht sieht –, klagt aber, daß sie selbst gefangen sei und dem geschundenen Esel nicht helfen könne, weil Wucher und Tyrannei das Herz der Herren zu Stein werden lassen:

> »Von Wucher, Tyrannei unrein
> Ihr Herz ist verhärtet wie ein Stein,
> Ihnen darf gar niemand reden ein,
> Dein und mein Elend ich bewein.
> Darum so klag es Gott allein,
> Der kann aus Not dir helfen fein.«

3.5 *Friedliche Reformation*

Wie aber sieht die Hilfe Gottes aus? Wie kann es zu einer wirklichen Reformation der Christenheit, d. h. zu evangelischen Früchten der brüderlichen Liebe, kommen? Den einzigen Weg dazu sieht Hans Sachs in der friedlichen Verbreitung des Gotteswortes und im stillen Wirken des Heiligen Geistes, der die Herzen von der Selbstsucht löst und ganz auf den Nächsten hin ausrichtet. Damit komme ich zu jenem zweiten Hauptaspekt des Verständnisses von christlicher Liebe im Lebenswerk des Schuhmacherpoeten, zu jener Dimension von Liebe, die ich mit dem Begriff *›friedliche Reformation‹* angedeutet habe. Auch dies ist für ihn ein Lebensthema, von den Reformationsdialogen des 29jährigen bis über die Jahrhundertmitte hinaus. Welche Brisanz hier bei Sachs zum Vorschein kommt, wird deutlich, wenn man bedenkt, wie polemisch, unduldsam, hart, gewalttätig und kriegerisch die Reformation – auch Luther[82] – und ihr katholischer Widerpart über weite Strecken waren.

zu unterscheiden die durch Gnade verliehene Gerechtigkeit vor Gott, die des ewigen Heils teilhaftig macht.

82 Man denke nur an seine – im Vergleich mit Sachs ganz andersartige – Einstellung gegenüber den Bauern und an die Ratschläge, die er den Herren für ihren Umgang mit den aufständischen ›Rotten‹ der Bauern gab.

3.5.1 *Gegen die aggressiven Lutheranhänger*

Sachs hingegen entwickelt seine Gedanken einer sanftmütigen, duldsamen Reformation durchaus in großer Nähe zu gewissen Intentionen und Äußerungen Luthers, geht dann aber schon früh seinen eigenen Weg auf dem Boden der lutherischen Reformation. Im folgenden ist die Abhängigkeit von Schriften Luthers immer wieder mit Händen zu greifen[83]. Dabei ist freilich stets zu berücksichtigen, welche Seite Luthers Sachs für sich bestimmend sein läßt und wie er sie in seinem Sinne zuspitzt, während er andere zentrale Anliegen Luthers außer Acht läßt[84]. Wieder – wie schon bei

83 Vgl. zum gleich zu besprechenden Dialog 4 ›Ein Gespräch eins evangelischen Christen‹ besonders Luthers Schrift ›Ein treue Vermahnung zu allen Christen, sich zu hüten vor Aufruhr und Empörung‹ (1521/22) und Sachs' Äußerung (Ausgabe von Seufert, S. 134, Z. 353–363): »Dan ob wol Luther die christlichen freyhait zu erledigung [= Befreiung] der armen gefangen gewissen angezaigt, hat er doch darneben durch seine schrifften und predig menigklich [= jedermann] gewarnet, wie er dann noch fur und fur thut, sich vor drieglichen [= betrügerischen], ergerlichenn, unchristenlichen handlungen zu huten und nit also dem ewangelio und wort gottes zum nachteil mit der that zu schwürmen [= schwärmen – vgl. Seufert Anm. 359, Otten S. 161 mit Anm. 253] unnd gleich denn unbesinten zu rasen. Darumb ir euch in disen ewernn ungeschickten [= ungehörigen] handlungenn des christlichen mans Doctor Luthers, der es so gut, christlich und getrewlich maint, zu einem schandfleck nit billich [= zurecht] gebraucht.« Zum Einfluß von Luthers ›Treuer Vermahnung‹ auf Sachs' Dialog 4 vgl. Arnold 1990, S. 90 und Otten 1993, S. 147.153.161.167 f.172 f. 175 (bei ihm Dialog 2).

84 So läßt er 1524 die in Luthers ›Treuer Vermahnung‹ sehr wesentliche Unterscheidung zwischen der »ordenlichen gewalt« der Herren und der nicht gerechtfertigten Gewalt des ›Gemeinen Manns‹ (vgl. etwa WA 8,679,26–34 und 680,22–35) unberücksichtigt und wendet sich generell gegen einen harten und gewaltsamen Umgang mit den Altgläubigen (so wie er auch später im Blick auf die Obrigkeit einen negativen Gewaltbegriff zur Geltung bringen kann, z. B. 1527: die Obrigkeit

seinem Vorstoß gegen die evangelischen Reichen – macht er sich zum Fürsprecher schriftgemäßer brüderlicher Liebe, indem er Kritik innerhalb des evangelischen Lagers übt. Auch im vierten Reformationsdialog des Jahres 1524 tritt an die Stelle der antirömischen Polemik weitgehend die Auseinandersetzung mit der Fehlhaltung der eigenen Glaubensbrüder. Wie der Titel der Flugschrift anzeigt, geht es ihm um den »ärgerlichen Wandel etlicher, die sich lutherisch nennen«[85]. Er meint damit die vorwärtsdrängenden Anhänger der reformatorischen Bewegung, die ihre evangelische Freiheit kompromißlos realisieren wollen, indem sie etwa die Fastengebote brechen und nach der Richtschnur der Bibel möglichst schnell, notfalls auch durch Zwang, die bisherigen Gottesdienst- und Frömmigkeitsformen abzuschaffen trachten; dabei nehmen sie keine Rücksicht auf das Gewissen und die Empfindlichkeit der Altgläubigen, stoßen sie mit ihrem »rumor oder geschrey«[86] vor den Kopf, beschimpfen sie und schüchtern sie ein. Sitzt

»meyd uberfluß, brauch kein gewalt«; Ausgabe von v. Keller/Goetze, Bd. 3, S. 501, Z. 4). Sachs übernimmt nur die ›irenische‹, besänftigende, auf Schonung der Schwachen drängende Seite Luthers. So ist Sachs ein Musterbeispiel dafür, wie sich in der Rezeption Luthers die Vielfalt der frühen Reformation entwickelt; vgl. Hamm/Moeller/Wendebourg 1995, S. 121–126.

85 Dialog 4: ›Ein Gespräch eins evangelischen Christen mit einem lutherischen‹; voller Titel und Literatur siehe oben Anm. 50. Das Jahr 1524 war, wenn ich recht sehe, generell jenes Jahr in der Frühreformation, in dem es zu einem Schub reformatorischer Kritik an der eigenen ›Partei‹ kommt. Bisher latente Spannungen in der Gemeindereformation kommen nun offen zum Ausbruch. Ein weiteres Beispiel dafür aus Nürnberger Handwerker- und Künstlerkreisen sind die Flugschriften des Malers Hans Greiffenberger (1523/24), die sich zunächst gegen den katholischen Klerus richten, um sich dann nach innen gegen die ›neuen Meister‹ der evangelischen Bewegung zu wenden. Vgl. Hamm 1993 a, S. 421 f.

86 Ein Gespräch eins evangelischen Christen, Ausgabe von Seufert S. 132, Z. 286 f.

einer, der nicht lutherisch ist, unter ihnen, »da halten sie Fasnacht mit ihm und stürzen sich alle auf ihn. Der muß ihr Romfanatiker, Papist, Heuchler und Werkheiliger sein, und reden ihm so spöttisch und höhnisch zu, daß er unter ihnen sitzt wie ein Pfeifer, der den Tanz verdorben hat, und nicht weiß, in welche Ecke er sehen soll.«[87]

Es ist beeindruckend, wie sich Sachs in die Minderheitssituation eines Katholischen hineinfühlt – und dies in einer aggressiv aufgeladenen Situation, in der die antiklerikale Stimmung auf dem Höhepunkt ist. Er weiß: Wer so unbarmherzig vor den Kopf gestoßen wird, der wird den lutherischen Glauben nicht besonders einladend finden. Im Widerspruch gegen die eskalierende Unduldsamkeit, gegen die Härte und Gewalt der Polemik, plädiert er daher für den Weg der Liebe und Sanftmut: »daß man aus christlicher Liebe in aller Sanftmut ohne alle Galle handeln muß, soll es Frucht bringen, und nicht derart grob mit den Leuten umspringen«[88]. »Die Liebe ist der rechte Prüfstein und Erweis des Christseins, nicht das Fleisch essen, denn das können Hunde und Katzen ebensogut.«[89] Christliche Freiheit beginnt im Inneren des Menschen, sie macht sein Gewissen frei von den Menschensatzungen; sie gibt behutsam und friedlich die Botschaft von der bedingungslosen Gnade Christi weiter und löst so allmählich Herz, Mund und Hand vom alten Götzendienst, vor allem aber bringt sie

87 Ebd. S. 134 f., Z. 371–379.

88 Ebd. S. 137 f., Z. 461–463; »on alle gallen«, d. h. ohne jede Bitterkeit, Unfreundlichkeit und Härte.

89 Ebd. S. 127, Z. 148–150; bei Sachs wörtlich: »die lieb ist die recht prob eines Christen ...« Vgl. S. 139, Z. 499–504, auf die Frage, wie man »die rechten kinder Gottes«, die »der geyst Gottes treybet«, erkennt: »Allain an der lieb, wie Christus sagt Johannis am xiij. [Joh. 13,35]: ›In dem wirt man erkennen, das ir meine iunger seyd, so ir einander lieb habt.‹« Das ›allain‹ (sola caritate!) ist eine für Sachs charakteristische Deutung des Bibeltextes. Vgl. hingegen oben S. 166, Anm. 52: Spenglers Meinung, daß das Kreuz »die einzige rechte Probe unseres Glaubens« sei; ebenso S. 172 bei Anm. 73.

Früchte eines neuen Lebenswandels nach Gottes Geboten. In diesem friedlichen Ausstrahlen des Glaubens und der Liebe liegt für Sachs die verändernde Überzeugungskraft des Evangelischseins, nicht in einem demonstrativen, aggressiven Luthertum.

3.5.2 *Der Weg der Stille und Geduld im Vertrauen auf den richtenden und rettenden Gott*

Überhaupt ist Sachs der Meinung, daß das, was wir Reformation nennen, in der »Stille« beginnen und wachsen muß, soll es wirklich Frucht bringen[90] – als inneres, verborgenes Wirken des Geistes in den Herzen[91]. Es wird zwar auch äußerlich sichtbar werden, im Leben der Gläubigen, in der Veränderung der Kirche und in der Sozialgestalt der Gesellschaft, aber nur allmählich, wie er 1524 betont, »mit der Zeit«[92], nicht stürmisch-gewaltsam, nicht im wütenden Ausreißen und Ausrotten, nicht in der Scheidung von Guten und Bösen[93].

Das Bild des Wachsens und der Früchte[94] steht bei Sachs für die Langzeitwirkung des verkündeten Evangeliums und damit für ein friedliches, duldsames, sanftes Vorankommen der Reformation. Duldsamkeit heißt aber in seinen Augen nicht nur: keinen Druck und keine Verfolgung auf Andersgläubige ausüben, sondern auch: bereit sein, Verfolgung und Leiden um Christi willen zu erdulden. Immer wieder betont Sachs, daß das Evangelium Christi als Botschaft der

90 Zum Gesichtspunkt der ›Stille‹, in der die aus Gottes Geist gewirkten Werke der Liebe geschehen, vgl. z. B. Disputation zwischen einem Chorherren und Schuchmacher, Ausgabe von Seufert S. 61, Z. 494–501; Ein Dialogus [...] den Geiz [...] betreffend, ebd. S. 111, Z. 441 und S. 115, Z. 575 f. 593.

91 Siehe unten Anm. 113.

92 Ein Dialogus [...] den Geiz [...] betreffend, Ausgabe von Seufert S. 111, Z. 455–457; S. 113, Z. 504 f.; S. 114, Z. 539; S. 117, Z. 638.

93 Ebd. S. 115 f., Z. 585–598.

94 Vgl. z. B. ebd. S. 111 f., Z. 455–478.

Feindesliebe und des Gewaltverzichts seine Anhänger unter das Kreuz des Leidens führt[95]. Wenn die anderen »stürmen, fechten, verbrennen, vertreiben«, dann – so mahnt Sachs – bleibe du friedlich und »in deiner christlichen Geduld«[96]. Die stillhaltende, leidensbereite Geduld ist für ihn deshalb die einzig angemessene christliche Einstellung in den Stürmen der Feindseligkeit und Gewalt[97], weil er – durchaus in der Art eines lutherischen Denkens, wie es uns auch sonst in Nürnberg begegnet – Gott als den Handelnden in der Geschichte sieht, der schon auf Erden die Sünder straft und diejenigen errettet, die umkehren und sich seiner Fürsorge anvertrauen[98]. Gott behält sich die Rache vor. Dem

95 Vgl. z. B. Die Wittenbergisch Nachtigall, Vers 602–656, Ausgabe von Seufert S. 37–39; Disputation zwischen einem Chorherren und Schuchmacher, ebd. S. 51 f., Z. 205–213; S. 65, Z. 613–627; Ein Dialogus [...] den Geiz [...] betreffend, ebd. S. 115, Z. 590–594; Ein Gespräch eins evangelischen Christen, ebd. S. 137, Z. 456–460; S. 139, Z. 524 f.

96 Ein Gespräch eins evangelischen Christen, Ausgabe von Seufert S. 131, Z. 255–280.

97 Zur Bedeutung der aus dem christlichen Glauben entspringenden und sich in den Koordinaten von Christus, Kreuz, Liebe und Geistwirken bewegenden Geduld bei Sachs vgl. besonders sein 1531 entstandenes Spruchgedicht ›Die christliche Geduld‹; Ausgabe von v. Keller/Goetze, Bd. 1, S. 361–364, bibliographische Nachweise bei Otten 1993, S. 281 f. Anm. 110.

98 Vgl. oben S. 163 vor Anm. 42. Aus dem Nürnberger Reformationsschrifttum vgl. besonders den auf 12. Mai 1525 datierten, also zu Beginn des Bauernkriegs geschriebenen traktatartigen Brief Lazarus Spenglers an die Nonne Dorothea Mock; Spengler: Schriften, Bd. 1, Nr. 30 b, S. 445,20–449,16. Die gleiche theologische Geschichtsdeutung, wie sie Spengler hier vorträgt, findet sich mit wörtlichen Parallelen in drei – offensichtlich von ihm verfaßten – Briefen des Nürnberger Rats aus dem gleichen Zeitraum: an Markgraf Kasimir vom 10. April 1525 (Franz 1980, S. 344 f., Nr. 172) und an Clemens Volckamer vom 4. und 30. Mai 1525 (ebd. S. 348, Nr. 175 und Pfeiffer 1968, S. 416, Br. 227). Auf die Ratsbriefe, allerdings nicht auf den Spenglerschen Hintergrund, wird hingewiesen bei Otten 1993, S. 252–254 (hier auch Nachweis ähnlicher Aussagen Luthers).

Menschen aber ist gesagt: »Apok. 13 [V. 10]: ›Wer ins Gefängnis führt, der wird ins Gefängnis gehn. Und wer mit dem Schwert tötet, der muß mit dem Schwert getötet werden.‹ Und Matth. 26 [V. 52]: ›Wer mit dem Schwert ficht, der wird am Schwert verderben.‹ Also wird sie der Herr wohl finden wie 2. Petrus 2 [V. 12?]: In ihrem Würgen werden sie erwürgt werden.«[99]

Daher warnt Sachs auf dem erwähnten Flugblatt[100] den geschundenen armen Esel, d. h. wohl konkret: die aufbegehrenden Bauern des Frühjahrs 1525, davor, dem verführerischen Rat der menschlichen Vernunft zu folgen und seine Bedrücker gewaltsam abzuschütteln. Sein Rat – der Rat des personifizierten Gotteswortes – an die Armen ist, die Gewalt der Herren als Strafe Gottes für die eigenen Sünden anzunehmen, das Unrecht als Kreuz im Elend geduldig zu tragen und Gott gegenüber stille zu halten; denn Gott selbst wird als Rächer dem Wucher und der tyrannischen Gewalt ein Ende bereiten und sein armes Volk gesund machen (so wie er bereits die ›Gleisnerei‹ der geistlichen Heuchler zu Fall gebracht hat), hält er doch getreulich seinen Bund[101]. Die Mahnung zur Gewaltfreiheit ist in

99 Ein Gespräch eins evangelischen Christen, Ausgabe von Seufert S. 131, Z. 269–276.

100 Siehe oben S. 212 mit Anm. 79: Flugblatt gegen geistliche Gleisnerei, tyrannische Gewalt und finanzischen Wucher.

101 Nach den Worten der ›natürlichen Gerechtigkeit‹ (oben S. 214: »... Der kann aus Not dir helfen fein«) läßt Sachs das Wort Gottes abschließend sagen:
»Esel, dich hat vernunft verplent,
Das du dem gwalt wilt widerstent [= Widerstand leisten],
Den Got zů straff deiner sůnd hat gsent.
Darumb so sey nit widerspent [= widerspenstig],
Drag dein selb kreutz in dem ellent
Und bleyb geduldig bis ins end.
Wer uberwint, der wirt gekrent [= gekrönt].
Halt du Got stil, biß er dir wend
Wucher, tyrannisch regiment.
Laß im die rach in seiner hend,

Sachs' Spruchgedicht umschlossen von zwei pointierten Aussagen, die einen deutlichen Unterschied zu Luther oder etwa zur Einstellung des Nürnberger Predigers Osiander[102] erkennen lassen: Zum einen wird nicht den unterjochenden und gewalttätigen Herren, sondern den Bauern ohne Abstriche Recht zuerkannt, zwar nicht einem Aufruhr, aber ihren Beschwerden und ihrem Anspruch auf Änderung der Lage. Zum andern wird ihnen das Ende der Unterdrückung dank Gottes Geschichtshandeln in Aussicht gestellt. So verdeutlicht das Flugblatt vom ›armen gemeinen Esel‹, wie Sachs sowohl als Wortführer einer sozialen Reformation als auch mit seinem Appell an eine friedliche Reformation einen eigenen Standort innerhalb des lutherischen Spektrums einnimmt.

Die rach ist sein, die schryfft bekent.
Die gweltig [= Gewaltigen] er mit krafft zůtrent
[= straft, peinigt].«
Es folgen drei alttestamentliche Beispiele für die Rettung Israels vor der Macht von Tyrannen (Pharao, Eglon, Achas) und dann die Lehre daraus für heute:
»Also noch heut zů disser stunt
Erret [= Errettet] Got sein volck auß dem schlunt
Der tyrannen, wie grausams thůnt [= wie grausam sie es auch treiben],
Auch von des wuchrers schwinden funt [= listigen Ränken]
Macht Got sein armes volck gesundt,
Als [= Wie] auch der gleyssnerey geschwunt
[= geschwunden ist].
Balt sie Got ruͤret durch sein munt [d. h. vertilgt];
Got helt getreulich seinen bunt etc.«
Am Rand des Textes führt Sachs als Belege 18 Bibelstellen an. Katalog: Flugblaͤtter der Reformation und des Bauernkrieges, 1976, S. 53.

102 Vgl. die am 26. März 1525 gehaltene Predigt des Predigers von St. Lorenz ›Ein schöner, fast nützlicher Sermon‹: Osiander: Gesamtausgabe, Bd. 2, S. 79–100, Nr. 47, besonders S. 95,20–96,13, wo Osiander den Bauern vorwirft, daß es ihnen bei ihrer Berufung auf Gottes Wort um »fleyschliches woͤlleben« (95,24) gehe und daß sie mit ihrem ›Rumoren‹ lediglich »ein klaine zeytliche beschwerdt woͤllen ablegen« (96,9 f.). Zu Luther vgl. oben Anm. 82 und 84.

3.5.3 *Differenzierung innerhalb der Glaubensparteien*

Was das angesichts der erbitterten Konfrontation der Jahre 1524/25 heißt, kann noch verdeutlicht werden. Der Schuhmacher sieht sich umgeben von Polemik, Haß und Gewalt, ausgehend von Evangelischen und Altgläubigen, von Herren und Reichen wie von aufständischen Handwerkern und Bauern. Den Schlüssel zur Überwindung der Feindseligkeit findet er, wie sich zeigte, in der Fähigkeit zur Differenzierung innerhalb der Glaubensparteien. Er sieht sie nicht als Blöcke, sondern unterscheidet bei den Altgläubigen zwischen den verschlagenen, ausbeuterischen und gewalttätigen Verführern in geistlichem Gewand, gegen die er seine antiklerikale Polemik richtet, und den armen Verführten, die er in Schutz nimmt[103]; analog unterscheidet er auf seiten der Anhänger Luthers zwischen den wahren Evangelischen, die in ihrem Leben Früchte der Liebe bringen, und denen, die sich zwar lutherisch nennen[104], aber durch ihr unsoziales und unfriedliches Verhalten zeigen, daß sie vom Evangelium nichts verstanden haben. So relativiert Sachs die Frontbildung zwischen Anhängern und Gegnern der Reformation.

Ein Beispiel dafür bietet auch die Zuordnung von Gesprächsinhalt und Person im Dialog vom Geiz[105]. Die bei-

103 Vgl. oben Anm. 53. Auch die Unterscheidung zwischen Verführern und Verführten ist im Blick auf Sachs' Polemik noch zu grob, sofern es für ihn auch solche Kleriker gibt, die als verblendete, aber vielleicht doch der Selbsterkenntnis und Umkehr nahe Gegner des Evangeliums auf der Grenze stehen – wie etwa jener Franziskanermönch Heinrich, der sich am Ende des Dialogs 2 ›Ein Gespräch von den Scheinwerken der Geistlichen‹ von seinem evangelischen Gesprächspartner (der ihm ein Licht schenkt und auffordert, bei seinem Schein nicht Scotus oder Bonaventura, sondern die Bibel zu lesen, vielleicht werde ihn dann Gott mit seinem göttlichen Wort erleuchten) mit den Worten verabschiedet: »Ich wil den dingen weitter nach sůchen. Wir geen dahin. Got sey mit euch.« Ausgabe von Seufert S. 92, Z. 490–495.

104 Vgl. oben S. 216 bei Anm. 85 (Dialog 4).

105 Dialog 3: siehe oben Anm. 50.

den Gesprächspartner sind der altgläubige Priester Romanus und ein evangelischer, wohlhabender Kaufmann mit dem ebenso bezeichnenden Namen Reichenburger. Das Raffinierte an dem Zwiegespräch ist nun, daß Sachs die evangelische Wahrheit über Habgier und Nächstenliebe mitsamt einer Fülle einschlägiger Bibelstellen weitgehend in den Mund des katholischen Gesprächspartners legt, während der evangelische in die Defensive gedrängt wird. Ein Vergleich mit den zahlreichen zeitgenössischen reformatorischen Dialogflugschriften zeigt das höchst Ungewöhnliche dieser Gestaltung, denn so gut wie immer ist es ein rom- und kleruskritischer, evangelischer Gesprächspartner, der sich dem Leser als überlegene Identifikationsfigur anbietet, während die altgläubige Seite als dumm, pervers und völlig bibelunkundig dem Gespött preisgegeben wird. Daß Sachs diese stereotype Konstellation durchbricht und den Romanhänger zum Verkündiger der biblischen Sozialbotschaft macht, hat gewiß nicht nur taktische Gründe[106], sondern setzt eine ungewöhnliche innere Freiheit des Schusters gegenüber dem gängigen Parteidenken voraus.

3.6 *Die kleine Schar der wahren Evangelischen – Sachs in einer Minderheitsposition?*

Beachtlich ist ferner, daß Sachs gegenüber der eskalierenden militanten Feindseligkeit nicht nur die Gegenposition der brüderlichen Liebe, der duldsamen Sanftmut und des stillen Zuwartens vertritt, sondern auch in der Gewißheit schreibt, daß er und die wahren Evangelischen mit dieser

106 Eine taktische Motivation (brisante Argumente gegen die Reichen nicht aus dem Munde eines evangelischen Handwerkers, den man mit Sachs selbst hätte identifizieren können, vortragen zu lassen) macht Otten 1993, S. 192 geltend – vielleicht nicht zu Unrecht, aber ohne damit das Außergewöhnliche des Rollentauschs hinreichend erklären zu können. Daß Sachs überhaupt diesen taktischen Weg wählen kann, ist in seiner Relativierung der feindseligen Frontbildung verankert.

Haltung einer friedlichen Reformation in der Minderheit sind, eine kleine Schar, die kleine Herde Christi unter der großen Menge derer, die rumoren und toben[107]. Seine Haltung ist tatsächlich nicht die der lutherischen Mehrheit in Nürnberg und andernorts. Und er rechnet durchaus mit der Möglichkeit, daß ihn diejenigen, »die sich gut lutherisch nennen«, »einen Heuchler und Abtrünnigen heißen und halten werden«[108]. Sachs war sich womöglich, ohne sich deshalb schon als Dissidenten verstehen zu müssen[109],

107 Disputation zwischen einem Chorherren und Schuchmacher, Ausgabe von Seufert S. 63, Z. 562–567; Ein Dialogus [...] den Geiz [...] betreffend, ebd. S. 114, Z. 529–538; S. 115, Z. 590–594; S. 116, Z. 612–614; vgl. auch den vollen Titel des Dialogs oben Anm. 50 (»christlich Häuflein«).

108 Im ›Gespräch eines evangelischen Christen‹ sagt der Schuhmacher Hans, mit dessen Position sich Hans Sachs identifiziert, zum aggressiven Lutheranhänger Peter: »Darumb wann ir auß dem ewangeli geborn werd, so verkundet ir das ewangeli euern mitbrudern in Christo holtselig und mit aller ersamkait und furet ein godtseligen wandel wie die aposteln, die so freundtlich gegen den leuten handleten, wie man in iren geschichten durch alle capitel liset. Darumb, lieber bruder Peter, merck nur eben [= genau] mein redt umb Gottes willen und sag es deinen mitbrudern von mir, wiewol sie mich ein heuchler und abtrinnigen haissen und halten werden. Da ligt mir nit ein har prayt [= nicht das geringste] an; ich hab ye [= jedenfalls] die warhayt gesagt, welche dann allmal verfolgt muß werden von den gotlosen. Und wolt Got, das es alle die gehort hetten, die sich gut lutherisch nennen! Villeicht mocht in ir rum geligen [= könnte ihnen ihr Rühmen vergehen] und erst [= endlich] ein tail lernen, recht ewangelisch christen zu werden.« Ausgabe von Seufert S. 139 f., Z. 514–529.

109 Diese Differenzierung ist mir wichtig. Der Ort von Sachs ist *innerhalb* der sich zu Luther haltenden evangelischen Bewegung Nürnbergs und dann *innerhalb* des sich ausbildenden lutherischen Kirchentums zu sehen, zu keinem Zeitpunkt aber auf seiten eines antilutherischen (etwa Karlstadtschen oder Denckschen) Flügels der Reformation; vgl. unten Anm. 113, aber auch Anm. 114.

darüber im klaren, daß sein irenischer, friedfertiger Kurs ebenso wie sein soziales Reformationsverständnis mit den Vorstellungen der Prediger, des Ratsschreibers und des Magistrats nicht einfach deckungsgleich war. Gewisse Indizien könnten dafür sprechen, daß ihn seine Einstellung mit Kreisen in Berührung brachte, die durch religiös abweichendes Verhalten den Argwohn der evangelischen Prediger und des Rats auf sich zogen. Ich denke besonders an seinen recht intensiven Kontakt zu den sog. »gottlosen Malern«, die dann der Stadt verwiesen wurden[110], an mögliche lockere Beziehungen zum spiritualistischen Einflußbereich des ebenfalls ausgewiesenen Schulmeisters Hans Denck[111], aber auch an seine Nähe zu humanistisch Gesinnten, die – in kritischer Wendung gegen konfessionelle Feindseligkeit – vor allem die Früchte eines neuen Lebens

110 Zur Zusammenarbeit Sachsens mit Sebald Beham, Barthel Beham und Georg Pencz, die vor allem durch kleinformatige Kupferstiche und Holzschnitte hervortraten, vgl. Zschelletzschky 1975, Register S. 441 unter ›Sachs Hans‹; vgl. auch Vogler 1982, S. 250–310. Die Titelholzschnitte zu jenen beiden Dialogflugschriften des Jahres 1524, in denen Sachs innerevangelische Kritik thematisiert (also zu Dialog 3 und 4), hat Sebald Beham geschaffen. Otten (1993, S. 256) vermutet wohl mit Recht, daß Sachs durch seine Kontakte zu den »drei gottlosen Malern«, vor allem zu Sebald Beham, für sozialkritische Anschauungen in noch stärkerem Maße sensibilisiert worden sein könnte. Die anstößigen, beim Verhör festgehaltenen religiösen Auffassungen der Maler teilte Sachs nicht, doch hinderte ihn das offensichtlich nicht daran, mit ihnen zusammenzuarbeiten und wohl auch geistigen Austausch mit ihnen zu pflegen. Auch dies wirft Licht auf seine ungewöhnliche religiöse Duldsamkeit.

111 Zu diesem Einflußbereich gehörten wohl die »drei gottlosen Maler« (vgl. Osiander: Gesamtausgabe, Bd. 1, S. 419), vor allem aber sehr wahrscheinlich auch der Maler Hans Greiffenberger (vgl. Hamm 1993a, S. 416–429), zu dem Sachs einen intensiveren Kontakt gehabt haben mag. Zum Verhältnis Sachs-Greiffenberger und Sachs-Denck siehe unten Anm. 113 und 114. Über dieses gesamte Beziehungsfeld hat man bereits viel spekuliert, ohne aber wirklich mehr als nur einige dürf-

anmahnten[112]. Bemerkenswert ist in diesem Zusammenhang, wie der Schuster in seinen Reformationsdialogen das innere Geistwirken akzentuiert und gegen äußere ›Gebärden‹, äußere Schulgelehrsamkeit und äußere Berufung stellt[113]. Jedenfalls kommt es nicht ganz überraschend, daß

tige und unterschiedlich interpretierbare Anhaltspunkte zu haben.

112 Vgl. Hamm 1989, S. 65–147: 147 Anm. 313.

113 Vgl. z. B. Ein Dialogus [...] den Geiz [...] betreffend, Ausgabe von Seufert S. 115, Z. 569–576 (das Reich Gottes ist »inwendig im hertzen«, der wahre Gottesdienst geschieht nicht mit »eussern geberden«); Disputation zwischen einem Chorherren und Schuchmacher, ebd. S. 54 f., Z. 294–297; S. 52–54, Z. 231–278 (Geistwirken gegen Schulgelehrsamkeit); S. 51, Z. 191–200 (innere Berufung durch Gott gegen äußere Berufung durch Kirche und Obrigkeit). Diese Zuspitzung der Geisttheologie zeigt deutliche Berührungspunkte mit den Flugschriften des Nürnberger Malers Hans Greiffenberger (1523/24), der dann in die Nähe der Abendmahlsauffassung Karlstadts geriet und vorübergehend der Stadt verwiesen wurde; vgl. Hamm 1993 a, S. 405–426, ferner 439 Nr. 5.2 (ein Sachs-Greiffenberger-Druck). Bei Sachs ist jedoch aufgrund des Quellenbefunds – anders als bei Greiffenberger – nicht von einem spiritualistischen Denken zu sprechen. Eine Abwertung des äußeren Schrift- und Predigtworts oder gottesdienstlicher Ordnungen zugunsten eines unvermittelten Einsprechens des Hl. Geistes in die Herzen der Gläubigen ist bei ihm nicht zu erkennen. Wenig überzeugend erscheint mir daher der Versuch von Beifus (1911, S. 11–14), Sachs theologisch in die Nähe des Spiritualisten Hans Denck (seit Sept. 1523 Schulmeister bei St. Sebald, am 21. Jan. 1525 wegen Verbreitung von Irrglauben der Stadt verwiesen) zu rücken und damit dem radikalen, antilutherischen Spektrum der Reformation Nürnbergs zuzuordnen; vgl. auch die von Dutschke 1985 (S. 166 bzw. 171) geäußerte Vermutung, Sachs habe »einer Schwärmergemeinde oder -gemeinschaft« und dem »Kreis um Greiffenberger« angehört. In diesem Zusammenhang ist es auch von Interesse, daß sich Sachs später wiederholt klar im Sinne der lutherischen Abendmahlslehre geäußert hat, z. B. in einem Meisterlied von 1526 ›Das Abend-

Hans Sachs im August 1526 wegen ›Schwärmerei‹ denunziert und vor den Rat zitiert wird[114]. Die Zitation hatte keine Folgen, im Frühjahr darauf aber hat ihm der Rat jede weitere Publikation von Schriften und Gedichten verboten[115]. Der Grund: Sachs hatte mit scharfen Versen die Machtbesessenheit, die Drohungs- und Ausbeutungspraktiken und die kriegerische Gewalttätigkeit des Papstes gebrandmarkt[116]. Die polemische – nicht zum diplomatischen Kurs des Rats passende[117] – Wucht dieser Verse bildet kei-

mahl‹, zit. von Beifus ebd. S. 21–23. Auch ist zu beachten, daß er in Dialog 4 ›Ein Gespräch eins Evangelischen Christen‹ (Ausgabe von Seufert S. 129, Z. 193–217) die reformatorischen Prediger Nürnbergs ausdrücklich in Schutz nimmt.

114 Zusammen mit Hans Greiffenberger und zwei weiteren Männern; vgl. Osiander: Gesamtausgabe, Bd. 2, S. 337 Anm. 1. Hans Sachs wird im weiteren Verlauf der Affäre nicht mehr genannt, was aber nicht bedeuten muß, daß die Denunziation des Schuhmachers völlig unbegründet gewesen ist. Er war gewiß kein ›Radikaler‹ und ›Dissident‹ (vgl. Anm. 113), doch – mit seinem spezifischen theologischen Profil – auch kein Anhänger Luthers im gängigen Sinne, und keineswegs befand er sich in völliger Konformität mit den lutherischen Predigern Nürnbergs. Sprachlich kommt das besonders in den Negativbegriffen ›Gewalt‹, ›Tyrann/Tyrannei‹, ›Wucher‹ und ›Geiz‹ bzw. in den positiven Begriffen ›Arme‹, ›Gemeiner Mann‹, ›Volk‹, ›Bund‹ und ›brüderliche Liebe‹ zum Ausdruck. Zu diesen Begriffen als »Schlagwörtern der Radikalen« vgl. Diekmannshenke 1994, S. 109–114.135–139.158–161.166–187.295–300.

115 Ratsverlaß vom 27. März 1527; vgl. Bernstein 1993, S. 50–53, Osiander: Gesamtausgabe, Bd. 2, S. 412 f.

116 In dem Werk ›Auslegung der wunderlichen Weissagung von dem Papsttum, wie es ihm bis an das Ende der Welt gehen soll‹; es ist eine Gemeinschaftsarbeit mit dem Lorenzer Prediger Andreas Osiander, in der Osiander dreißig Holzschnitte in Prosa erläutert und Sachs jeweils einen Vierzeiler und das Schlußgedicht beisteuert; ediert in Osiander: Gesamtausgabe, Bd. 2, S. 403–484, Nr. 84.

117 Als dem Rat das Weissagungsbuch vorgelegt wurde, äußerte

nen Widerspruch zu Sachs' Eintreten für eine sanftmütige Reformation – im Gegenteil: richtet sich doch die Polemik (wie auch sonst bei ihm) gegen die Gewaltherrschaft auf seiten der Kirchenobrigkeit, während die Duldsamkeit, wie wir sahen, den irregeführten Opfern dieser Tyrannei, den einfachen Leuten unter den Altgläubigen, gelten soll. In gewisser Hinsicht, was die Aspekte Tyrannei, Gewalt und Krieg betrifft, findet diese antipäpstliche Polemik ihre Fortsetzung in späteren Dichtungen des Schusters, wenn er seine Stimme gegen die Schrecken des Religionskrieges[118] und die kriegs- und mordlüsterne Tyrannei auf Fürstenseite erhebt[119]. Zwar durfte er seit 1530 wieder publizieren, doch hielt es der Rat der Stadt 1576 für notwendig, umgehend nach seinem Tode in seine Wohnung einzudringen und einige Stücke aus seinem persönlichen schriftlichen Nachlaß zu konfiszieren[120].

3.7 *Die Enttäuschung und Hoffnung des Dichters – seine Grenzen und das Grenzüberschreitende*

Hans Sachs war ein friedlicher Wortführer der Reformation und dabei ein unabhängiger Kopf und mutiger Mahner, der Evangelischen und Altgläubigen ins Gewissen redete. Er wollte damit jener biblischen Botschaft und jener Kraft des verändernden Gottesgeistes Raum schaffen, die den sündigen Menschen zur Liebe fähig und so zu einem sozialen und friedlichen Wesen machen. Der Streit zwischen

er – laut Ratsbuch – die Sorge, »das dises buechlein mehr eyn anzundung und verbitterung [= Erbitterung] des gemeynen mans dann etwas anders verursach, darzue eynem erbern rath allerley nachteils und gremschafft [= Ärger] bey vilen erfolgen mog«. Ebd. S. 412.

118 Vgl. Bernstein 1993, S. 60–63 und Brunner 1994, S. 26 f.

119 Vgl. Bernstein 1993, S. 66–69 und Brunner 1994, S. 27–29.

120 Vgl. Bernstein 1993, S. 71.

den Konfessionen wäre gewiß anders verlaufen, wenn nicht die Eiferer und Machtpolitiker, sondern Menschen seiner duldsamen Geistesart den bestimmenden Einfluß auf das Geschehen gewonnen hätten. Der reale Verlauf der Reformation enttäuschte ihn[121]. Er vermißt je länger je mehr die Frucht des Gotteswortes: die Lebensveränderung aus der inneren Quelle des Glaubens und der ›brüderlichen Liebe‹. In einem 1540 veröffentlichten Spruchgedicht zieht er resigniert das Fazit, daß das Wort Gottes zwar immer noch »so hell« leuchtet – wie es 1523 seine Nachtigall ankündigte –, daß sich aber die lichtscheuen, eulenhaften Menschen von ihm nicht zur Umkehr erleuchten lassen wollen:

> »Man predigt, schreibt, man singt und malt,
> Noch [= Dennoch] bleiben beide, jung und alt,
> Wie vor[her] in Sünden blind und dumm;
> Niemand tut Buß, daß er würd frumm.«[122]

Die Enttäuschung machte ihn aber nicht verbittert und zynisch. Seine Hoffnung richtete sich auf Gottes rettendes

121 Vgl. Otten 1993, S. 285 f. über ›Verinnerlichung‹ (im Blick auf Glaube und Liebe in der Seele) und soziale Veränderung bei Sachs: »Die Nächstenliebe ist in seinem Verständnis das Fundament einer humanen Gesellschaft, in der jeder, auch der Herrschende, aus der Kraft des Glaubens heraus sich dem Dienst am Nächsten verpflichtet fühlt. [...] 1526 hatte Sachs fraglos – durch die bittere Realität belehrt – seine Utopie einer christlichen Gesellschaft, in der j e d e r aus dem ›Herzen‹ heraus handelt, schon endgültig aufgeben müssen. Der Gegenpol der Gemeinschaft stiftenden christlichen Nächstenliebe ist der jede Gemeinschaft zerstörende, Not und Leid verbreitende *Eygen nutz*.« Ob man schon 1526 bei Sachs von einem solchen Umschwung in seinen Erwartungen, die er in die Veränderungskraft des Gotteswortes und Hl. Geistes setzte, sprechen kann, erscheint mir *höchst fraglich*. Vgl. jedenfalls später den desillusionierten Ton in Sachs' Spruchgedicht ›Die brüderliche Liebe hat keine Füße mehr‹: oben S. 198 f. mit Anm. 49 und unten Anm. 124.

122 Spruchgedicht ›Wer Arges tut, hasset das Licht‹, Ausgabe von v. Keller/Goetze, Bd. 1, S. 415–417 (Zitat: 415, Z. 26–

Walten[123] und die nahende Wiederkunft Christi am Jüngsten Tag[124].

Blicken wir zurück auf Hans Sachs als Gestalt der Reformation, so sehen wir die Grenzen des Dichters, der mit seinen ethischen Appellen an die Bruderliebe dem Elend der armen Leute nicht wehren und der Gewaltsamkeit des Religionskonflikts nicht beikommen konnte. Sein Werte-, Moral- und Tugendverständnis[125] ist bürgerlich, durchaus geprägt von seiner Mittelposition in der Ständeordnung der Reichsstadt, bisweilen wohl auch – darin Spengler verwandt – von bürgerlicher Enge[126]; zugleich aber führt ihn die Be-

29); bibliographische Hinweise bei Otten 1993, S. 295 f. Anm. 157.

123 Vgl. den letzten Teil des Spruchgedichts von der Unterdrükkung des ›armen gemeinen Esels‹: Zitat in Anm. 101.

124 Vgl. das Ende des Spruchgedichts ›Die brüderliche Liebe hat keine Füße mehr‹ (wie Anm. 49). Sachs verbindet hier die Aussicht auf Gottes heilendes Handeln mit der Erwartung des Jüngsten Tages, um schließlich mit den Worten zu enden:
»Erst ich erschrack von hertzen seer,
Das die Lieb het kain fůß nit mehr.
Stilschweigent ich ir naygt mein haupt
Und schied von ir und warlich glaubt
All ding, was sie mir het anzaiget,
Weil sich auff erd so grob erayget
Der aygennutz bey reich und armen,
Das es Gott selber möcht erbarmen,
Das der mensch ist so gar verderbet
Durch aygne lieb, die auff uns erbet,
Das ›ich‹ und ›mich‹, ›mir‹ und das ›mein‹
Regiert auff gantzer erd allain,
Das nach des Herren Christi sag
Bald künfftig ist der Jüngste tag,
Weil die lieb ist so gar erkalt [Matth. 24,12]
Und aygennutz regiert mit gwalt,
Die sündfluß alles ungemachs.
Gott wend's zum besten, wünscht Hans Sachs.«

125 Vgl. M.E. Müller 1985; Könneker 1971, S. 26 f.

126 Damit meine ich freilich nicht die biedermeierliche Enge eines »Butzenscheibenpoeten, dessen Weltsicht sich auf die hei-

gegnung mit der Weisheit des Humanismus und dem Glauben der Reformation und dabei sein Gespür für die Brutalität von Herrschaft und die seelische wie leibliche Not bedrängter Menschen über alle Begrenztheit des Städtischen, Bürgerlichen und Schichtspezifischen hinaus[127]. Darin liegt auch der Grund, weshalb uns seine Reformationsbotschaft über die Jahrhunderte hinweg erreichen kann. Sie weckt unser Gewissen - sie sagt uns, daß es glaubwürdiges Christsein, das aus dem Glauben an den Gekreuzigten lebt, nicht geben kann ohne den ernsthaften, tatkräftigen Willen zur sozialen Gerechtigkeit und zum versöhnlichen Umgang zwischen Konfessionen und Religionen. Sachs steht für eine Reformation, die alle persönlichen und öffentlichen Lebensbereiche mit dem Geist der Geschwisterlichkeit durchdringen will. Diese Reformation liegt noch vor uns.

mische Gasse, auf Lebkuchen und Bratwürste beschränkte« (Brunner 1994, S. 30), sondern etwa jene rigide, auf städtische Ordnung bedachte Strenge, wie ich sie oben bei Spengler - insbesondere im Blick auf seine Aversion gegen Faulheit, ›nutzloses‹ Herumschlendern und Langschläferei - skizziert habe (siehe oben S. 160–162). Bei Sachs kann man ähnliche Äußerungen finden; vgl. M.E. Müller, S. 182–201. Seine herabsetzenden Charakterisierungen bestimmter Frauentypen verdienen eine eigene Untersuchung.

127 Sachs selbst deckt die Spannung und die Widersprüche seiner Existenz in einem Spruchgedicht von 1563 (›Die Werk Gottes sind alle gut, wer sie im Geist erkennen tut‹) auf, wenn er seine bürgerliche Selbstgefälligkeit, die auf Wohlstand, Ansehen und Anständigkeit baut, mit der Einsicht in seine eitle Nichtigkeit vor Gottes Zorn und Güte konfrontiert. Ausgabe von v.Keller/Goetze, Bd. 15, S. 550–554; vgl. Otten 1993, S. 297–299.

Literatur

Abray, Lorna Jane: *The People's Reformation, Magistrates, Clergy, and Commons in Strasbourg, 1500–1598*, Oxford 1985.

Angenendt, Arnold: *Das Frühmittelalter. Die abendländische Christenheit von 400 bis 900*, Stuttgart 1990.

Anticlericalism in Late Medieval and Early Modern Europe, ed. Peter A. Dykema, Heiko A. Oberman. Studies in Medieval and Reformation Thought 51, Leiden 1993.

Arnold, Martin: *Handwerker als theologische Schriftsteller. Studien zu Flugschriften der frühen Reformation (1523–1525)*. Göttinger theologische Arbeiten 42, Göttingen 1990.

Balzer, Bernd: *Bürgerliche Reformationspropaganda. Die Flugschriften des Hans Sachs in den Jahren 1523–1525*. Germanistische Abhandlungen 42, Stuttgart 1973.

Baron, Hans: Religion and Politics in the German Imperial Cities during the Reformation, *English Historical Review* 52 (1937), S. 405–427.614–633.

– *In Search of Florentine Civic Humanism. Essays on the Transition from Medieval to Modern Thought*, 2 Bde, Princeton 1988.

Barth, Reinhard: *Argumentation und Selbstverständnis der Bürgeropposition in städtischen Auseinandersetzungen des Spätmittelalters. Lübeck 1403–1408 – Braunschweig 1374–1376 – Mainz 1444–1446 – Köln 1396–1400*. Kollektive Einstellungen und sozialer Wandel im Mittelalter 3, 2. Aufl., Köln 1976.

Bayer, Oswald: *Promissio. Geschichte der reformatorischen Wende in Luthers Theologie*. Forschungen zur Kirchen- und Dogmengeschichte 24, Göttingen 1971.

Bayerisches Städtebuch, Teil 1, ed. Erich Keyser, Heinz Stoob, Stuttgart u. a. 1971.

Beifus, Josef: Hans Sachs und die Reformation bis zum Tode Luthers, *Mitteilungen des Vereins für Geschichte der Stadt Nürnberg* 19 (1911), S. 1–76.

Bender, Wilhelm: *Zwinglis Reformationsbündnisse. Untersuchungen zur Rechts- und Sozialgeschichte der Bürgerrechtsverträge eidgenössischer und oberdeutscher Städte zur Ausbreitung und Sicherung der Reformation Huldrych Zwinglis*, Zürich 1970.

Benevolo, Leornado: *Die Stadt in der europäischen Geschichte*, München 1993 (Originalausgabe: *La Città Europea*, Rom – Bari 1993).

Berg, Dieter: *Bettelorden und Stadt. Bettelorden und städtisches Leben im Mittelalter und in der Neuzeit*, Saxonia Franciscana 1, Werl 1992.

Bernstein, Eckhard: *Hans Sachs, mit Selbstzeugnissen und Bilddokumenten*. rororo Monographie Nr. 1090, Reinbeck bei Hamburg 1993.

Bevölkerung, Wirtschaft und Gesellschaft. Stadt-Land-Beziehungen in Deutschland und Frankreich 14.-19. Jahrhundert, ed. Neithard Bulst, Jochen Hoock, Franz Irsigler, Trier 1983.

Beyer, Franz-Heinrich: *Eigenart und Wirkung des reformatorisch-polemischen Flugblatts im Zusammenhang der Publizistik der Reformationszeit*. Mikrokosmos 39, Frankfurt a. M. u. a. 1994.

Bierbrauer, Peter: Das Göttliche Recht und die naturrechtliche Tradition, in: *Bauer, Reich und Reformation. Festschrift für Günther Franz*, ed. Peter Blickle, Stuttgart 1982, S. 210–234.

Bischofs- und Kathedralstädte des Mittelalters und der frühen Neuzeit, ed. Franz Petri. Städteforschung A/1, Köln – Wien 1976.

Blaschke, Karlheinz: Die Auswirkungen der Reformation auf die städtische Kirchenverfassung in Sachsen, in: *Stadt und Kirche* (siehe dort), 1978, S. 162–167.

Blickle, Peter: Der Kommunalismus als Gestaltungsprinzip zwischen Mittelalter und Moderne, in: *Gesellschaft und Gesellschaften. Festschrift für Ulrich Im Hof*, ed. Nicolai Bernhard, Quirinus Reichen, Bern 1982, S. 95–113.

– *Gemeindereformation – Die Menschen des 16. Jahrhunderts auf dem Weg zum Heil*, München 1985.

– Kommunalismus, Parlamentarismus, Republikanismus, *Historische Zeitschrift* 242 (1986), S. 529–556 [= 1986 a].

– Das göttliche Recht der Bauern und die göttliche Gerechtigkeit der Reformatoren, *Archiv für Kulturgeschichte* 68 (1986), S. 351–369 [= 1986 b].

– *Unruhen in der ständischen Gesellschaft 1300–1800*. Enzyklopädie deutscher Geschichte 1, München 1988.

– *Die Reformation im Reich*, 2. Aufl., Stuttgart 1992.

– *Die Revolution von 1525*, 3. Aufl., München 1993.

Bofinger, Wilhelm: *Oberdeutschtum und württembergische Reformation*, Diss. theol. [masch.] Tübingen 1957

Boockmann, Hartmut: Kirche und Frömmigkeit vor der Reformation, in: *Martin Luther und die Reformation in Deutschland. Vorträge zur Ausstellung im Germanischen Nationalmuseum 1983*, ed.

Kurt Löcher. Schriften des Vereins für Reformationsgeschichte 194, S. 9–59.
– Spätmittelalterliche deutsche Stadt-Tyrannen, *Blätter für deutsche Landesgeschichte* 19 (1983), S. 73–91.
– *Die Stadt im späten Mittelalter*, München 1986.
– *Fürsten, Bürger, Edelleute. Lebensbilder aus dem späten Mittelalter*, München 1994.
Bornkamm, Günther: *Paulus*, Stuttgart 1969.
Brady, Thomas A.: *Jacob Sturm of Strasbourg (1489–1553) and the Political Security of German Protestantism, 1526–1532*, Ph.D dissertation, University of Chicago 1968.
– *Ruling Class, Regime and Reformation at Strasbourg, 1520–1555*. Studies in Medieval and Reformation Thought 23, Leiden 1978.
– *Turning Swiss. Cities and Empire, 1450–1550*, Cambridge 1985 [= 1985 a].
– Göttliche Republiken: die Domestizierung der Religion in der deutschen Stadtreformation, in: *Zwingli und Europa*, ed. Peter Blickle, Andreas Lindt, Alfred Schindler, Zürich 1985, S. 109–136 [= 1985 b].
Brandt, Anne-Kathrin: *Die ›tugentreich fraw Armut‹. Besitz und Armut in der Tugendlehre des Hans Sachs*. Gratia 4, Göttingen 1979.
Brecht, Martin: Der theologische Hintergrund der Zwölf Artikel der Bauernschaft in Schwaben von 1525. Christoph Schappelers und Sebastian Lotzers Beitrag zum Bauernkrieg, in: *Deutscher Bauernkrieg 1525*, ed. Heiko A. Oberman. Zeitschrift für Kirchengeschichte 85 (1974) Heft 2, S. 30–64.
– Die gescheiterte Reformation in Rottweil, *Blätter für württembergische Kirchengeschichte* 75 (1975), S. 5–22.
– Die gemeinsame Politik der Reichsstädte und die Reformation, *Zeitschrift der Savigny-Stiftung für Rechtsgeschichte. Kanonist. Abt.* 94 (1977), S. 180–263.
– Die Theologie Bernhard Rothmanns, *Jahrbuch für Westfälische Kirchengeschichte* 78 (1985), S. 49–82.
– *Martin Luther*, Bd. 2: Ordnung und Abgrenzung der Reformation, 1521–1532; Bd. 3: Die Erhaltung der Kirche, 1532–1546, Stuttgart 1986 und 1987.
Brecht, Martin / Ehmer, Hermann: *Südwestdeutsche Reformationsgeschichte. Zur Einführung der Reformation im Herzogtum Württemberg 1534*, Stuttgart 1984.
Brenz, Johannes: *Frühschriften, Teile 1 und 2*, ed. Martin Brecht, Gerhard Schäfer, Frieda Wolf, Tübingen 1970 und 1974.
Brunner, Horst: Hans Sachs als Schuster, *Mitteilungen des Vereins für Geschichte der Stadt Nürnberg* 64 (1977), S. 344–348.

– Hans Sachs – sein Bild nach 500 Jahren, *Mitteilungen des Vereins für Geschichte der Stadt Nürnberg* 81 (1994), S. 13–30.
Bucer, Martin: *Deutsche Schriften, Bd. 1: Frühschriften 1520–1524*, ed. Robert Stupperich, Gütersloh 1960.
Buchholz, Werner: *Anfänge der Sozialdisziplinierung im Mittelalter. Die Reichsstadt Nürnberg als Beispiel*, Zeitschrift für historische Forschung 18 (1991), S. 129–147.
Burger, Christoph: Volksfrömmigkeit in Deutschland um 1500 im Spiegel der Schriften des Johannes von Paltz OESA, in: *Volksreligion* (siehe dort), 1990, S. 307–327.
Chrisman, Miriam Usher: Haug Marschalck. Lay Supporter of the Reform, in: *Germania Illustrata. Essays on Early Modern Germany. Festschrift für Gerald Strauss.* Sixteenth Century Essays and Studies 18, Kirksville 1992, S. 59–74.
Christaller, Walter: *Die zentralen Orte in Süddeutschland. Eine ökonomisch-geographische Untersuchung über die Gesetzmäßigkeit der Verbreitung und Entwicklung der Siedlungen mit städtischen Funktionen*, Jena 1933; Nachdruck: Darmstadt 1968.
Clévenot, Michel: *»Lieber Jesus, mach mich reich«, Geschichte des Christentums im XIV. und XV. Jahrhundert*, Luzern 1993.
Cohn, Henry J.: Reformatorische Bewegung und Antiklerikalismus in Deutschland und England, in: *Stadtbürgertum und Adel* (siehe dort), 1979, S. 309–329.
Conrad, Franziska: *Reformation in der bäuerlichen Gesellschaft. Zur Rezeption reformatorischer Theologie im Elsaß.* Veröffentlichungen des Instituts für Europäische Geschichte Mainz 116, Wiesbaden 1984.
Croyants et sceptiques au XVIe siècle. Le dossier des épicuriens, ed. Marc Lienhard. Société savante d' Alsace et des régions de l' Est »Recherches et Documents« 30, Strasbourg 1981.
Curtze, Maximilian: *Urkunden zur Geschichte der Mathematik im Mittelalter und der Renaissance, Teil 1* = Abhandlungen zur Geschichte der mathematischen Wissenschaften mit Einschluß ihrer Anwendungen 12, Leipzig 1902.
Davis, Natalie Zemon: *Humanismus, Narrenherrschaft und die Riten der Gewalt. Gesellschaft und Kultur im frühneuzeitlichen Frankreich*, Frankfurt a. M. 1987.
Die deutsche Literatur des Mittelalters. Verfasserlexikon, 2. Aufl., bis Bd. 8 ed. Kurt Ruh, ab Bd. 9 ed. Burghart Wachinger, Berlin – New York 1978 ff.
Deutsche Reichstagsakten, Jüngere Reihe, ed. Historische Kommission bei der Bayerischen Akademie der Wissenschaften, Bde III, IV und VII/1, 2. Aufl. (= Nachdruck), Göttingen 1963.

Dickens, Arthur Geoffrey: *The German Nation and Martin Luther*, London 1974; Reprint: London 1976.

Diekmannshenke, Hans-Joachim: *Die Schlagwörter der Radikalen der Reformationszeit (1520–1536). Spuren utopischen Bewußtseins*, Frankfurt a. M. u. a. 1994.

Ditt, Hildegard: Bevölkerungseinzug und Raumbeziehungen der Stadt Soest in Mittelalter und Neuzeit, in: *Soest* (siehe dort), 1981, S. 35–84.

Dobel, Friedrich: *Memmingen im Reformationszeitalter nach handschriftlichen Quellen*, 5 Bde, Memmingen 1876–1878.

Dobras, Wolfgang: *Ratsregiment, Sittenpolizei und Kirchenzucht in der Reichsstadt Konstanz 1531–1548. Ein Beitrag zur Geschichte der oberdeutsch-schweizerischen Reformation*. Quellen und Forschungen zur Reformationsgeschichte 59, Gütersloh 1993.

Dutschke, Manfred: *›... was ein singer soll singen‹. Untersuchung zur Reformationsdichtung des Hans Sachs*. Europäische Hochschulschriften, Reihe 1, Bd. 865, Frankfurt a. M. - Bern u. a. 1985.

Ebel, Wilhelm: *Der Bürgereid als Geltungsgrund und Gestaltungsprinzip des deutschen mittelalterlichen Stadtrechts*, Weimar 1958.

Ehbrecht, Wilfried: Verlaufsformen innerstädtischer Konflikte in nord- und westdeutschen Städten im Reformationszeitalter, in: *Stadt und Kirche* (siehe dort), 1978, S. 27–47.

– Form und Bedeutung innerstädtischer Kämpfe am Übergang vom Mittelalter zur Neuzeit: Minden 1405–1535, in: *Städtische Führungsgruppen* (siehe dort), 1980, S. 115–152.

Ehmer, Hermann: Andreas Althamer und die gescheiterte Reformation in Schwäbisch Gmünd, *Blätter für württembergische Kirchengeschichte* 78 (1978), S. 46–72.

Ellis, Frances Hankemeier: siehe Sachs, Hans.

Elm, Kaspar: Die Bruderschaft vom gemeinsamen Leben. Eine geistliche Lebensform zwischen Kloster und Welt, Mittelalter und Neuzeit, *Ons Geestelijk Erf* 59 (1985), S. 470– 496.

Enderle, Wilfried: *Konfessionsbildung und Ratsregiment in der katholischen Reichsstadt Überlingen (1500–1618) im Kontext der Reformationsgeschichte der oberschwäbischen Reichsstädte*. Veröffentlichungen der Kommission für geschichtliche Landeskunde in Baden-Württemberg, Reihe B Bd. 118, Stuttgart 1990.

Endres, Rudolf: Zur Lage der Nürnberger Handwerkerschaft zur Zeit von Hans Sachs, *Jahrbuch für fränkische Landesforschung* 37 (1977), S. 107–123.

– Nürnberger Bildungswesen zur Zeit der Reformation, *Mittei-*

lungen des Vereins für Geschichte der Stadt Nürnberg 71 (1984), S. 109–128.
– Stadt und Land im bildungspolitischen Bereich im Spätmittelalter und in der Frühneuzeit, in: *Städtisches Um- und Hinterland in vorindustrieller Zeit*, ed. Hans K. Schulze, Köln - Wien 1985, S. 157–182.
– Die Verbreitung der Schreib- und Lesefähigkeit zur Zeit Martin Luthers, in: *Martin Luther. Leistung und Erbe*, ed. Horst Bartel, Gerhard Brendler, Hans Hübner, Adolf Laube, Berlin 1986, S. 280–286.
– Das Schulwesen in Franken zur Zeit der Reformation, *Zeitschrift für bayerische Kirchengeschichte* 63 (1994), S. 13–29.
Erasmus von Rotterdam: Epistola ad Paulum Volzium, in: *Erasmus von Rotterdam: Ausgewählte Schriften*, ed. Werner Welzig, Bd. 1, Darmstadt 1968, S. 1–53.
Fabian, Ekkehart: *Die Entstehung des Schmalkaldischen Bundes und seiner Verfassung 1524/29 - 1531/35. Brück, Philipp von Hessen und Jakob Sturm*. Schriften zur Kirchen- und Rechtsgeschichte 1, 2. Aufl., Tübingen 1962.
Flugblätter der Reformation und des Bauernkrieges. 50 Blätter aus der Sammlung des Schloßmuseums Gotha, ed. Hermann Meuche; *Katalog* von Ingeburg Neumeister, Leipzig 1976.
Flugschriften als Massenmedium der Reformationszeit, ed. Hans-Joachim Köhler. Spätmittelalter und Frühe Neuzeit 13, Stuttgart 1981.
Förstemann, Carl Eduard: *Neues Urkundenbuch zur Geschichte der evangelischen Kirchen-Reformation*, Bd. 1, Hamburg 1842.
Francois, Etienne: *Die unsichtbare Grenze. Protestanten und Katholiken in Augsburg 1648–1806*. Abhandlungen zur Geschichte der Stadt Augsburg 33, Sigmaringen 1991.
Franz, Günther: *Der deutsche Bauernkrieg. Aktenband*, Darmstadt 1972.
Friedeburg, Robert von: »Kommunalismus« und »Republikanismus« in der frühen Neuzeit? Überlegungen zur politischen Mobilisierung sozial differenzierter ländlicher Gemeinden unter Agrar- und sozialhistorischem Blickwinkel, *Zeitschrift für historische Forschung* 21 (1994), S. 65–91.
Friedensburg, Walter: *Der Reichstag zu Speier 1526 im Zusammenhang der politischen und kirchlichen Entwicklung Deutschlands im Reformationszeitalter*. Historische Untersuchungen 5, Berlin 1987.
Fuhrmann, Rosi: Die Kirche im Dorf. Kommunale Initiativen zur Organisation von Seelsorge vor der Reformation, in: *Zugänge*

zur bäuerlichen Reformation, ed. Peter Blickle, Zürich 1987, S. 147–186.
– Dorfgemeinde und Pfründstiftung vor der Reformation. Kommunale Selbstbestimmungschancen zwischen Religion und Recht, in: *Kommunalisierung und Christianisierung* (siehe dort), 1989, S. 77–112.
Gall, Lothar: *Von der ständischen zur bürgerlichen Gesellschaft.* Enzyklopädie deutscher Geschichte 25, München 1993.
Gerteis, Klaus: *Die deutschen Städte in der Frühen Neuzeit. Zur Vorgeschichte der ›bürgerlichen Welt‹*, Darmstadt 1986.
Glassberger, Nicolaus: *Chronica.* Analecta Franciscana 2, ed. a patribus Collegii S. Bonaventurae, Ad Claras Aquas (Quarracchi) 1887.
Goertz, Hans-Jürgen: *Pfaffenhaß und groß Geschrei. Die reformatorischen Bewegungen in Deutschland 1517–1529*, München 1987.
– Noch einmal: Reichsstadt und Reformation. Eine Auseinandersetzung mit Bernd Moeller, *Zeitschrift für historische Forschung* 16 (1989), S. 221–225.
Greyerz, Kaspar von: *The Late City Reformation in Germany. The Case of Colmar, 1522–1628.* Veröffentlichungen des Instituts für Europäische Geschichte Mainz 98, Wiesbaden 1980.
– Stadt und Reformation: Stand und Aufgaben der Forschung, *Archiv für Reformationsgeschichte* 76 (1985), S. 6–63.
Grimm, Harold J.: *Lazarus Spengler: a Lay Leader of the Reformation*, Columbus/Ohio 1978.
Gruber, Karl: *Eine deutsche Stadt. Bilder zur Entwicklungsgeschichte der Stadtbaukunst*, München 1914.
Grünewald, Elisabeth / Engel, Wilhelm: Das Porträt des Kanzlers Georg Vogler († 1550), *Mainfränkisches Jahrbuch für Geschichte und Kunst* 2 (1950), 130–139 (die Lebensbeschreibung Voglers von W. Engel auf S. 134–139).
Gurjewitsch, Aaron J.: Der Kaufmann, in: *Der Mensch des Mittelalters*, ed. Jacques Le Goff, Frankfurt a. M. – New York 1989, S. 268–311 (= Kap. 7).
Haas, Irene: *Reformation – Konfession – Tradition. Frankfurt am Main im Schmalkaldischen Bund 1536–1547.* Studien zur Frankfurter Geschichte 30, Frankfurt a. M. 1991.
Hamm, Berndt: Frömmigkeit als Gegenstand theologiegeschichtlicher Forschung. Methodisch-historische Überlegungen am Beispiel von Spätmittelalter und Reformation, *Zeitschrift für Theologie und Kirche* 74 (1977), S. 464–497.
– Laientheologie zwischen Luther und Zwingli: Das reformatorische Anliegen des Konstanzer Stadtschreibers Jörg Vögeli auf-

grund seiner Schriften von 1523/24, in: *Kontinuität und Umbruch. Theologie und Frömmigkeit in Flugschriften und Kleinliteratur an der Wende vom 15. zum 16. Jahrhundert*, ed. Josef Nolte, Hella Tompert, Christof Windhorst. Spätmittelalter und Frühe Neuzeit 2, Stuttgart 1978, S. 222–295.

– *Frömmigkeitstheologie am Anfang des 16. Jahrhunderts.* Beiträge zur historischen Theologie 65, Tübingen 1982 [= 1982 a].

– Wort Gottes und Menschensatzung. Notizen zur Osiander-Gesamtausgabe und zu Osianders Theologie, *Zeitschrift für bayerische Kirchengeschichte* 51 (1982), S. 54–72 [= 1982 b].

– Stadt und Kirche unter dem Wort Gottes: das reformatorische Einheitsmodell des Nürnberger Ratsschreibers Lazarus Spengler (1479–1534), in: *Literatur und Laienbildung im Spätmittelalter und in der Reformationszeit*, ed. Ludger Grenzmann, Karl Stackmann, Stuttgart 1984, S. 710–731.

– Was ist reformatorische Rechtfertigungslehre?, *Zeitschrift für Theologie und Kirche* 83 (1986), S. 1–38 [= 1986 a].

– Lazarus Spengler und Martin Luthers Theologie, in: *Martin Luther: Probleme seiner Zeit*, ed. Volker Press, Dieter Stievermann. Spätmittelalter und Frühe Neuzeit 26, Stuttgart 1986 [= 1986 b].

– *Zwinglis Reformation der Freiheit*, Neukirchen-Vluyn 1988.

– Humanistische Ethik und reichsstädtische Ehrbarkeit in Nürnberg, *Mitteilungen des Vereins für Geschichte der Stadt Nürnberg* 76 (1989), S. 65–147.

– Hieronymus-Begeisterung und Augustinismus vor der Reformation. Beobachtungen zur Beziehung zwischen Humanismus und Frömmigkeitstheologie (am Beispiel Nürnbergs), in: *Augustine, the Harvest, and Theology (1300–1650). Festschrift für Heiko A. Oberman*, ed. Kenneth Hagen, Leiden 1990, S. 127–235.

– Das Gewicht von Religion, Glaube, Frömmigkeit und Theologie innerhalb der Verdichtungsvorgänge des ausgehenden Mittelalters und der frühen Neuzeit, in: *Krisenbewußtsein und Krisenbewältigung in der Frühen Neuzeit – Crisis in Early Modern Europe. Festschrift für Hans-Christoph Rublack*, ed. Monika Hagenmaier, Sabine Holtz, Frankfurt a. M. 1992, S. 163–196 [= 1992 a].

– Reformation als normative Zentrierung von Religion und Gesellschaft, *Jahrbuch für Biblische Theologie* 7 (1992), S. 241–279 [= 1992 b].

– Geistbegabte gegen Geistlose: Typen des pneumatologischen Antiklerikalismus – zur Vielfalt der Luther-Rezeption in der frühen Reformationsbewegung (vor 1525), in: *Anticlericalism* (siehe dort), 1993, S. 379–440 [= 1993 a].

– Reformation »von unten« und Reformation »von oben«. Zur Problematik reformatorischer Klassifizierungen, in: *The Reformation in Germany and Europe: Interpretations and Issues*, ed. Hans R. Guggisberg, Gottfried G. Krodel, Hans Füglister. Special Volume of Archive for Reformation History, Gütersloh 1993, S. 256–293 [= 1993b].
– Von der spätmittelalterlichen reformatio zur Reformation: der Prozeß normativer Zentrierung von Religion und Gesellschaft in Deutschland, *Archiv für Reformationsgeschichte* 84 (1993), S. 7–82 [= 1993c].
– The Urban Reformation in the Holy Roman Empire, in: *Handbook of European History 1400–1600: Late Middle Ages, Renaissance and Reformation*, ed. Thomas A. Brady jr., Heiko A. Oberman, James D. Tracy, Bd. 2, Leiden - New York - Köln 1995, S. 193–227.
Hamm, Berndt / Moeller, Bernd / Wendebourg, Dorothea: *Reformationstheorien. Ein kirchenhistorischer Disput über Einheit und Vielfalt der Reformation*, Göttingen 1995.
Hamm, Ernst: *Die deutsche Stadt im Mittelalter*, Stuttgart 1935.
Hans Sachs und die Meistersinger in ihrer Zeit. Katalog zur Ausstellung des Germanischen Nationalmuseums Nürnberg in Bayreuth, Nürnberg 1981.
Hartmann, Gabriele: *Der Briefwechsel zwischen Kurfürst Friedrich dem Weisen von Sachsen und Anton Tucher in Nürnberg*. Zulassungsarbeit zum Staatsexamen für das Lehramt an Gymnasien aus dem Fach Evang. Religionslehre, Universität Erlangen-Nürnberg 1985 (ausleihbar am Lehrstuhl für Neuere Kirchengeschichte).
Hartung, Wolfgang: Gesellschaftliche Randgruppen im Spätmittelalter. Phänomen und Begriff, in: *Städtische Randgruppen und Minderheiten*, ed. Bernhard Kirchgässner, Fritz Reuter. Stadt in der Geschichte 13, Sigmaringen 1986, S. 49–114.
Herrmann, Erwin: *Geschichte der Stadt Kulmbach*. Schriftenreihe ›Die Plassenburg‹ 45, Kulmbach 1985.
Hirschmann, Gerhard: Das Nürnberger Patriziat, in: *Deutsches Patriziat 1430–1740. Büdinger Vorträge 1965*, ed. Hellmuth Rössler. Schriften zur Problematik der deutschen Führungsschichten in der Neuzeit 3, Limburg/Lahn 1968, S. 257–276.
– Christoph Kreß von Kressenstein (1484–1535), *Fränkische Lebensbilder* 15 (1993), S. 37–61.
– *Kirchenvisitation im Landgebiet der Reichsstadt Nürnberg 1560/61. Quellenedition*. Einzelarbeiten aus der Kirchengeschichte Bayerns 68, Neustadt a.d. Aisch 1994.

Höß, Irmgard: *Georg Spalatin 1484–1545. Ein Leben in der Zeit des Humanismus und der Reformation*, 2. Aufl., Weimar 1989.
Hofacker, Hans-Georg: Die Reformation in der Reichsstadt Ravensburg, *Zeitschrift für Württembergische Landesgeschichte* 29 (1970), S. 71–125.
Hofmann, Hanns Hubert: Nobiles Norimbergenses. Betrachtungen zur Struktur der reichsstädtischen Oberschicht, *Zeitschrift für bayerische Landesgeschichte* 28 (1965), S. 114–150.
Hohenberg, Paul M. / Lees, Lynn Hollen: *The Making of Urban Europe 1000–1950*, Cambridge/Mass. 1985.
Hohenberger, Thomas: *Evangeliumstreue und Christusglaube. Die Rezeption der lutherischen Rechtfertigungslehre in den reformatorischen Flugschriften der Jahre um Worms 1521/22*, Diss. theol. [masch.] Erlangen 1994; erscheint Tübingen 1996.
Humanismus und höfisch-städtische Eliten im 16. Jahrhundert, ed. Klaus Malettke, Jürgen Voss. Pariser historische Studien 27, 2. Aufl., Bonn 1990.
Humanismus und Reformation als kulturelle Kräfte in der deutschen Geschichte: ein Tagungsbericht, ed. Lewis W. Spitz. Veröffentlichungen der Historischen Kommission zu Berlin 51, Berlin – New York 1981.
Irsigler, Franz: Kaufmannsmentalität im Mittelalter, in: *Mentalität und Alltag im Spätmittelalter*, ed. Cord Meckseper, Elisabeth Schraut, Göttingen 1985.
Irsigler, Franz / Lassotta, Arnold: *Bettler und Gaukler, Dirnen und Henker. Außenseiter in einer mittelalterlichen Stadt: Köln 1300–1600*, 4. Aufl., München 1991.
Isenmann, Eberhard: *Die deutsche Stadt im Spätmittelalter: 1250–1500. Stadtgestalt, Recht, Stadtregiment, Kirche, Gesellschaft, Wirtschaft*, Stuttgart 1988.
Jahns, Sigrid: *Frankfurt, Reformation und Schmalkaldischer Bund.* Studien zur Frankfurter Geschichte 9, Frankfurt a. M. 1976.
– Frankfurt am Main im Zeitalter der Reformation (um 1500–1555), in: *Frankfurt am Main. Die Geschichte der Stadt in neun Beiträgen.* Veröffentlichungen der Frankfurter Historischen Kommission 17, Sigmaringen 1991, S. 151–204.
Junghans, Helmar: *Wittenberg als Lutherstadt*, 2. Aufl., Berlin 1979.
Kantorowicz, Ernst H.: *Die zwei Körper des Königs – »The King's Two Bodies«. Eine Studie zur politischen Theologie des Mittelalters*, München 1990 (Erstausgabe: Princeton 1957).
Kellenbenz, Hermann: Wirtschaftsleben im Zeitalter der Reformation, in: *Nürnberg – Geschichte einer europäischen Stadt*, ed. Gerhard Pfeiffer, München 1971, S. 186–193.

Kießling, Rolf: *Bürgerliche Gesellschaft und Kirche in Augsburg im Spätmittelalter. Ein Beitrag zur Strukturanalyse der oberdeutschen Reichsstadt.* Abhandlungen zur Geschichte der Stadt Augsburg 19, Augsburg 1971.

– Herrschaft - Markt - Landbesitz. Aspekte der Zentralität und der Stadt-Land-Beziehungen spätmittelalterlicher Städte an ostschwäbischen Beispielen, in: *Zentralität als Problem der mittelalterlichen Stadtgeschichtsforschung*, ed. Emil Meynen. Städteforschung A8, Köln - Wien 1979, S. 180–218.

– Die »Nachbarschaft« und die »Regionalisierung« der Politik: Städte, Klöster und Adel in Ostschwaben um 1500, in: *Europa 1500. Integrationsprozesse im Widerstreit: Staaten, Regionen, Personenverbände, Christenheit*, ed. Ferdinand Seibt, Winfried Eberhard, Stuttgart 1987, S. 262–278.

– Städtischer Republikanismus. Regimentsformen des Bürgertums in oberschwäbischen Stadtstaaten im ausgehenden Mittelalter und der beginnenden Frühneuzeit, in: *Politische Kultur in Oberschwaben*, ed. Peter Blickle, Tübingen 1993, 175–205.

Kirche und gesellschaftlicher Wandel in deutschen und niederländischen Städten der werdenden Neuzeit, ed. Franz Petri. Städteforschung A10, Köln - Wien 1980.

Kleinschmidt, Erich: *Stadt und Literatur in der Frühen Neuzeit. Voraussetzung und Entfaltung im südwestdeutschen, elsässischen und schweizerischen Städteraum.* Literatur und Leben N.F. 22, Köln - Wien 1982.

Klötzer, Ralf: *Die Täuferherrschaft von Münster. Stadtreformation und Welterneuerung.* Reformationsgeschichtliche Studien und Texte 131, Münster 1992.

Klueting, Harm: *Das Konfessionelle Zeitalter 1525–1648*, Stuttgart 1989.

Kobelt-Groch, Marion: *Aufsässige Töchter Gottes. Frauen im Bauernkrieg und in den Täuferbewegungen.* Geschichte und Geschlechter 4, Frankfurt - New York 1993.

Köhler, Hans-Joachim: Erste Schritte zu einem Meinungsprofil der frühen Reformationszeit, in: *Martin Luther: Probleme seiner Zeit*, ed. Volker Press, Dieter Stievermann. Spätmittelalter und Frühe Neuzeit 16, Stuttgart 1986, S. 244–281.

Köhler, Walther: *Zürcher Ehegericht und Genfer Konsistorium, Bd. 1: Das Zürcher Ehegericht und seine Auswirkung in der deutschen Schweiz zur Zeit Zwinglis, Bd. 2: Das Ehe- und Sittengericht in den süddeutschen Reichsstädten, dem Herzogtum Württemberg und in Genf.* Quellen und Abhandlungen zur schweizerischen Reformationsgeschichte 7/10, Leipzig 1932/42.

Könneker, Barbara: *Hans Sachs*, Stuttgart 1971.

Kommunalisierung und Christianisierung. Voraussetzungen und Folgen der Reformation 1400–1600, ed. Peter Blickle, Johannes Kunisch. Zeitschrift für historische Forschung, Beiheft 9, Berlin 1989.

Der Konstanzer Reformator Ambrosius Blarer 1492–1564. Gedenkschrift zu seinem 400. Todestag, ed. Bernd Moeller, Konstanz - Stuttgart 1964.

Kugler, Hartmut: *Die Vorstellung der Stadt in der Literatur des deutschen Mittelalters*. Münchener Texte und Untersuchungen zur deutschen Literatur des Mittelalters 88, München 1986.

Lau, Franz: Der Bauernkrieg und das angebliche Ende der lutherischen Reformation als spontaner Volksbewegung, *Luther-Jahrbuch* 26 (1959), S. 109–134.

– Reformationsgeschichte bis 1532, in: ders. / Ernst Bizer: *Reformationsgeschichte Deutschlands bis 1555*. Die Kirche in ihrer Geschichte Bd. 3 Lief.K, 2. Aufl., Göttingen 1969.

Leiser, Wolfgang: Territorien süddeutscher Reichsstädte. Ein Strukturvergleich, *Zeitschrift für bayersiche Landesgeschichte* 38 (1985), S. 967–981.

– Das Landgebiet der Reichsstadt Nürnberg, in: *Nürnberg und Bern. Zwei Reichsstädte und ihre Landgebiete*, ed. Rudolf Endres. Erlanger Forschungen A/46, Erlangen 1990, S. 227–260.

Locher, Gottfried W.: *Die Zwinglische Reformation im Rahmen der europäischen Kirchengeschichte*, Göttingen - Zürich 1979.

Lorz, Jürgen: *Das reformatorische Wirken Dr. Wenzeslaus Lincks in Altenburg und Nürnberg*. Nürnberger Werkstücke 25, Nürnberg 1978.

Luther, Martin: *Werke. Kritische Gesamtausgabe* (Weimarer Ausgabe). Abt. Schriften, Weimar 1883 ff. (= WA); Abt. Briefe, 15 Bde, Weimar 1930 ff. (= WA Br); Abt. Tischreden, 6 Bde, Weimar 1912–1921 (= WA TR).

– *Werke in Auswahl*, ed. Otto Clemen (Bonner Ausgabe), Bd. 2, 6. Aufl., Berlin 1967.

– *Studienausgabe*, ed. Hans-Ulrich Delius, Bd. 1, Berlin 1979. Bd. 2, Berlin 1982.

Martin Bucer and Sixteenth Century Europe, ed. Christian Krieger, Marc Lienhard. Studies in Medieval and Reformation Thought 52/53, 2 Bde, Leiden 1993.

Martin Luther und die Reformation in Deutschland. Ausstellung zum 500. Geburtstag Martin Luthers. Katalog des Germanischen Nationalmuseums Nürnberg, Frankfurt a. M. - Nürnberg 1983.

Maschke, Erich: Deutsche Städte am Ausgang des Mittelalters, in:

Die Stadt am Ausgang des Mittelalters, ed. Wilhelm Rausch. Beiträge zur Geschichte der Städte Mitteleuropas 3, Linz 1974, S. 1–44.

Maurer, Justus: *Prediger im Bauernkrieg*. Calwer Theologische Monographien Bd. 5, Stuttgart 1979.

Meeks, Wayne A.: *Urchristentum und Stadtkultur. Die soziale Welt der paulinischen Gemeinden*, Gütersloh 1993 (engl. unter dem Titel: The First Urban Christians, New Haven - London 1983).

Meier, Martin Gernot: *Die Einführung der Reformation in der Markgrafschaft Ansbach - Bayreuth - Kulmbach in den Jahren 1526–1533*, Magisterarbeit phil. [masch.] Erlangen 1993.

Meier, Ulrich: *Die Stadt im Denken spätmittelalterlicher Theologen, Philosophen und Juristen*, München 1994.

Meuthen, Erich: *Das 15. Jahrhundert*. Oldenbourg - Grundriß der Geschichte 9, 2. Aufl., München 1984.

Moeller, Bernd: *Johannes Zwick und die Reformation in Konstanz*. Quellen und Forschungen zur Reformationsgeschichte 28, Gütersloh 1961.

– Die Kirche in den evangelischen freien Städten Oberdeutschlands im Zeitalter der Reformation, *Zeitschrift für die Geschichte des Oberrheins* 112 (1964), S. 147–162.

– Zwinglis Disputationen. Studien zu den Anfängen der Kirchenbildung und des Synodalwesens im Protestantismus, 2 Teile, *Zeitschrift der Savigny-Stiftung für Rechtsgeschichte*. Kanonist. Abt. 56 (1970), S. 275–324 und 60 (1974), S. 213–364.

– Stadtreformation und Klassenkampf. Rezension von Brady: Ruling Class (siehe dort), *Göttingische Gelehrte Anzeigen* 232 (1980), S. 103–112.

– Einige Bemerkungen zum Thema: Predigten in reformatorischen Flugschriften, in: *Flugschriften als Massenmedium* (siehe dort), 1981, S. 261–268.

– Luther und die Städte, in: Gerda Henkel Vorlesung: *Aus der Lutherforschung. Drei Vorträge*, ed. gemeinsame Kommission der Rheinisch-Westfäl. Akademie der Wissenschaften und der Gerda Henkel Stiftung 1983.

– Was wurde in der Frühzeit der Reformation in den deutschen Städten gepredigt?, *Archiv für Reformationsgeschichte* 75 (1984), S. 176–193.

– *Reichsstadt und Reformation. Bearbeitete Neuausgabe*, Berlin 1987 (Erstausgabe: 1962).

– Das Berühmtwerden Luthers, *Zeitschrift für historische Forschung* 15 (1988), S. 65–92.

– *Die Reformation und das Mittelalter. Kirchenhistorische Aufsätze*, ed. Johannes Schilling, Göttingen 1991.
– Van den predicanten und eren arbeyde - Die Neugestaltung des kirchlichen Amtes, in: *450 Jahre Reformation in Osnabrück* (siehe dort), 1993, S. 267–269.
Mörke, Olaf: Der »Konflikt« als Kategorie städtischer Sozialgeschichte der Reformationszeit. Ein Diskussionsbeitrag am Beispiel der Stadt Braunschweig, in: *Beiträge zum spätmittelalterlichen Städtewesen*, ed. Bernhard Diestelkamp. Städteforschung A12, Köln - Wien 1982, S. 144–161.
– *Rat und Bürger in der Reformation. Soziale Gruppen und kirchlicher Wandel in den welfischen Hansestädten Lüneburg, Braunschweig und Göttingen*. Veröffentlichungen des Instituts für historische Landesforschung der Universität Göttingen 19, Hildesheim 1983.
– *Die Ruhe im Sturm. Die katholische Landstadt Mindelheim unter der Herrschaft der Frundsberg im Zeitalter der Reformation*. Studien zur Geschichte des Bayerischen Schwabens 19, Augsburg 1991.
Moraw, Peter: Reichsstadt, Reich und Königtum im späten Mittelalter, *Zeitschrift für historische Forschung* 6 (1979), S. 385–424.
Muck, Georg: *Geschichte von Kloster Heilsbronn von der Urzeit bis zur Neuzeit*, Bd. 1, Nördlingen 1879.
Müller, Gerhard: Bündnis und Bekenntnis. Zum Verhältnis von Glaube und Politik im deutschen Luthertum des 16. Jahrhunderts, in: *Bekenntnis und Einheit der Kirche. Studien zum Konkordienbuch*, ed. Martin Brecht, Reinhard Schwarz, Stuttgart 1980, S. 23–43.
– Lazarus Spengler als Theologe, in: *Vom Amt des Laien in Kirche und Theologie. Festschrift für Gerhard Krause*, ed. Henning Schröer, Gerhard Müller, Berlin - New York 1982, S. 168–184.
Müller, Maria E.: *Der Poet der Moralität. Untersuchungen zu Hans Sachs*. Arbeiten zur Mittleren Deutschen Literatur und Sprache 15, Bern - Frankfurt a. M. - New York 1985.
Müller, Siegfried: *Stadt, Kirche und Reformation: Das Beispiel der Landstadt Hannover*, Hannover 1987.
Mulzer, Erich: Das Jamnitzerhaus in Nürnberg und der Goldschmied Wenzel Jamnitzer, *Mitteilungen des Vereins für Geschichte der Stadt Nürnberg* 61 (1974), S. 48–89.
– *Die Nürnberger Altstadt. Das architektonische Gesicht eines historischen Großstadtkerns*, 2. Aufl., Nürnberg 1976.
Mumford, Lewis: *The City in History. Its Origins, its Transformations and its Prospects*, London 1961.

Nowicki-Pastuschka, Angela: *Frauen in der Reformation. Untersuchungen zum Verhalten von Frauen in den Reichsstädten Augsburg und Nürnberg zur reformatorischen Bewegung zwischen 1517 und 1537*, Pfaffenweiler 1990.

Nürnberg - Kaiser und Reich. Katalog zur Ausstellung des Staatsarchivs Nürnberg (Ausstellungskataloge der Staatlichen Archive Bayerns 20), München 1986.

Nürnberger Polizeiordnungen aus dem XIII bis XV Jahrhundert, ed. Joseph Baader. Bibliothek des Litterarischen Vereins in Stuttgart 63, Stuttgart 1861 (Neudruck: Amsterdam 1966).

Oberman, Heiko Augustinus: *Werden und Wertung der Reformation. Vom Wegestreit zum Glaubenskampf*, Tübingen 1977 (engl. unter dem Titel: Masters of the Reformation, Cambridge 1981).

– *The Dawn of the Reformation*, Edinburgh 1986.

– Europa afflicta: The Reformation of the Refugees, *Archiv für Reformationsgeschichte* 83 (1992), S. 91–111.

Oelke, Harry: *Die Konfessionsbildung des 16. Jahrhunderts im Spiegel illustrierter Flugblätter*. Arbeiten zur Kirchengeschichte 57, Berlin - New York 1992.

Osiander d.Ä., Andreas: *Gesamtausgabe*, Bde 1–8, ed. Gerhard Müller, Gottfried Seebaß, Gütersloh 1975–1990.

Otten, Franz: *mit hilff gottes zw tichten ... got zw lob vnd zw aůspreittůng seines heilsamen wort. Untersuchungen zur Reformationsdichtung des Hans Sachs*. Göppinger Arbeiten zur Germanistik 587, Göppingen 1993.

Ozment, Steven E.: *The Reformation in the Cities. The Appeal of Protestantism to Sixteenth-Century Germany and Switzerland*, New Haven - London 1975.

Paltz, Johannes von: *Supplementum Coelifodinae*, Erfurt 1504, ed. Berndt Hamm. Johannes von Paltz: Werke 2 = Spätmittelalter und Reformation 3, Berlin - New York 1983.

Pettke, Sabine: Die Reformation in Rostock, in: *Luther und seine Zeit: heimatgeschichtliche Beiträge* = Heimatgeschichte 16, Berlin 1983, S. 49–61.

Pfeiffer, Gerhard: Der Augsburger Religionsfrieden und die Reichsstädte, *Zeitschrift des Historischen Vereins für Schwaben* 61 (1955), S. 213–321.

– Das Verhältnis von politischer und kirchlicher Gemeinde in den deutschen Reichsstädten, in: *Staat und Kirche im Wandel der Jahrhunderte*, ed. Walther Peter Fuchs, Stuttgart 1966, S. 79–99.

– *Quellen zur Nürnberger Reformationsgeschichte. Von der Duldung liturgischer Änderungen bis zur Ausübung des Kirchenregiments durch den Rat (Juni 1524 bis Juni 1925).* Einzelarbeiten aus der Kirchengeschichte Bayerns 45, Nürnberg 1968.

– Lazarus Spengler (1479–1534), in: *Fränkische Lebensbilder*, Bd. 11, ed. Alfred Wendehorst/Gerhard Pfeiffer, Neustadt/Aisch 1984, S. 61–79.

Politics and Society in Reformation Europe. Festschrift für Geoffrey Elton, ed. E. I. Kouri, Tom Scott, London 1987.

Postel, Rainer: *Die Reformation in Hamburg 1517–1528.* Quellen und Forschungen zur Reformationsgeschichte 52, Gütersloh 1986.

Press, Volker: Stadt und territoriale Konfessionsbildung, in: *Kirche und gesellschaftlicher Wandel* (siehe dort), 1980, S. 251– 296.

– Das römisch-deutsche Reich - ein politisches System in verfassungs- und sozialgeschichtlicher Fragestellung, in: *Spezialforschung und »Gesamtgeschichte«. Beispiele und Methodenfragen zur Geschichte der frühen Neuzeit*, ed. Grete Klingenstein, Heinrich Lutz. Wiener Beiträge zur Geschichte der Neuzeit 8, Wien 1981, S. 15–47.

– Der Kaiser, das Reich und die Reformation, in: *Martin Luther und die Reformation in Deutschland. Vorträge zur Ausstellung im Germanischen Nationalmuseum Nürnberg 1983*, ed. Kurt Löcher. Schriften des Vereins für Reformationsgeschichte 194, S. 61–94.

– Martin Luther und die sozialen Kräfte seiner Zeit, in: *Luther und die politische Welt*, ed. Erwin Iserloh, Gerhard Müller. Historische Forschungen 9, Stuttgart 1984, S. 189–217.

– Die Reichsstadt in der altständischen Gesellschaft, in: Neue Studien zur frühneuzeitlichen Reichsgeschichte, ed. Johannes Kunisch. *Zeitschrift für historische Forschung, Beiheft 3*, Berlin 1987, S. 9–42.

– Patronat und Klientel im Heiligen Römischen Reich, in: *Klientel-Systeme im Europa der Frühen Neuzeit*, ed. Antoni Mazak. Schriften des Historischen Kollegs, Kolloquien 9, München 1988, S. 19–46.

– Die Territorialstruktur des Reiches und die Reformation, in: *Reformation und Revolution. Beiträge zum politischen Wandel und den sozialen Kräften am Beginn der Neuzeit. Festschrift für Rainer Wohlfeil*, Stuttgart 1989, S. 239–268.

Reformation und Protestation in Speyer. Quellen zur Reformationsgeschichte, bearb. von Wolfgang Eger. Veröffentlichungen des Vereins für pfälzische Kirchengeschichte 16, Speyer 1990.

The Reformation in Germany and Europe: Interpretations and Issues, ed. Hans R. Guggisberg, Gottfried G. Krodel, Hans Füglister.

Special Volume of Archive for Reformation History, Gütersloh 1993.

Reformation vor 450 Jahren. Eine Lüneburgische Gedenkschrift, Lüneburg 1980.

Reformbemühungen und Observanzbestrebungen im spätmittelalterlichen Ordenswesen, ed. Kaspar Elm. Berliner Historische Studien 14 = Ordensstudien 6, Berlin 1989.

Reichsstädte in Franken, 2 Bde: Aufsätze 1 und 2, ed. Rainer A. Müller. Veröffentlichungen zur Bayerischen Geschichte und Kultur 15/1.2, München 1987 (dazu der Katalog zur Ausstellung).

Reicke, Emil: Albrecht Dürers Gedächtnis im Briefwechsel Willibald Pirckheimers, in: *Festschrift des Vereins für Geschichte der Stadt Nürnberg zur 400jährigen Gedächtnisfeier Albrecht Dürers 1528 - 1928 = Mitteilungen des Vereins für Geschichte der Stadt Nürnberg* 28 (1928), S. 63-406.

Reinhard, Wolfgang: Luther und die Städte, in: *Luther und die politische Welt*, ed. Erwin Iserloh, Gerhard Müller. Historische Forschungen 9, Stuttgart 1984, S. 87-112.

Religion, Politics and Social Protest. Three Studies on Early Modern Germany, ed. Kaspar von Greyerz, London 1984.

Religion and Society in Early Modern Europe 1500-1800, ed. Kaspar von Greyerz, London 1984.

Roeck, Bernd: *Lebenswelt und Kultur des Bürgertums in der Frühen Neuzeit*. Enzyklopädie deutscher Geschichte 9, München 1991.

Roper, Lyndal: *The Holy Household. Women and Morals in Reformation Augsburg*, Oxford 1990.

Rothmann, Bernhard: *Schriften*, ed. Robert Stupperich: Die Schriften der münsterischen Täufer und ihrer Gegner, Bd. 1, Münster 1970.

Rotz, Rhiman A.: »Social Struggles« or the Price of Power? German Urban Uprisings in the Late Middle Ages, *Archiv für Reformationsgeschichte* 76 (1985), S. 64-95.

Rublack, Hans-Christoph: *Die Einführung der Reformation in Konstanz von den Anfängen bis zum Abschluß 1531*. Quellen und Forschungen zur Reformationsgeschichte 40, Gütersloh - Karlsruhe 1971.

– Forschungsbericht Stadt und Reformation, in: *Stadt und Kirche* (siehe dort), 1978, S. 9-26 [= 1978 a].

– *Gescheiterte Reformation. Frühreformatorische und protestantische Bewegungen in süd- und westdeutschen geistlichen Residenzen*. Spätmittelalter und Frühe Neuzeit 4, Stuttgart 1978 [= 1978 b].

– Reformatorische Bewegung und städtische Kirchenpolitik in

Esslingen, in: *Städtische Gesellschaft* (siehe dort), 1980, S. 191–220.
– Grundwerte in der Reichsstadt im Spätmittelalter und in der frühen Neuzeit, in: *Literatur in der Stadt. Bedingungen und Beispiele städtischer Literatur des 15. bis 17. Jahrhunderts*, ed. Horst Brunner. Göppinger Arbeiten zur Germanistik 343, Göppingen 1982, S. 9–36 [= 1982 a].
– *Eine bürgerliche Reformation: Nördlingen.* Quellen und Forschungen zur Reformationsgeschichte 51, Gütersloh 1982 [= 1982 b].
– Political and Social Norms in Urban Communities in the Holy Roman Empire, in: *Religion, Politics and Social Protest* (siehe dort), 1984, S. 24–60.
– *... hat die Nonne den Pfarrer geküßt? Aus dem Alltag der Reformationszeit*, Gütersloh 1991.
Rüth, Bernhard: Reformation und Konfessionsbildung im städtischen Bereich. Perspektiven der Forschung, *Zeitschrift der Savigny-Stiftung für Rechtsgeschichte, Kanonist. Abt.* 7 (1991), S. 197–282.
Russell, Paul A.: *Lay Theology in the Reformation. Popular Pamphleteers in Southwest Germany 1521–1525*, Cambridge 1986.
Sachs, Hans: *Werke*, ed. Adelbert von Keller, Edmund Goetze, 26 Bde, Stuttgart 1870–1908; Nachdruck: Hildesheim 1964.
– *The Early Meisterlieder of Hans Sachs 1514–1518*, ed. Frances H. Ellis, Bloomington/Indiana 1974.
– *Die Wittenbergisch Nachtigall. Spruchgedicht, vier Reformationsdialoge und das Meisterlied Das Walt got.* Reclam Universal-Bibliothek Nr. 9737[3], ed. Gerald H. Seufert, Stuttgart 1974.
Schildhauer, Johannes: *Soziale, politische und religiöse Auseinandersetzungen in den Hansestädten Stralsund, Rostock und Wismar im ersten Drittel des 16. Jahrhunderts.* Abhandlungen zur Handels- und Sozialgeschichte 2, Weimar 1959.
Schilling, Heinz: Aufstandsbewegungen in der Stadtbürgerlichen Gesellschaft des Alten Reiches. Die Vorgeschichte des Münsteraner Täuferreichs, 1525–1534, in: *Der Deutsche Bauernkrieg 1524–1526*, ed. Hans-Ulrich Wehler. Geschichte und Gesellschaft, Sonderheft 1, Göttingen 1975, S. 193–238.
– Die politische Elite nordwestdeutscher Städte in den religiösen Auseinandersetzungen des 16. Jahrhunderts, in: *Stadtbürgertum und Adel in der Reformation/The Urban Classes, the Nobility and the Reformation*, ed. Wolfgang J. Mommsen, Peter Alter, Robert W. Scribner. Publications of the German Historical Institute London 5, Stuttgart 1979, S. 235–308.

– *Konfessionskonflikt und Staatsbildung. Eine Fallstudie über das Verhältnis von religiösem und sozialem Wandel in der Frühneuzeit am Beispiel der Grafschaft Lippe.* Quellen und Forschungen zur Reformationsgeschichte 48, Gütersloh 1981.
– The Reformation in the Hanseatic Cities, *The Sixteenth Century Journal* 14 (1983), S. 443–456.
– Die deutsche Gemeindereformation - ein oberdeutsch-zwinglianisches Ereignis vor der »reformatorischen Wende« des Jahres 1525?, *Zeitschrift für historische Forschung* 14 (1987), S. 325–333.
– Gab es im späten Mittelalter und zu Beginn der Neuzeit in Deutschland einen städtischen »Republikanismus«? Zur politischen Kultur des alteuropäischen Stadtbürgertums, in: *Republiken und Republikanismus im Europa der Frühen Neuzeit*, ed. Helmut Koenigsberger. Schriften des Historischen Kollegs. Kolloquien 11, München 1988, S. 101–143 [= 1988 a].
– *Aufbruch und Krise: Deutschland 1517–1648*, Berlin 1988 [= 1988 b].
– Reformation und Konfessionalisierung in Deutschland und die neuere deutsche Geschichte, in: *Religion, Kirchen und Gesellschaft in Deutschland = Gegenwartskunde*, Sonderheft 5 (1988), S. 11–29 [= 1988 c].
– *Die Stadt in der frühen Neuzeit.* Enzyklopädie deutscher Geschichte 24, München 1993.
Schilling, Johannes: *Gewesene Mönche. Lebensgeschichten in der Reformation.* Schriften des Historischen Kollegs, Vorträge 26, München 1990.
Schindling, Anton / Schmidt, Georg: Frankfurt am Main, Friedberg, Wetzlar, in: *Die Territorien des Reichs im Zeitalter der Reformation und Konfessionalisierung*, ed. Anton Schindling, Walter Ziegler, Bd. 4: Mittleres Deutschland, Münster 1992, S. 40–59.
Schmidt, Georg: *Der Städtetag in der Reichsverfassung. Eine Untersuchung zur korporativen Politik der Freien und Reichsstädte in der ersten Hälfte des 16. Jahrhunderts.* Veröffentlichungen des Instituts für Europäische Geschichte Mainz 113, Wiesbaden 1984 [= 1984 a].
– Die Haltung des Städtecorpus zur Reformation und die Nürnberger Bündnispolitik, *Archiv für Reformationsgeschichte* 75 (1984), S. 194–233 [= 1984 b].
– Die Freien und Reichsstädte im Schmalkaldischen Bund, in: *Martin Luther. Probleme seiner Zeit*, ed. Volker Press, Dieter

Stievermann. Spätmittelalter und Frühe Neuzeit 16, Stuttgart 1986, S. 177–218.
Schmidt, Heinrich Richard: *Reichsstädte, Reich und Reformation. Korporative Religionspolitik 1521–1529/30.* Veröffentlichungen des Instituts für Europäische Geschichte Mainz 122, Wiesbaden 1986.
– *Konfessionalisierung im 16. Jahrhundert.* Enzyklopädie deutscher Geschichte 12, München 1992.
Schmidt, Wilhelm Ferdinand / Schornbaum, Karl (Ed.): *Die fränkischen Bekenntnisse,* München 1930.
Schneider, Gerhard: *Der Libertin. Zur Geistes- und Sozialgeschichte des Bürgertums im 16. und 17. Jahrhundert.* Studien zur Allgemeinen und Vergleichenden Literaturwissenschaft 4, Stuttgart 1970.
Schnurrer, Ludwig: Die letzten Lebensjahre des brandenburgischen Kanzlers Georg Vogler in Windsheim und Rothenburg, in: *Festschrift Alfred Wendehorst II. Jahrbuch für fränkische Landesforschung 53,* Neustadt/Aisch 1992, S. 37–54.
Schramm, Gottfried: Danzig, Elbing und Thorn als Beispiele städtischer Reformation (1517–1518), in: *Historia Integra. Festschrift für Erich Hassinger,* ed. Hans Fenske, Wolfgang Reinhard, Ernst Schulin, Berlin 1977, S. 125–154.
Schreiner, Klaus: Gab es im Mittelalter und in der frühen Neuzeit Antiklerikalismus? Von der Schwierigkeit, aus einem modernen Kampfbegriff eine Kategorie historischer Erkenntnis zu machen, *Zeitschrift für historische Forschung* 21 (1994), S. 513–521.
– Rechtgläubigkeit als »Band der Gesellschaft« und »Grundlage des Staates«. Zur eidlichen Verpflichtung von Staats- und Kirchendienern auf die »Formula Concordiae« und das »Konkordienbuch«, in: *Bekenntnis und Einheit der Kirche. Studien zum Konkordienbuch,* ed. Martin Brecht/Reinhard Schwarz, Stuttgart 1980, S. 351–379.
Schröder, Tilman Matthias: *Das Kirchenregiment der Reichsstadt Esslingen. Grundlagen – Geschichte – Organisation.* Esslinger Studien 8, Esslingen 1987.
Schubert, Ernst: Gauner, Dirnen und Gelichter in deutschen Städten des Mittelalters, in: *Mentalität und Alltag im Spätmittelalter,* ed. Cord Meckseper, Elisabeth Schraut, Göttingen 1985, S. 97–128.
– *Einführung in die Grundprobleme der deutschen Geschichte im Spätmittelalter,* Darmstadt 1992.
Schubert, Hans von: *Bündnis und Bekenntnis 1529/30.* Schriften des Vereins für Reformationsgeschichte 98, Leipzig 1908, S. 1–35.
– *Lazarus Spengler und die Reformation in Nürnberg.* Quellen und

Forschungen zur Reformationsgeschichte 17, Leipzig 1934; Nachdruck: New York - London 1971.

Schuhmann, Günther: *Die Markgrafen von Brandenburg-Ansbach. Eine Bilddokumentation zur Geschichte der Hohenzollern in Franken.* Jahrbuch des Historischen Vereins für Mittelfranken 90, Ansbach 1980.

– Die Reichsinsignien und Heiltümer, in: *Nürnberg - Kaiser und Reich* (siehe dort), S. 32–39.

Schultheiß, Werner: Die Mittelschicht Nürnbergs im Spätmittelalter, in: *Städtische Mittelschichten*, ed. Erich Maschke, Jürgen Sydow, Stuttgart 1972, S. 135–149.

Schulz, Fritz Traugott: *Nürnbergs Bürgerhäuser und ihre Ausstattung, Bd.I: Das Milchmarktviertel*, 1. Hälfte, Leipzig - Wien o.J. [1933].

Schulze, Manfred: *Fürsten und Reformation. Geistliche Reformpolitik weltlicher Fürsten vor der Reformation.* Spätmittelalter und Reformation, Neue Reihe 2, Tübingen 1991.

Schulze, Winfried: Vom Gemeinnutz zum Eigennutz. Über den Normenwandel in der ständischen Gesellschaft der Frühen Neuzeit, *Historische Zeitschrift* 243 (1986), S. 591– 627.

– Gerhard Oestreichs Begriff »Sozialdisziplinierung in der frühen Neuzeit«, *Zeitschrift für historische Forschung* 14 (1987), S. 265–302.

Schwarz, Reinhard: *Luther.* Die Kirche in ihrer Geschichte Bd. 3, Lief.I, Göttingen 1986.

Scott, Tom: *Freiburg and the Breisgau. Town-Country Relations in the Age of Reformation and Peasants' War*, Oxford 1986.

Scribner, Robert W.: Civic Unity and the Reformation in Erfurt, *Past & Present* 66 (1975), S. 29–60.

– Flugblatt und Analphabetentum. Wie kam der gemeine Mann zu reformatorischen Ideen?, in: *Flugschriften als Massenmedium* (siehe dort), 1981, S. 65–76 [= 1981 a].

– *For the Sake of Simple Folk. Popular Propaganda for the German Reformation.* Cambridge Studies in Oral and Literate Culture 2, Cambridge 1981 [= 1981 b].

– Volkskultur und Volksreligion. Zur Rezeption evangelischer Ideen, in: *Zwingli und Europa*, ed. Peter Blickle, Andreas Lindt, Alfred Schindler, Zürich 1985, S. 151– 161.

– *Popular Culture and Popular Movements in Reformation Germany*, London - Ronceverte 1987.

Seebaß, Gottfried: *Das reformatorische Werk des Andreas Osiander.* Einzelarbeiten aus der Kirchengeschichte Bayerns 44, Nürnberg 1967.

– Stadt und Kirche in Nürnberg im Zeitalter der Reformation, in: *Stadt und Kirche* (siehe dort), 1978, S. 66–86.
– The Importance of the Imperial City of Nuremberg in the Reformation, in: *Humanism and Reform: the Church in Europe, England, and Scotland, 1400–1643. Essays in Honour of James K. Cameron*, ed. James Kirk. Studies in Church History. Subsidia 8, Oxford 1991, S. 113–127.
Seegets, Petra: *»Das alles menschlich heyl an dem leiden Christi steet«. Stephan Fridolin – ein spätmittelalterlicher Frömmigkeitstheologe zwischen Kloster und Stadt*, Diss. theol. [masch.] Erlangen 1994; erscheint Tübingen 1996.
Seufert, Gerald H.: siehe Sachs, Hans.
Sieglerschmidt, Jörn: *Territorialstaat und Kirchenregiment. Studien zur Rechtsdogmatik des Kirchenpatronatsrechts im 15. und 16. Jahrhundert.* Forschungen zur kirchlichen Rechtsgeschichte und zum Kirchenrecht 15, Köln - Wien 1987.
Soest: Stadt - Territorium - Reich, ed. Gerhard Köhn, Soest 1981.
Spengler, Lazarus: *Schriften, Bd. 1: Schriften der Jahre 1509 bis Juni 1525*, ed. Berndt Hamm, Wolfgang Huber. Quellen und Forschungen zur Reformationsgeschichte 61, Gütersloh 1995.
Stadtbürgertum und Adel in der Reformation / The Urban Classes, the Nobility and the Reformation, ed. Wolfgang J. Mommsen, Peter Alter, Robert W. Scribner. Publications of the German Historical Institute London 5, Stuttgart 1979.
Stadt im Wandel. Kunst und Kultur des Bürgertums in Norddeutschland 1150–1600. Katalog zur Landesausstellung Niedersachsen, Bd. 2, Stuttgart - Bad Cannstatt 1985.
Stadt und Kirche im 16. Jahrhundert, ed. Bernd Moeller. Schriften des Vereins für Reformationsgeschichte 190, Gütersloh 1978.
Städtische Führungsgruppen und Gemeinde in der werdenden Neuzeit, ed. Wilfried Ehbrecht. Städteforschung A9, Köln - Wien 1980.
Städtische Gesellschaft und Reformation. Kleine Schriften 2, ed. Ingrid Bátori. Spätmittelalter und Frühe Neuzeit 12, Stuttgart 1980.
Stahl, Irene: *Die Meistersinger von Nürnberg. Archivalische Studien.* Nürnberger Werkstücke zur Stadt- und Landesgeschichte 33, Nürnberg 1982.
Staupitz, Johannes von: *Sämmtliche Werke, Bd. 1: Deutsche Schriften*, ed. Joachim Karl Friedrich Knaake, Potsdam 1867.
Stievermann, Dieter: Sozial- und verfassungsgeschichtliche Voraussetzungen Martin Luthers und der Reformation - der landesherrliche Rat in Kursachsen, Kurmainz und Mansfeld, in: *Martin Luther: Probleme seiner Zeit*, ed. Volker Press, Dieter

Stievermann. Spätmittelalter und Frühe Neuzeit 16, Stuttgart 1986, S. 137–176.
– *Landesherrschaft und Klosterwesen im spätmittelalterlichen Württemberg*, Sigmaringen 1989.

Tenenti, Alberto: Der Kaufmann und der Bankier, in: *Der Mensch der Renaissance*, ed. Eugenio Garin, Frankfurt a. M. - New York 1990, S. 215–250 (= Kap. 6).

Toch, Michael: *Die Nürnberger Mittelschichten im 15. Jahrhundert.* Nürnberger Werkstücke zur Stadt- und Landesgeschichte 26, Nürnberg 1978.

Tode, Sven: *Stadt im Bauernkrieg 1525. Strukturanalytische Untersuchungen zur Stadt im Raum anhand der Beispiele Erfurt, Mühlhausen/Thür., Langensalza und Thamsbrück*, Frankfurt a. M. u. a. 1994.

Trappen, Stefan: Das ›Gesprech von der Himelfart Margraff Albrechtz‹ des Hans Sachs. Zur Rezeption der menippeischen Satire im 16. Jahrhundert, *Zeitschrift für deutsches Altertum und deutsche Literatur* 121 (1992), S. 309–333.

Umstrittenes Täufertum 1525–1975. Neue Forschungen, ed. Hans-Jürgen Goertz, Göttingen 1975.

450 Jahre Reformation in Hamburg. Eine Festschrift, ed. Wenzel Lohff, Hamburg 1980.

450 Jahre Reformation in Heilbronn. Ursachen, Anfänge, Verlauf (bis 1555). Veröffentlichungen des Archivs der Stadt Heilbronn 23, Heilbronn 1980.

450 Jahre Reformation in Osnabrück. Ein Ausstellungskatalog, ed. Karl Georg Kaster, Gerd Steinwascher. Osnabrücker Kulturdenkmäler 6, Bramsche 1993.

Vögeli, Jörg: *Schriften zur Reformation in Konstanz 1519–1538*, ed. Alfred Vögeli, Bd. II/I. Schriften zur Kirchen- und Rechtsgeschichte 40, Tübingen - Basel 1973.

Vogler, Günter: *Nürnberg 1524/25. Studien zur Geschichte der reformatorischen und sozialen Bewegung in der Reichsstadt*, Berlin 1982.

Volksreligion im hohen und späten Mittelalter, ed. Peter Dinzelbacher, Dieter R. Bauer. Quellen und Forschungen aus dem Gebiet der Geschichte, N.F. 13, Paderborn 1990.

WA, WA Br, WA TR: siehe Luther, Martin.

Wander, Karl Friedrich Wilhelm: *Deutsches Sprichwörterlexikon*, Bd. 1, Leipzig 1867, Neudruck: Aalen 1963.

Wappmann, Volker: *Durchbruch zur Toleranz. Die Religionspolitik des Pfalzgrafen Christian August von Sulzbach 1622–1708.* Einzelarbeiten aus der Kirchengeschichte Bayerns 69, Neustadt a.d. Aisch 1995.

Warmbrunn, Paul: *Zwei Konfessionen in einer Stadt. Das Zusammenleben von Katholiken und Protestanten in den paritätischen Reichsstädten Augsburg, Biberach, Ravensburg und Dinkelsbühl von 1548–1648.* Veröffentlichungen des Instituts für europäische Geschichte Mainz 111, Wiesbaden 1983.

Weinbrenner, Ralph: *Observanz und Privileg. Observanzideal und Reformpraxis im 15. Jahrhundert, dargestellt am Beispiel des Augustinervikars Andreas Proles,* Diss. theol. [masch.] Erlangen 1994; erscheint Tübingen 1996.

Weiß, Ulman: *Die frommen Bürger von Erfurt. Die Stadt und ihre Kirche im Spätmittelalter und in der Reformationszeit,* Weimar 1988.

Weyrauch, Erdmann: *Konfessionelle Krise und soziale Stabilität. Das Interim in Straßburg (1548–1562).* Spätmittelalter und Frühe Neuzeit 7, Stuttgart 1978.

Willax, Franz: Zum Problem der Nürnberger Mittelschichten im 15. Jahrhundert, *Mitteilungen des Vereins für Geschichte der Stadt Nürnberg* 68 (1981), S. 309–321.

Wunder, Heide: *»Er ist die Sonn', sie ist der Mond«. Frauen in der Frühen Neuzeit,* München 1992.

Zschelletzschky, Herbert: *Die »drei gottlosen Maler« von Nürnberg. Sebald Beham, Barthel Beham und Georg Pencz. Historische Grundlagen und ikonologische Probleme ihrer Graphik zu Reformations- und Bauernkriegszeit,* Leipzig 1975.

Zimmermann, Gunter: Die Rezeption der reformatorischen Botschaft: Laienaussagen zu Predigten des Franziskanerpaters Jeremias Mülich in der Fastenzeit 1524, *Zeitschrift für bayerische Kirchengeschichte* 58 (1989), S. 51–70 (edierter Text: S. 65–70).